РАБАШ

Даргот Сулам

часть 2

РАБАШ
Даргот Сулам. Часть 2 / РАБАШ – Laitman Kabbalah Publishers, 2025. – 160 с.

RABASH
Dargot Sulam. Part 2 / RABASH – Laitman Kabbalah Publishers, 2025. – 160 pages.
ISBN 978-1-77228-196-5

РАБАШ (Рав Барух Шалом Ашлаг, 1907-1991) – старший сын и ученик Бааль Сулама (Рав Йегуда Лейб Ашлаг, 1884-1954), был последним в цепи великих каббалистов от Адама до наших дней.

«Даргот Сулам» – это сборник записей РАБАШа, изданный его преемником и учеником Михаэлем Лайтманом. В нем приведены избранные статьи РАБАШа.

В сборник «Даргот Сулам» (Ступени Лестницы) вошли статьи, созданные РАБАШем для группы его учеников. Они являются уникальным материалом для развития каббалистической группы, ведут через состояния внутренней работы к вершинам духовного постижения.

Данная книга является переводом «Даргот Сулам» и составлена из статей начиная с 257 и далее, являясь продолжением издания «Даргот Сулам. Часть 1».

Перевод осуществлен по изданию: Рабаш, Труды в 3-х тт. Ari Research Institute (ARI), Израиль, 2008 г. Часть статей сверена с рукописным оригиналом.

Работа над переводом статей «Даргот Сулам» будет продолжена.

Издание является учебным пособием Международной академии каббалы.

Над книгой работал коллектив переводчиков
Международной академии каббалы:
Михаил Палатник, Борис Канзберг, Дмитрий Перкин,
Миха Кор, Олег Ицексон.

.

Copyright [c] 2025 by Laitman Kabbalah Publishers
1057 Steeles Avenue West, Suite 532
Toronto, ON M2R 3X1, Canada
All rights reserved

Оглавлние

257. Идолопоклонство	8
258. Кто такой богатый	8
259. Построение Храма	9
260. Больше тот, кому заповедано, и он делает	9
261. Слушай, сын мой, наставление отца твоего	10
262. Мы забыли благоденствие	11
263. Вознаграждение за невесту	11
266. Соображающий после вина	12
267. Торой создан человек	15
268 Человек учится только тому, к чему лежит его сердце	16
269. Не станет человек трудиться для трапезы и пропускать ее	16
270. Кто по душе людям (2)	17
271. Обладающий милостью	18
272. Смешивающий высшее имя с чем-то другим	18
273. Герой из героев	19
274. Именно от мужа и жены	19
275. Пусть Меня вы оставите, но Тору мою сохраните	20
276. Человек, на коже тела которого	20
277. Когда один из группы умирает	21
278. Свет, созданный в первый день	21
279. Почему Исраэль уподобляются оливке	22
281. Будь осторожен с выполнением лёгкой заповеди так же, как и тяжёлой (1)	22
282. Будь осторожен с выполнением лёгкой заповеди так же, как и тяжёлой (2)	23
283. Будь осторожен с выполнением лёгкой заповеди так же, как и тяжёлой (3)	24
285. Человек строит дом в этом мире	25
288. Со Мною с Леванона невеста	26
290. Праведник пребудет в вере своей	26
291. Человек и его предназначение	27
292. Сдерживает себя во время ссоры	28

293. Соблюдающий субботу	29
295. Каждый, освящающий седьмой день	29
298. Включение свойства милосердия в свойство суда	31
303. Порадуй их совершенным строением (2)	32
307. Нет травинки внизу	33
308. Ты выбрал нас (2)	33
309 Вопрос скромности	34
310. Пропал праведник и никто не обратил на это внимания	34
316. Свойство Адама Ришона (2)	35
328. Идолы их – серебро и золото, дело рук человеческих	35
332. По поводу уподобления по форме	36
333. Начинающий исполнять заповедь	37
334. Разница между подаянием и даром	38
335. Что такое «посланец общества»	38
336. Оплакивающий достойного человека	39
337. Счастлив человек	40
338. Исцеление до болезни	41
340. В начале сотворил	41
341. И обонял Творец	42
342. Ноах, муж праведный	43
343. Дерево гофер	44
344. Уйди из земли твоей	45
345. Кто по душе Творцу	47
346. Разум и сердце	47
348. Когда Творец любит человека	48
350. И явился ему Творец в Элоней-Мамрэ	49
351. Как можно приблизиться к Нему	50
352. Пока я не совершил обрезание	51
353. И встал Авраам	52
354. И отдал Авраам всё, что было у него	53
355. Сын добавляет к заслугам отца	54
356. Сын добавляет к заслугам отца	55
358. И было Ицхаку сорок лет	55
359. И посеял Ицхак на той земле	57
360. Не нашел я ни рук, ни ног своих в доме учения	59

361. Сокровище Твое благое	59
363. Четыре царя	59
364. Тот, кто силен, побеждает (1)	61
366. Требовательный к себе и снисходительный к другим	62
368. И вот Творец стоит над ним	62
369. Радость во время изучения Торы	63
370. Достойное поведение важнее Торы	64
371. Лестница поставлена на землю	66
373. И увидел он, что не одолевает его	67
374. И коснулся его бедренного сустава	68
375. И послал Яаков	69
376. И испугался Яаков очень	71
378. И поселился Яаков на земле проживания отца его	72
379. Чудо и выбор	73
380. Освящающий седьмой день (2)	74
382. И было, когда отпустил фараон народ	76
385. И поднял вас на крыльях орлиных	77
386. Это день, созданный Творцом	78
387. По поводу судьи честного и нечестного	78
389. И пусть возьмут Мне приношение	80
390. Свойство «этхапья» и свойство «этапха»	81
393. Сносящий грех	82
395. Свойство неживого и свойство растительного	83
396. Смотрите, Творец призвал по имени Бецалеля	84
398. Вот исчисления Скинии (2)	85
400. Половина шекеля (1)	87
401. Слушай, Исраэль	88
402. Если женщина зачнет	89
403. Это будет учение о прокаженном	91
404. И говори так	92
405. Когда родится теленок, или ягненок, или козленок	92
407. Если купишь раба-еврея	93
408. Исчислите всю общины сынов Исраэля	94
410. Любовь к себе и любовь к Творцу	94
411. Кто сильнее тот и побеждает	95

412. Обет назорея посвятить себя в назореи Творцу ... 96
413. Разница между литературой «мусара» книгами Бааль Шем Това ... 96
414. А сброд, который среди них, стал жаждать вожделенного ... 97
415. При возжигании лампад (1) ... 98
417. И сделал так Аарон ... 99
418. Бедность украшает Исраэль ... 100
420. Пошли от себя ... 101
421. По поводу разведчиков ... 101
422. Издалека Творец являлся мне ... 103
423. Три линии (2) ... 103
424. Спор Кораха и Моше ... 104
425. И взял Корах ... 105
426. Молитва праведника сына праведника и праведника сына грешника ... 106
427. Это закон Торы (1) ... 106
428. Это закон Торы (2) ... 108
429. Чтобы всё было ради отдачи ... 111
430. Более высокая душа ... 112
431. Обувь для ноги его ... 114
432. Грех тельца ... 115
434. Как хороши шатры твои, Яаков (2) ... 115
435. Когда Балак посоветовался ... 116
436. Три молитвы ... 119
437. Первосвященство ... 121
438. Спаси, Всесильный мой, Ты раба Твоего ... 122
439. Почему Пинхас удостоился священства ... 123
440. И увидел Пинхас ... 124
441. Соверши возмездие за сынов Исраэля ... 125
443. Письмо совершается усилием ... 126
444. Тьма предшествует свету ... 126
445. Нет экрана в кетере ... 127
446. Что такое суша ... 127
447. Мир с Творцом ... 128
448. Ощущение совершенства ... 129
449. Объявляют о капле ... 130

451. Чистый глазами	130
452. Как я пляшу перед Тобой	130
453. И открылись глаза у обоих	132
455. За то, что будете слушать	133
456. Маленькие способности	133
457. Совет Творца стоять будет вечно	134
458. И будет: за то, что будете слушать	134
459. За смирение – трепет перед Творцом	135
460. Он будет хранить для тебя Свое обещание	137
461. «Смотри» – это единственное число	138
463. Отделили маасер? Построили эрув? Зажигайте свечу	138
467. И увидят все народы земли	139
468. «В этот день Господь, Бог твой, заповедует тебе»	142
478. Что такое грех Кораха	142
486. Скрытое – Творцу	143
492. Вознаграждение за заповедь	143
496. Путь истины	144
497. Благословен Ты	145
498. И будет, если будете слушать вы	145
499. Я – это малхут	146
500. Когда будешь возжигать лампады (2)	146
501. Мера истины (1)	147
502. Если человек побеждает, Творец радуется	148
503. По поводу партнерства	149
504. Тайна Творца для боящихся Его	150
506 И спас нас от рук пастухов	150
777. Молитва о Шхине в изгнании	152
815. Пойдём	152
845. Нет святого, как Творец	154
914. Два противоречия	155
Международная академия каббалы	157
Углубленное изучение каббалы	157
Интернет-магазин каббалистической книги	157

257. Идолопоклонство

31 января 1962

«Сказал Раба бар рав Ицхак раву Йеуде: "В нашем месте есть идолопоклонство[1], и когда миру нужен дождь, он [т.е. идол] является им [т.е. жрецам] во сне и говорит им: «Убейте для меня человека, и я пошлю вам дождь». Они убивают для него человека, и идет дождь".

Отвечал он ему: "Если бы я сейчас был мертв, никто не передал бы тебе слова Рава[2]: Слова: «Чем наделил ("халак") Творец Всесильный все [другие] народы»[3], – учат нас, что он сгладил ("ихлик")[4] их слова, чтобы изгнать их из мира.

И это, как сказал Рейш Лакиш: «Что значит стих: "Если над насмешниками Он насмехается, то бедным дает милость"[5]? Пришедшему оскверниться открывают, пришедшему очиститься – помогают»"»[6].

Чтобы понять приведенное выше в отношении морали, следует объяснить, что идолопоклонником называется тот, кто не служит Творцу, а служит себе, что и называется, что он поклоняется идолам.

И идолопоклонство, т.е. эта идея, что не стоит служить ничему, кроме собственной выгоды, «есть в нашем месте». И это то, что он говорит «в нашем месте есть идолопоклонство, и когда миру нужен дождь», – т.е. когда люди должны наслаждаться своей жизнью, они занимаются Торой и заповедями, что приводит их к тому, что они отрешаются от довольно большого числа наслаждений.

«Он является им во сне» – это означает, что этот дух, называемый желанием получать ради себя, видится им, когда они спят, т.е. во время падения, когда от духовного у них остается только лишь толика жизненной силы («киста де-хаюта»), как сказано «мы были как во сне»[7]. И тогда у этого духа есть сила, и это идолопоклонство, «и он говорит им: "Убейте для меня человека, и я пошлю вам дождь"».

258. Кто такой богатый

март 1962

«Кто называется богатым? ...Рабби Йоси говорит: "Всякий, у кого отхожее место недалеко от его стола"»[8]. Ведь «стол» означает трапезу, ибо когда человек получает наслаждение, это называется свойством трапезы, т.е. он поддерживает[9] свое сердце.

А тот, у кого отхожее место недалеко от стола, – ибо отхожее место есть место, предназначенное для выведения отходов из его тела – и этот человек, который сразу

---

1   Более точная цитата из Талмуда: «есть языческий храм».
2   Рав Аба бар Айбу (ок. 175 – ок. 276), выдающийся талмудический мудрец, основатель академии в Суре.
3   Дварим, 4:19. И чтобы не поднял ты глаз твоих к небесам и, увидев солнце и луну и звезды, все воинство небесное, не прельстился бы и не стал поклоняться им и служить тому, чем наделил Творец, Всесильный твой, все народы под небесами.
4   Комментарий Раши: ввел в заблуждение.
5   Притчи, 3:34.
6   Трактат Авода Зара, 55:1.
7   Псалмы, 16:1.
8   Трактат Шабат, 25:2.
9   Слово «саад» означает и трапезничать, и поддерживать.

Часть 2

же после получения наслаждения выясняет для себя: ту часть, которая ради небес, он принимает, а то, что не ради небес, он выталкивает наружу в качестве отходов.

И он получает наслаждение только лишь, чтобы оживлять веру, относящуюся к свойству «пастухи стада Авраама», тогда он остаётся при своем богатстве, т.е. у него всегда есть свойство жизненной силы и наслаждения. Ведь исторжение [блага] наступает именно тогда, когда человек становится глупцом, и получает для себя, не в свойстве ради небес. Тогда он теряет то, что ему дают, и потому остается нищим.

Тогда как если он проверяет себя и выталкивает отходы наружу, он остается при своем богатстве, т.е. при своих наслаждениях, и не теряет.

259. Построение Храма

7 марта 1962

«Мы учили, что рабби Шимон бен Элазар говорит: «Если скажут тебе дети: «Строй», – а старики: «Рушь», – слушайся стариков и не слушайся детей, ибо созидание детей есть разрушение, а разрушение стариков – созидание. И свидетельство этому – Рехавам бен Шломо[10]»[11].

И Раши объясняет: «Если скажут тебе юноши: «Строй» – Храм, а старики скажут тебе: «Рушь» – и не строй, «а свидетельство этому – от Рехавама» – ...и был разрушен Храм из-за этого совета, но учитель не объясняет, что это [именно] Храм, однако [так] написано в Брайте, где прямо сказано «Храм»»[12]. И смотри у Махарша[13].

И нужно объяснить, что старики говорят, что нужно разрушить всё здание святости, которое человек построил в дни своей молодости, иначе нельзя построить здание Храма. Ибо нужно отменить всё, что он сделал со дня своего рождения, чтобы можно было идти путями святости.

260. Больше тот, кому заповедано, и он делает

«Больше тот, кому заповедано, и он делает, чем тот, кому не заповедано, и он делает»[14]. Следует объяснить это в духе морали: «заповедано и делает» – т.е. «лишма», «не заповедано и делает» – т.е. «ло лишма».

Ибо тот, кто не делает ради небес, означает, что он не делает заповедь из-за того, что у него есть Командующий и Заповедующий исполнять заповедь, так как заповедь не обязывает его делать, т.е. не Заповедующий заставляет его делать заповедь, а причиной для него является «ло лишма». Получается, что у него нет Заповедующего.

Поэтому, тот, кто заставляет его делать заповедь, – это Заповедующий, т.е. Творец. Нет сомнения, что это самое большое. Потому что у состояния «ло лишма» есть ценность

---

10 Царей 1, 12:21. И пришел Рехавам в Иерусалим, и собрал весь дом Йеуды и колено Биньямина: сто восемьдесят тысяч отборных воинов, чтобы воевать с домом Исраэля, чтобы возвратить царство Рехаваму, сыну Шломо.
11 Трактат Недарим, 40:1.
12 Трактат Недарим, 40:1, комментарий Раши.
13 Махарша (рав Шмуэль Элиэзер Эйделс, 1555 – 1631) – известный комментатор и каббалист.
14 Трактат Кидушин, 31:1.

в том, что оно приводит его к «лишма», однако «лишма» без сомнения больше, чем «ло лишма».

261. Слушай, сын мой, наставление отца твоего

«Слушай, сын мой, наставление отца твоего и не отказывайся от учения матери твоей»[15].

«Наставление» («мусар») – имеется в виду стих: «Как человек наставляет («йеасер», букв.: «мучает») сына своего»[16], – т.е. свойство страданий («йисурим»). И существуют страдания потенциальные и страдания практические, т.е. которые дают понять, что этого делать нельзя, а если он не послушается и нарушит приказ, его накажут, например, за это преступление он будет побит палками.

А если человек не знает, в чем заключается наказание, т.е. не чувствует вкуса страданий, до того как испытал их на практике, он нарушает приказ, и ему дают наказание. А наказание – для того, чтобы он знал и на будущее остерегался нарушить закон, поскольку закон установлен во благо человеку, как в частном, так и в общем. Ведь человек не способен соблюдать закон, поскольку получает наслаждение, нарушая его.

Например, существует закон, запрещающий воровать, а он любит деньги, и у него есть возможность украсть их. И поскольку он испытывает наслаждение от денег, хоть он и сам знает, что за преступление получит страдания, тем не менее, он не способен оценить меру страданий, связанных с наказанием. Поэтому он оценивает, что наслаждение от денег неизмеримо больше страданий, которые он получит в качестве наказаний.

Поэтому, когда его наказывают, т.е. дают ему какое-то время посидеть в тюрьме, он видит, что страдания больше наслаждений, которые он получил от кражи. Поэтому он сам решает, что в будущем будет соблюдать закон.

Однако, после того как он получил наказание и посидел в тюрьме, ему говорят: «Ты должен знать, что, если ты украдешь еще раз, ты получишь больший срок заключения, чем в первый раз», – поскольку он забывает меру страданий, которую он получил.

Поэтому, когда ему доведется во второй раз украсть, он без сомнения ошибется в мере и размере наслаждения и страданий.

Поэтому, когда ему говорят, что он получит большие страдания, он, возможно, оценит, что ему не стоит красть, т.е. что страдания больше наслаждения.

Поэтому, когда изучают мораль, начинают видеть важность Торы и заповедей, т.е. до какой меры наслаждений человек может дойти, и также какое наказание человек может получить.

Т.е. знатоки морали приводят человека к ощущению вкуса вознаграждения при соблюдении закона, иначе говоря, той пользы, которую приносит человеку соблюдение закона, и тех наказаний, которые человек получит за нарушение закона.

И благодаря тому, что человек чувствует, в той мере, в которой он чувствует, он может соблюдать закон, поскольку они дают ему возможность оценить истинную меру наслаждения и страданий. Как сказали наши мудрецы: «Соотноси потерю [от нарушения] заповеди с платой за ее [соблюдение] и плату за нарушение [заповеди] с

---

15   Притчи, 1:8.
16   Дварим, 8:5.

потерей от ее [нарушения]»¹⁷. И тогда у человека есть возможность идти путями Творца, каждый раз продвигаясь вперед.

262. Мы забыли благоденствие

«Некий человек дал раба своему товарищу, чтобы тот научил его делать тысячу видов десерта¹⁸, а он научил его только восьмистам. Тот привлек его к суду перед Рабби¹⁹. Сказал Рабби: «Наши праотцы говорили: «Мы забыли благоденствие (т.е. они его уже видели, но сейчас забыли, мы же, однако, никогда в жизни не видели благоденствия)²⁰»»²¹.

И возникает вопрос: неужели наши праотцы были настолько погружены в желания этого мира, что Рабби сказал: «[Наши праотцы говорили:] Мы забыли благоденствие – а мы его даже и в глаза не видели»²²?

И следует объяснить, что «тысяча» («элеф») – имеется в виду свойство хохмы, как сказано: «И я научу тебя («аалефха») хохме»²³. А «восемьсот» – имеется в виду свойство бины, как сказано: «Дни²⁴ бины, дни восьми»²⁵, а сфирот бины относятся к сотням, что означает мохин де-нешама.

А «некий человек, который дал раба» – т.е. отдал себя, чтобы стать работником Творца, чтобы Творец дал «его товарищу» – т.е. «другу твоему и другу отца твоего»²⁶, – свойство мохин де-хохма, а он удостоился только лишь мохин де-нешама, т.е. свойства бины, а в сотнях есть указание на восемь.

И об этом сказал Рабби: «Наши праотцы говорили: «мы забыли благоденствие»», – т.е. во времена Храма были мохин де-хохма, называемые «совершенным свечением» («сиара бе-ашлемута»), однако после разрушения Храма мохин де-хохма ушли. Поэтому он сказал: «А мы его даже и в глаза не видели», – имеется в виду свойство зрения, называемое «мохин де-хохма».

263. Вознаграждение за невесту

«Вознаграждение за невесту²⁷ – давка (арам.: духка)»²⁸. Невестой называется свойство веры и весь выигрыш в том, что человек чувствует нужду («дахкут») в Торе и заповедях, и тогда у него есть место для получения веры выше знания.

---

17   Мишна Авот, 2:1.
18   В оригинале Рабаша в скобках приводится комментарий Раши: «Разновидность еды».
19   Рабби – рабби Йеуда а-Наси (ок. 135 – ок. 220), глава Санедрина, систематизатор и редактор базовой части Талмуда – мишны.
20   Трактат Недарим, 50:2, комментарий Раши.
21   Трактат Недарим, 50:2.
22   Там же.
23   Иов, 33:33.
24   Описка в оригинале. Должно быть: «Сыны бины».
25   Из ханукального гимна «Маоз цур йешуати».
26   Притчи, 27:10. Друга твоего и друга отца твоего не покидай...
27   Комментарий Раши: [невестой называется] суббота перед праздником, когда все собираются, чтобы послушать о законах этого праздника.
28   Трактат Брахот, 6:1. В оригинале ошибочно указан л. 7.

«Вознаграждение за слух[29] — понимание»[30]. Оплата за Тору, которая называется слухом, — это именно знание, а не вера. Ведь когда человек учит Тору, не понимая, что в ней написано, это называется свойством «заповеди», а не Торой.

«Вознаграждение за дом скорби — молчание»[31]. В месте, где пребывает страдание, — выигрыш в том, что он может оправдать управление, сказав: «Молчи! Такова была мысль моя!»[32]

«Вознаграждение за пост — милостыня»[33]. Но ведь Шмуэль[34] говорит: «Сидящий и постящийся называется грешником»[35]! И следует объяснить, что поскольку цель творения — насладить Свои создания, а он делает обратное, он называется грешником.

Однако, когда он дает милостыню, это указывает на то, что сейчас он работает в свойстве страха перед небесами, который называется верой. И это как сказано: «И поверил он [Авраам] в Творца, и Он засчитал ему это, как милостыню»[36], — и тогда он сам будет знать, что это не является совершенством, и ему надо удостоиться свойства Торы, и тогда он получит скрытый в ней свет, что и является целью.

266. Соображающий после вина

27 марта 1962

«Сказал рабби Хия: «Соображающий после вина обладает знанием 70-ти старцев. Слово «вино»[37] имеет численное значение 70, и слово «тайна»[38] имеет значение 70. Вошло вино, вышла тайна»[39]. И объясняет Раши: ««Соображающий после вина» — тот, кто пьет вино, и сознание его не путается. «Вышла тайна» — а этот, поскольку тайна его не вышла, равен Санедрину[40], состоящему из семидесяти [старцев]»[41].

И следует спросить:

1. Согласно этому, тот, кто желает быть равным Санедрину, не должен прилагать больших усилий в Торе и работе, а есть простой способ — пить вино и следить за тем, чтобы сознание его не спуталось, и этого достаточно.

2. Что это за ответ: «Если тайна его не вышла»? Неужели если человек не выдает своей тайны, он уже обладает таким же совершенствам, как Санедрин? А что будет, если он выдаст свою тайну? И неужели тот, кто выдаст тайну, уже совершит настолько тяжкое преступление, что должен будет сказать, что из-за этого он теряет всё свое достоинство и уже не считается подобным 70-ти [старцам] Санедрина? А если он сдерживается и не выдает [тайну], он уже обладает таким же достоинством, как 70 [старцев] Санедрина?

---

29 Традиционное понимание: передача устной традиции.
30 Трактат Брахот, 6:1
31 Там же.
32 Трактат Минхот, 29:2.
33 Трактат Брахот, 6:1. Комментарий Раши: что вечером дают милостыню для пропитания бедняков, которые постились днем.
34 Шмуэль бар Аба (180 – 253), знаменитый талмудический мудрец, глава ешивы в Неардее.
35 Трактат Таанит, 11:1.
36 Берешит, 15:6. Традиционный перевод: и Он вменил ему это в праведность.
37 «Яин» – йуд (10) + йуд (10) + нун (50) = 70.
38 «Сод» – самех (60) + вав (6) + далет (4) = 70.
39 Трактат Эрувин, 65:1.
40 Санедрин (греч. «Синедрион») – собрание 70 (точнее 71) мудрецов.
41 Трактат Эрувин, 65:1. Комментарий Раши.

И следует понять это в отношении морали. Известно, что путь Торы – когда человек верит в Творца без всякого знания и постижения, только лишь [посредством подъема] над знанием и постижением. И тогда, если он занимается Торой и заповедями, он считается иудеем. В то же время, тот, кто хочет служить Творцу только лишь в свойстве знания и постижения, уже считается идолопоклонником (как объясняется в нескольких местах в комментарии «Сулам»).

И даже когда он впоследствии удостаивается состояния постижения и знания, ему нельзя принимать его в качестве опоры для работы, – т.е. сказать, что сейчас он уже доволен, что пришел к постижению и освободился от ярма веры, когда его работа заключалась в том, что он должен был идти выше знания, а это является большим усилием.

А сейчас он доволен, что не должен прилагать усилия в «ярме веры» и избавлен от необходимости тащить на себе это ярмо, называемое «как бык под ярмом и осел под поклажей»[42].

Вместо этого он должен сказать, что, удостоившись постижения, он сейчас радуется от того, что видит, что тот путь, по которому он шел раньше с помощью веры, т.е. мнением Торы, является истинным путем. И свидетельство этому – то, что сейчас он удостоился приближения к Творцу, т.е. Творец даровал ему постижение.

Поэтому сейчас, благодаря постижению, он получает силу, позволяющую ему продолжать идти путем веры. Согласно этому получается, что постижение является опорой веры, так чтобы он продолжал идти путем веры.

Другое дело, если наоборот, он берет веру в качестве опоры для постижения, т.е. чтобы вера являлась средством для постижения, и как бы то ни было, достигнув цели, он уже отбрасывает средство, и поэтому он пренебрегает верой, выбирая для себя путь, идущий только через место, в котором есть постижение. И это не является «иудейским» мнением.

И как объясняет мой господин, отец и учитель, есть свойство пастухов стада Авраамова и пастухов стада Лота. И пастухами стада Авраамова называются обретения[43] Авраама, т.е. свойство веры, ведь Авраам называется отцом веры.

А пастухи [Авраама] – это пропитание, являющееся свойством постижения и знания, которые он получает для укрепления веры, ибо постижения есть доказательство того, что нужно идти вышеописанным путем. Т.е. из этого он получает доказательство. Получается, когда он идет путем веры, Творец приближает его и дает ему свет Торы.

Иное дело пастухи стада Лота, ведь Лот относится к свойству проклятия, от слова «лата» [арам. «проклятие»]. Другими словами, если кто-то получил постижение для того, чтобы сейчас он имел возможность служить Творцу внутри знания, – от этого происходит свойство проклятия, т.е. свет Торы уйдет от него, и он останется голым и нищим.

И причина того, что нужно идти путями веры, в том, что есть получение, как в сердце, так и в разуме. И получение в свойстве разума называется знанием. Это краткое изложение его слов.

И сказанное выше, действительно, объясняет слова рабби Хии о соображающем после вина. Ведь вином называется «вино Торы», как сказано в книге Зоар, т.е. свет

---

42   Трактат Авода Зара, 5:2.
43   Слово «обретения» («киньян») происходит от того же корня, что и «стадо» («микнэ»).

Торы, называемый свойством «раскрывают ему тайны Торы»[44]. И это свойство постижения и знания.

И «соображающий после вина» – т.е. при получении света Торы разум его не перепутывается, т.е. знание, которое было у него до того, как он получил вино Торы, не перепутывается, – т.е. оно не пропадает у него, а наоборот, то знание, которое было у него до этого, укладывается у него.

Т.е. благодаря тому, что он постиг «вино Торы», у него утверждается знание, что нужно идти путями веры, ведь отсюда он берет доказательство, что путь веры есть истинный путь. И свидетельство этому – что Творец приблизил его и дал ему свет Торы. Получается, что благодаря «вину Торы» у него укладывается знание, которое было у него до того, как он удостоился свойства вина.

И это называется «вошло вино, вышла тайна». А тайной называется свойство веры. Ведь то, в чем нет постижения и знания, относится к тайне. Поэтому, когда вошло вино, т.е. свойство постижения, вышла тайна. Ведь Тора относится к свойству раскрытия, а это противоположно тайне.

Поэтому получается, что тот, кто удостоился света Торы и не выдал тайну, – т.е. вера, которая была у него до этого, не уходит у него, и он продолжает идти путем тайны, – равен 70-ти [старцам] Санедрина. И в том, что у него укрепляется свойство веры, он подобен Санедрину.

И хотя они находились в свойстве «глаза народа», т.е. они уже удостоились мудрости Торы, они, тем не менее, удерживались в свойстве веры. Поэтому человек, удостоившийся свойства «вина Торы», и не выдавший тайну, а оставшийся при своем мнении, что нужно продолжать идти путем тайны, несмотря на то, что сейчас у него есть раскрытие и постижение, подобен 70-ти [старцам] Санедрина.

И это называется «Слово "вино" имеет численное значение 70, и слово "тайна" имеет значение 70. Вошло вино, вышла тайна»[45]. Ведь у любой вещи есть лицевая сторона (паним) и изнанка (ахораим), и это свойство света и кли, т.е. кли должно указывать на всё свойство света, поскольку кли является устройством, способным притянуть внутрь себя свет.

Поэтому это называется 70, подобно 70-ти ликам Торы, где имеется в виду, что, если он работает в свойстве тайны, т.е. веры, он должен воображать и представлять себе, что будет служить Творцу с такой же энергией, как будто он уже удостоился «вина Торы», которое называется «70 (аин[46]) ликов Торы». А «аин» (глаз) указывает на свойство знания и умосозерцания, которое называется «глазами народа», где имеются в виду мудрецы народа.

И когда он удерживается в этом свойстве, даже если у него есть возможность получить состояние видения и постижения, он равен Санедрину.

И это подобно тому, кто верит в Творца – что Он слышит молитву – несмотря на то, что, когда он молится каждый день, он не видит, чтобы Творец слышал его молитву, тем не менее, он всё-таки верит, что Творец слышит молитву. В то же время тот, кто уже удостоился того, что на всё, что он просит, Творец исполняет его просьбу, уже не должен верить, что Творец слышит молитву, ведь он воочию видит, что Творец дает ему то, чего он желает.

---

44   Трактат Авот, мишна, 6:1.

45   Трактат Эрувин, 65:1.

46   Слово «аин» имеет два значения: 1. обозначает букву, имеющую численное значение 70 2. обозначает «глаз».

Поэтому, то место, где надо верить, называется тайной. А место раскрытия называется «вином Торы». И человек должен укреплять себя в отношении веры также и в том месте, где он может получить состояние раскрытия – что Творец слышит молитву.

267. Торой создан человек

«И Торой был создан человек. Как сказано: «И сказал Творец: создадим человека»[47]. Сказал Творец Торе: «Желаю я создать человека». Сказала она Ему: «Этот человек согрешит и рассердит Тебя. Если не будешь Ты терпелив к нему, как будет он жить в мире?» Сказал Он ей: «Я и ты обеспечим его существование в мире. Ибо не зря я называюсь терпеливым»»[48].

И следует понять, что значит, что Творец желает, чтобы Тора помогла Ему обеспечить существование человека, а иначе не было бы никакой возможности, чтобы Творец сотворил [его]. Вплоть до того, что множественное число в стихе «Создадим» объясняют, что имеется в виду Творец вместе с Торой.

И известно, что цель творения – насладить Свои создания, и поэтому в человеке заложена такая природа, чтобы он желал получать наслаждения ради собственного удовольствия. И это называется злым началом (как выясняется в Предисловии к комментарию Сулам), как сказано: «Ведь желание сердца человеческого зло с юности его»[49].

И оно называется злым началом, потому что из-за того, что человек желает получать наслаждение, он отдаляется от истинного наслаждения, поскольку, как известно, у него нет подобия по форме. Однако, благодаря Торе к нему придет исправление, т.е. благодаря Торе [у него] будет возможность получить истинные наслаждения. Как сказали наши мудрецы: «Я создал злое начало и создал Тору в приправу к нему»[50].

А приправа – это, как сказали наши мудрецы: «Лучше, чтобы Меня вы оставили, но Тору мою соблюдали, ибо свет в ней возвращает к добру»[51]. Согласно этому выходит, что в Торе есть особая сила, позволяющая вернуть человека к добру, где имеется в виду заключенное в человеке зло, т.е. чтобы желание получать стало «ради отдачи».

И таким образом у него уже будет свойство слияния, и он сможет получать истинные наслаждения и не будет называться получающим. Из сказанного выходит, что благодаря Торе возникнет возможность существования человека в мире из-за того, что Тора вернет его к добру.

И это смысл слов «создадим человека», что [мудрецы] объяснили как «Я и ты обеспечим его существование в мире». Т.е. со стороны Творца происходит желание получать, а со стороны Торы – желание отдавать. И благодаря двум этим [вещам] станет возможным существование человека в мире, т.е. благодаря двум этим [вещам] он сможет получать всё благо, оставаясь в слиянии [с Творцом].

---

47   Берешит, 1:26.
48   Зоар, Шмини, п. 2.
49   Берешит, 8:21.
50   Трактат Кидушин, 30:2. // В оригинале указано: Бава Батра, 16:1, где находится похожая цитата.
51   Иерусалимский Талмуд, трактат Хагига, гл 1, закон 7. // Неточная цитата

268 Человек учится только тому, к чему лежит его сердце

«Человек учится только тому, к чему лежит его сердце» (Авода зара, 19).

И надо понять, почему он учится именно тому, к чему лежит его сердце. Согласно правилу, что человек учится именно тому, что он хочет, получается, что невозможно человека научить какой-то этике (морали), если он этого не желает. Получается, что нет человека, который хотел бы слушать наставления. Но как же тогда можно наставлять товарища? И так же надо понимать сказанное мудрецами «человек не считает себя должным» (Шаббат, 119). Согласно этому, как же тогда человек может исправить свои действия, ведь он никогда не увидит свои действия испорченными и требующими исправления. Тогда что же человек навсегда останется испорченным?

Дело в том, что известно, что человек создан с природой, когда желает только наслаждаться. Поэтому во всем, что он учит, он ищет путь и способ, как получить наслаждение. Таким образом, если человек хочет наслаждаться, само собой он не будет учить ничто иное, кроме того, к чему стремится его сердце, поскольку такова его природа.

По этой причине, тому, кто желает приблизиться к Творцу, дабы изучить то, что показывает способы отдачи Творцу, необходимо молиться Творцу, чтобы дал ему другое сердце, как сказано «чистое сердце мне создал Творец».

То есть, чтобы у него было иное сердце, чтобы желанием сердца было желание отдавать, тогда все, что будет учить, будет показывать ему только способы отдачи Творцу. Но вопреки своему сердцу он никогда не увидит ничего. Об этом сказано: «и заберу у вас каменное сердце и дам вам сердце из плоти».

Подобно этому человек не способен видеть себя должным, поскольку он учится только тому, к чему лежит его сердце. И поскольку сердце желает наслаждаться, а от ощущения обязанности человек не может наслаждаться, поэтому он никогда не считает себя обязанным.

И здесь нет иного совета, как только молиться Творцу, дабы дал ему другое сердце, то есть, чтобы человек понял, что нет ничего лучше того, чем доставлять наслаждение Творцу.

И тогда он будет вынужден считать себя обязанным, и это будет именно тогда, когда ему станет понятно, что если он осознает свой долг, то это будет его заслугой, поскольку у него появится возможность исправления, иначе он останется при всех своих недостатках.

Получается, что его обязанность – это его заслуга. И тогда он будет искать обязанность, а тот, кто не работает над исправлениями, никогда не будет считать себя обязанным.

269. Не станет человек трудиться для трапезы и пропускать ее

«Есть правило, что не станет человек трудиться для трапезы и пропускать ее»[52].

В отношении морали следует объяснить, что человек способен работать только в «ло лишма» из-за своей природы, т.е. желания получать ради себя. Однако если человек

---

[52] Трактат Ктубот, 10:1.

вложил много времени и большие усилия в намерение «ло лишма», а в конце, когда он даст себе отчет в том, что произойдет с теми усилиями, которые он прилагал во все дни жизни своей, получается, что всё это пропадет, ибо «ло лишма» есть состояние лжи, а ложь может существовать только в этом мире, тогда как в истинном мире для лжи места нет.

Выходит, что все усилия, которые он прилагает во все дни жизни своей в Торе и работе – кто же заберет их? Ведь для них нет места в истинном мире, и есть правило, что «не станет человек трудиться для трапезы и пропускать ее».

Согласно вышесказанному получается, что все усилия, которые он прилагал в этом мире, он потеряет за один раз, ведь в тот момент, когда человек должен уйти в истинный мир, он оставляет все свои труды в этом мире. Выходит, что этот расчет заставляет его прийти к возвращению – чтобы исправить всю свою работу и сделать ее «лишма», ведь он не хочет, чтобы вся его работа в этом мире была напрасной.

Выходит, что совет для этого человека: если он видит, что еще не способен работать в «лишма», пусть умножит дела свои в «ло лишма». Ибо когда он увидит, что у него есть много дел в «ло лишма», у него не будет иного выбора, кроме как прийти к возвращению и работать в «лишма», так как иначе вся его работа была напрасной.

И есть правило: «Не станет человек трудиться для трапезы и пропускать ее». Поэтому, если у него есть много дел в «ло лишма», он не захочет терять весь свой труд, и потому у него возникнет потребность исправить всю свою работу, чтобы она вошла в святость.

В то же время, у того, кто работает в «ло лишма», но не совершил много дел, т.е. не вложил большого времени в Тору и работу на пути «ло лишма», нет особой потребности приходить к возвращению, ведь у него не особенно много дел, которые он потеряет. Поэтому надо стараться умножать добрые дела пусть даже в «ло лишма», ибо это станет причиной, вызывающей у него необходимость прийти к возвращению и работать в «лишма».

270. Кто по душе людям (2)

«Кто по душе людям, по душе и Творцу»[53].

И следует понять – ведь в мире есть много праведников, которые не по душе людям, а они, наоборот ненавидят их, и кроме того известно, что простолюдины ненавидят людей ученых.

И как сказали наши мудрецы: «Мудрец пользуется любовью горожан... за то, что он не увещевает их за [неисполнение] высших дел»[54]. Однако есть обязанность «увещевай ближнего своего»[55], – получается, что они ненавидят мудреца. Как же они [т.е. мудрецы] сказали: «Кто по душе людям...»? И еще более непонятно то, что они определили это как знак трепета перед небесами, ибо сказано, что только те, кто по душе людям, будут тогда по душе Творцу.

И следует объяснить, что известно, что невозможно прийти к любви Творца, до того, как человек удостоился любви людей, что [происходит] через осуществление [принципа] «Возлюби ближнего как самого себя», который, как сказал рабби Акива,

---

53 Трактат Авот, мишна, 3:10.
54 Трактат Ктубот, 105:2.
55 Ваикра, 19:17.

является великим правилом Торы. Т.е. благодаря тому, что человек приучает себя к любви к людям, т.е. к любви к ближнему, он становится способным достичь ступени любви Творца.

И отсюда следует объяснить сказанное выше: «Кто по душе людям…», – где «по душе людям» имеется в виду, что он всё время занимается любовью к ближнему, и тогда «он по душе и Творцу», – т.е. у него есть наслаждение от того, что он доставляет удовольствие Творцу, т.е. отдает Ему. В то же время, тот, кто занимается эгоистической любовью, без всякого сомнения, и Творцу не по душе.

271. Обладающий милостью

«Обладающий милостью наверняка обладает трепетом перед небесами, как сказано: «А милость Творца во веки веков на трепещущих пред Ним»[56]»[57].

И следует спросить: но ведь мы видим, что есть много праведников, которых люди ненавидят? И также наоборот: есть много свободных [от исполнения заповедей], а также нарушающих заповеди, которые обладают милостью.

Можно объяснить это согласно морали – т.е. мудрецы учат человека, как измерить – чтобы у него была возможность узнать, есть ли у него трепет перед небесами или нет. Как сказано: «Чтобы человек знал про себя, является ли он полным праведником или нет»[58].

Поэтому ему дали знак – если он обладает милостью в глазах Творца, то наверняка и Творец обладает милостью в его глазах. Как сказал мой господин, отец и учитель по поводу слов Моше: «Если обрел я милость в глазах Твоих»[59]. Он спросил: как Моше узнал, что он обрел милость в глазах Творца? И ответил: поскольку он видел, что Творец обрел милость в его глазах, наверняка и Моше обрел милость в глазах Творца.

Ибо всегда действует правило, раскрытое Бааль Шем Товом: «Творец есть тень твоя», – т.е. как человек ведет себя с Творцом, так и Творец ведет себя с человеком. И в этом смысл стиха: «А милость Творца… на трепещущих пред Ним»[60].

272. Смешивающий высшее имя с чем-то другим

«Смешивающий высшее имя с чем-то другим истребляется из мира, как сказано: «Только Творцу одному»[61]»[62].

И следует понять, что означает, что он примешивает что-то другое. Почему он истребляется из мира? Ведь получается, что он – идолопоклонник, т.е. служит Творцу и также поклоняется чему-то другому, а в таком случае его нужно судить как идолопоклонника, почему же он именно «истребляется из мира»?

---

56 Псалмы, 103:17.
57 Трактат Сука, 49:2.
58 Трактат Брахот, 61:2.
59 Бамидбар, 11:15.
60 Псалмы, 103:17.
61 Шмот, 22:19. Приносящий жертвы божествам будет истреблен, [ибо надо служить] только Творцу одному.
62 Трактат Сука, 45:2.

И согласно морали следует объяснить, что слова «только Творцу одному», – не означают, что он также поклоняется еще и идолам, а имеется в виду, что поскольку человек должен исполнять Тору и заповеди из-за трепета перед Небесами, а не ради самонаслаждения, а то, что он работает ради Творца и кроме этого хочет наслаждаться своей работой, т.е. [хочет] еще и насладиться, называется «смешивающий высшее имя с чем-то другим», – т.е. [примешивает] еще и себя.

И о нем сказали наши мудрецы, что он истребляется из мира. Ведь человек создан в мире для трепета перед Небесами, как сказали мудрецы: «Весь мир был создан только ради этого… чтобы собраться вокруг этого»[63]. Получается, что тот, кто примешивает самонаслаждение, истребляется из этого мира, поскольку намерение его не только ради Небес. Поэтому сказано: «Только Творцу одному», – а не «также и для самонаслаждения».

273. Герой из героев

«Кто называется героем из героев? …Тот, кто превращает своего ненавистника в любящего»[64].

В плане морали следует объяснить, что героем называется «тот, кто обуздал свое злое начало»[65], – т.е. работает с добрым началом и подчиняет злое начало.

А герой из героев – тот, кто работает также и со злым началом, как сказали наши мудрецы: «Всеми сердцами своими – двумя желаниями»[66], – т.е. и злое начало тоже служит Творцу. Получается, что он превращает своего ненавистника, т.е. злое начало, в любящего. А поскольку и злое начало тоже служит Творцу, получается, что тут у него бо́льшая работа, поэтому он называется героем из героев.

274. Именно от мужа и жены

Именно от мужа и жены рождается ребенок. В то же время от одного мужчины или от одной женщины не может родиться потомство.

А в плане морали «захаром» (мужской частью) называется сила отдачи, а нуквой (женской частью) – сила получения. А потомство – это добрые дела, которые будут обладать духом жизни.

Поэтому, когда у человека есть только сила отдачи, он не производит усилий. И есть закон: «По страданию – оплата», – а поскольку у него есть только сила отдачи, у него автоматически нет усилий. А если нет усилий, невозможно удостоиться света Творца, как сказали наши мудрецы: «Не трудился и нашел – не верь»[67].

А если у него есть только сила получения, и нет искр отдачи, уже невозможно совершить выбор, чтобы он мог отвратиться от зла и выбрать добро, потому что тогда у него нет сил, чтобы он мог перевесить на чашу заслуг.

---

63   Трактат Брахот, 6:2.
64   Трактат Авот де-раби Натан, гл. 23, мишна 1.
65   Трактат Авот, гл. 4, мишна 1.
66   Трактат Брахот, 54:1.
67   Трактат Мегила, 6:2.

Поэтому, именно когда две эти силы равны, – т.е. сила получения и сила отдачи, – у него есть место для работы и усилий, чтобы с помощью усилий он мог преодолеть [зло] и перевесить на чашу заслуг. И тогда это действие, которое склонило весы на чашу заслуг, называется новорожденным ребенком, т.е. [это называется,] что Творец вдыхает в это действие дух жизни. И это называется: «Во всяком месте, в котором Я упомяну Имя Свое, Я приду к тебе и благословлю тебя»[68].

275. Пусть Меня вы оставите, но Тору мою сохраните

«Пусть Меня вы оставите, но Тору мою сохраните»[69]. Чтобы человек не думал, что, если он увидит знамения и чудеса от Творца, у него будет сила заниматься Торой и заповедями. А вместо этого «Тору мою сохраните». Т.е. только благодаря Торе можно обрести силу, чтобы заниматься Торой и заповедями ради Небес.

И доказательство этого – в рассечении Красного моря, когда после всех чудес и знамений у Амалека всё еще была сила прийти и воевать с Исраэлем.

276. Человек, на коже тела которого

«Человек, на коже тела которого появится опухоль, или лишай, или пятно, и станет оно на коже тела его похожим на язву проказы, должен быть приведен к Аарону-коэну»[70].

Комментаторы задают вопрос, почему сказано «адам» (человек), а не «иш» (муж). Возможно, это соответствует словам мудрецов: «Вы называетесь человеком [а не народы мира]»[71]. И отсюда следует, что идолопоклонники не могут быть осквернены язвами.

И сказано: «На коже тела которого появится», – т.е. скверна проказы появляется у человека из Исраэля только на *коже* его тела, а не внутри. Ведь у идолопоклонника сама душа его относится к свойству проказы и тому подобного. А на душу человека из Исраэля, когда она повреждена из-за греха, который он совершил, это накладывает видимость проказы на кожу тела его, и именно на *кожу*, а не на плоть, и не следует говорить о внутренней составляющей (свете жизни).

И следует спросить:

Почему именно «вы называетесь человеком»?

И почему, исходя [только лишь] из своего существования, человек в своей внутренней части называется чистым?

Можно объяснить это в духе того, что мудрецы сказали о стихе: «В конце всего всё будет услышано: Творца бойся и заповеди Его соблюдай, потому что в этом – весь человек»[72]. И сказал он [рав Хельбо со слов рава Хуны]: «Что значит: "Потому что в этом – весь человек?" ...Весь мир был сотворен только ради... это равнозначно всему миру... весь мир был создан, чтобы собраться вокруг этого»[73].

---

68 Шмот, 20:21.
69 Иерусалимский Талмуд, трактат Хагига, гл 1, закон 7.
70 Ваикра, 13:2.
71 Трактат Евамот, 61:1.
72 Коэлет, 12:13.
73 Трактат Брахот, 6:2/

Т.е. «человек» означает трепет перед небесами. Поэтому «вы называетесь человеком» – имеется в виду трепет перед небесами, т.е. тот, у кого есть трепет пред небесами, называется человеком. Поэтому иногда выходит, что совершение какого-либо греха – это только случайность, что называется внешней стороной, на которую указывает «кожа», так как кожа – это внешнее свойство, как объясняется, что есть моха, ацамот (кости), гидин (сухожилия), плоть и кожа.

И отсюда становится ясно, что тот, кто называется человеком, в своей внутренней части чист, а скверна, которая раскрывается в нем иногда из-за греха, – это только во внешней части. Поэтому у идолопоклонника, т.е. у того, в ком нет страха перед небесами, нет проказы, – он нечист изнутри.

Ибо только для того, у кого есть страх перед небесами, и кто называется человеком, можно говорить о грехе. И грех проявляется у него в виде проказы, прилепившейся к человеку.

В то же время, тот, у кого нет страха перед небесами, полон грехов, и его внутренняя часть тоже не такая, как нужно. Поэтому не надо думать, что грех будет считаться его внешней частью, ибо он и во внутренней части нечист.

А прийти к страху перед небесами можно с помощью Торы, как сказали наши мудрецы: «Свет в ней возвращает к источнику»[74].

277. Когда один из группы умирает

«Когда один из группы умирает, все члены группы должны беспокоиться»[75].

В плане морали, когда человек установил для себя распорядок дня и разделил день на несколько частей, получается, что он соединил себя с этими частями. И тогда каждая часть в отдельности считается одной из группы, поскольку все части объединяются в определенный порядок.

И если какая-то из частей отменилась, будь то нечаянно, насильно или преднамеренно, вся группа должна беспокоиться – тогда он должен беспокоиться обо всех частях распорядка дня, чтобы они не отменились. Ибо отменившаяся часть считается мертвой, и тогда он должен бояться за все части, чтобы они, не дай бог, не отменились.

278. Свет, созданный в первый день

«В свете, созданном в первый день, Адам Ришон видел от одного конца мира до другого»[76]. И следует понять, почему он [т.е. Талмуд] говорит «от одного конца до другого», а не «от начала мира до его конца».

Можно сказать, что когда свет светит ясно, весь мир однороден и нет начала и конца, и, наоборот, конец светит так же, как и начало. И это подобно тому, как говорится, что издали [человек] увидел город от края до края. И это называется «от одного конца до другого». В то же время, когда различаются ступени, говорят о начале и конце.

---

74   Мидраш Раба, Эйха, Предисловие, п. 2.
75   Трактат Шабат, 106:1.
76   Трактат Хагига, 12:1.

279. Почему Исраэль уподобляются оливке

«Сказал рабби Йоханан: "Почему Исраэль уподобляются оливке? Чтобы сообщить тебе, что, как оливка дает масло только при размельчении, так же и Исраэль возвращаются к добру только через страдания"»[77].

По поводу страданий, возвращающих человека к добру – но вначале следует знать, что такое «добро». Известно, что «желание сердца человеческого зло с юности его»[78], – где имеется в виду, что от природы человек заботится только о своей собственной выгоде, и в любом случае не может быть, чтобы у него была способность исполнять Тору и заповеди ради небес, а не ради собственной выгоды, иначе как через страдания, т.е. когда он не ощущает вкус в материальных вещах, иначе говоря, они не приносят ему удовлетворения в жизни. А поскольку человек создан с намерением «насладить Свои творения», он не получает достаточного наслаждения, чтобы ему имело смысл жить в мире и терпеть всё, чтобы достичь того малого наслаждения, которое дает ему материальное существование.

И в той мере, в которой он чувствует в своей жизни страдания, т.е. ему неоткуда получать жизненную силу, он вынужденным образом отменяет себя, чтобы работать на отдачу. Т.е. когда он видит, что через действия по получению он не получит жизненной силы, он начинает делать действия по отдаче, чтобы действия по отдаче принесли ему наслаждение.

Получается, что страдания возвращают его к добру, т.е. страдания, которые он ощущает от того, что ему неоткуда получать наслаждение, заставляют его вернуться к добру, т.е. чтобы он делал действия по отдаче. Ведь добро – это свойство отдачи, как сказано: «Чувствует сердце мое добро. Говорю я: дела мои – царю»[79], – т.е. на отдачу.

Получается, что благодаря страданиям, когда он страдает от того, что у него нет жизненных сил, он выбирает для себя новый путь и начинает заниматься отдачей.

И хотя это тоже с намерением ради получения, это называется свойством «ло лишма» близким к «лишма», и это, как сказано, что от «ло лишма» приходят к «лишма»[80], поскольку свет в ней [т.е. в Торе] возвращает к добру. Ведь делая действия ради отдачи, благодаря этому он начинает ощущать свет в действиях по отдаче. А у этого света есть свойство, позволяющее изменять его [т.е человека] впоследствии, чтобы он действовал ради отдачи.

281. Будь осторожен с выполнением лёгкой заповеди так же, как и тяжёлой (1)

«Будь осторожен с выполнением лёгкой заповеди так же, как и тяжёлой, ибо не знаешь ты, какова награда за них».

Во время духовного падения, когда Тора и заповеди незначительны в глазах человека, он думает, что ему незачем работать в Торе и заповедях, так как он работает даром, и нет ценности в его работе, ведь он не чувствует в ней ни вкуса, ни запаха. Поэтому нет смысла тратить силы зря без результата.

---

77   Трактат Минхот, 53:2.
78   Берешит, 8:21.
79   Псалмы, 45:2.
80   Трактат Санедрин, 105:2.

Об этом сказали мудрецы, что должен быть осторожен в их выполнении так же, как и тяжёлой заповеди, как будто сейчас для него Тора и заповеди имеют значимость, то есть, придавать им важность, и тогда он сможет приложить силы, потому что может их оценить.

Об этом сказано, что не знаешь ты, какова награда за заповеди; это означает, что человек не знает о награде за Тору и заповеди именно тогда, когда они не важны для него, но всё же преодолевает себя и выполняет их.

Может быть, что есть больше пользы в работе во время падения, чем во время подъёма, потому что человек не может знать, в каком состоянии есть больше наслаждения Творцу.

Поэтому сказано: «Будь осторожен с выполнением лёгкой заповеди», что означает «незначительная и презренная». А тяжёлая означает, что он ощущает важную значимость Торы и заповедей. И тогда наступает время, когда он может работать в вере выше знания. Потому что знания в падении всегда обязывает к противоположному от истины; то есть можно сказать, что он может извлечь больше пользы из низменного состояния, если он преодолевает его.

282. Будь осторожен с выполнением лёгкой заповеди так же, как и тяжёлой (2)

Будь осторожен с выполнением лёгкой заповеди так же, как и тяжёлой, ибо не знаешь ты, какова награда за них (трактат Авот, гл.2). И ещё сказано: «И будет, если внимать будете...».

Это следует понять, ведь сказано: «Не будьте как рабы, служащие господину ради получения награды» (трактат Авот, гл.1).

Награда называется «серебро», то есть каждый работает лишь ради награды. И дают каждому награду по мере его усилия. А серебро, которым вознаграждается его усилие, означает, что за серебро он может купить все наслаждения, какие пожелает, как говорится, что за серебро можно войти и предстать перед царём.

Это означает, что награда – это вещь, которая позволяет постичь все наслаждения. А о духовном известно, как сказано в Книге Зоар и у Ари, что все материальные наслаждения – всего лишь малая искра, происходящая из духовного мира, а настоящее наслаждение раскрывается в Торе и заповедях.

А то, что мы ощущаем скрытие в Торе и заповедях, происходит в силу сокращения, чтобы исправить хлеб стыда через подобие по форме, как сказано: «как Он милосерден, так и ты милосерден».

Поэтому, когда человек удостаивается прийти к ступени, чтобы все его действия были ради небес, в этой мере он может получать ради отдачи, и в этой же мере он выходит из-под сокращения и приходит к раскрытию, как сказано: «скрыл свет для праведников в будущем мире».

Выходит, что тьма, которую мы ощущаем в духовном, происходит в силу зла, находящегося в нас, и это – получение ради получения. Об этом сказали мудрецы: «Создал злое начало, создал Тору в приправу ему (трактат Кидушин, 30 стр.2), то есть с помощью Торы мы обретаем силу преодолеть получающего в нас, чтобы работать ради отдачи.

Это означает, что мы хотим получить из Торы и заповедей силу преодолеть зло. И это та награда, которую мы хотим получить из Торы и заповедей, поскольку после того, как мы постигнем силу отдачи, мы можем постичь добро и благо, которое уготовил нам Творец.

Отсюда следует, как сказано: «Будь осторожен с выполнением лёгкой заповеди так же, как и тяжёлой, ибо не знаешь ты, какова награда за заповеди», то есть, какая заповедь более пригодна для постижения силы отдачи, называемой в каббале «отражённым светом».

Поэтому сказано в Писании: «И будет, если внимать будете…», то есть, благодаря соблюдению Торы мы можем постичь силу давать наслаждение Творцу. И тогда, разумеется, у нас будут все блага, потому что больше, чем телёнок хочет есть, корова хочет накормить, и лишь намерения ради отдачи недостаёт нам, потому что на получение ради получения было сокращение.

Поэтому что лучшая награда, которую человек получает благодаря соблюдению Торы и заповедей – это выйти из зла, называемого «получение» и войти в состояние отдачи Творцу.

283. Будь осторожен с выполнением лёгкой заповеди так же, как и тяжёлой (3)

«Будь осторожен с выполнением лёгкой заповеди так же, как и тяжёлой».

«Лёгкой заповедью» называется то, что кажется человеку лёгким и не особо важным; это касается веры, поскольку это выше знания, и для веры не нужно большого знания, потому что это принимается сердцем, а не постигается разумом.

«Тяжёлая заповедь» – это знание, которое имеет большое значение для человека, ведь известно, что не каждый человек удостаивается постижения.

Поэтому в том, что касается постижения, человек проявляет усердие, чтобы не дай Бог, не упустить постижение. Либо только на те вещи, которые можно постичь знанием, он может потратить свои силы ради своей выгоды. А то, что касается веры, не имеет значимости в его глазах, и он не может одолеть свою лень и приложить силы ради вещи не столь важной.

Поэтому сказано: «Будь осторожен с выполнением лёгкой заповеди так же, как и тяжёлой, ибо не знаешь ты, какова награда за заповеди».

Так человек думает, что награда приходит за то, что приносит радость наверху. Поэтому, когда человек занимается и хочет благословения в своих занятиях, то есть чувствует жизненную силу и способен раскрывать новые состояния в Торе, или же он молится и ощущает любовь, трепет, слияние и воодушевление во время молитвы, – тогда он проявляет усердие и хочет продолжать свою работу.

И даже если он видит, что у него нет времени и его одолевают хлопоты, всё же он может отдать последние силы, чтобы продолжать занятия Торой и молитвой, потому что он чувствует в этом знание, то есть он знает и чувствует, что Тора и молитва доставляют радость наверху. Поэтому в это время он усердно выполняет свою работу, насколько возможно.

В то же время в лёгкой заповеди, в которой есть лишь сила бремени небесной Малхут, он не чувствует вкуса в Торе и нет у него сил для молитвы; такое время не имеет для него значимости.

И когда у него нет важности в такой работе, он не хочет проявлять усердие и преодолевать свои помехи, так как говорит, что так или иначе наверху нет важности в занятиях Торой и заповедями, когда у него нет жизненных сил. И хочет бросить всё после малой помехи, потому что и наверху это не важно, и не получит за это большой награды.

Но сказано, что «не знаешь ты, какова награда за заповеди». То есть, Творец получает большее наслаждение от малого состояния [человека], от принятия ярма небесной Малхут без всякого знания, чем от всех других его ощущений в состоянии гадлута (большом). Потому что наверху важнее работа в малом состоянии, чем в большом.

Но человек не знает, от какого состояния есть наверху есть большее наслаждение, поэтому «будь осторожен с выполнением лёгкой заповеди», – то есть в малом состоянии, – «так же, как и тяжёлой», – в большом состоянии.

285. Человек строит дом в этом мире

«В этом мире один человек возводит жилище, а другой – приводит его в негодность, но в будущем – не построится дом, где воссядет иной».

«Этим миром» называются эгоистические намерения человека, а «будущим миром» называется намерение усладить Творца. И только из эгоистического намерения «ради себя», из «этого мира» приходят путем исправления к намерению действовать ради Творца, к «будущему миру». Состояние это – «ради собственного эгоизма» называется «этот мир», т.е. в нём сейчас человек находится. «Будущим» же, то есть следующим за этим, зовётся состояние, при котором все действия направлены к Творцу.

«Строением» называются занятия человеком Торой ради других, а не ради Творца. И это называется, что строит дом для других, потому что намерение человека не на пользу ему, т.к. с помощью Торы и заповедей не стремится он пока доставить наслаждение Творцу, чтобы действия эти помогли ему сблизиться с Творцом, а делает всё это ради других. Но в будущем, т.е. во время работы ради Творца, человек строит для себя – тогда сам сможет насладиться плодами своего труда.

И ещё: когда в этом мире человек занимается Торой и заповедями ради себя, т.е. для того, чтобы получать самому, он не может насладиться от дома, который строит. Тогда как в каждом часе, проведённом в Торе и исправлении себя, видит он те кирпичики, с помощью которых строится дом – настолько большой, насколько велика его работа в Торе и заповедях.

Заполнить эти желания можно будет только тем, недоступным пока светом, что скрыт от творения на время его исправления. Как сказано: «Во всяком месте, т.е. желании, где Я напомню о Своём Имени, – т.е. когда во всех желаниях утвердит Творец, что не вернёт больше человека в его эгоизм, – тогда приду Я к тебе и Благословлю». Своим наполнением этих желаний. Это означает, что во всех желаниях, которые подготавливал человек их исправлением, правит благословение Творца.

Это называется «построение Храма». И возможно это, только если человек работает ради Творца – лишь тогда он может насладиться Его благословением. И тогда будет он жить в доме, который сам строил. Ступень эта называется «будущий мир», а достигающий её работает только основываясь на намерении «ради Творца».

«Этим миром» называется нынешнее свойство человека, т.е. состояние, в котором он в данный момент находится. О нём сказано, что человек должен всегда заниматься Торой и заповедями, даже если занятие это – «ради себя». Следующее за ним качество зовётся «будущим», или «приходящим миром», а «Зоар» определяет его, как приход к намерению «ради Творца». Тогда не будет строить для других, т.е. заниматься Торой и заповедями ради кого-то, а не ради Творца.

«И не будет восседать в его доме иной, а он сам» – ведь намерение человека теперь только ради Творца, потому раскрывают ему тайны Торы, и человек становится подобен неиссякающему источнику, т.е. действия его уподобляются действиям Творца.

Но пока находится в эгоистических желаниях, о нём сказано, что только «одному из тысячи откроется свет», что удостоин он возможности, с помощью которой один выходит к свету. Получается, что человек прикладывает свои усилия в Торе и заповедях, а наслаждаются этим другие – те, кому раскрывается свет Творца. Об этом сказано: «Удостоился – притянул свою часть и часть ближнего в райский сад».

288. Со Мною с Леванона невеста

«Со Мною с Леванона невеста», – сказал раби Леви по поводу того, что в мире принято украшать невесту и умащать её благовониями, а потом вести под хупу. Но Творец поступает по-другому, как сказал Он Собранию Исраэля: «Со Мною с Леванона невеста, из глины и кирпичей взял её тебе и сделал тебе невесту» (Мидраш раба, гл. Бешалах, 80:23).

Объясняется, что Творец приближает человека не из-за хороших свойств в нём, а из-за низменности, то есть когда человек чувствует, что находится среди глины и кирпичей, то есть хочет очистить себя и не может, потому что находится в низости.

И поэтому удостаивается близости к Творцу.

290. Праведник пребудет в вере своей

«Пришёл Хавакук и настаивал на одной [заповеди]: праведник пребудет в вере своей» (трактат Макот, 24 стр.1).

Следует пояснить значение «настаивал на одной», – означает, что вся Тора объясняется через одно понятие веры. А когда у него есть основа, тогда начинается Тора ради Торы. А прежде Тора исполняется ради «одной», то есть благодаря Торе приходят к заповеди, называемой «одна».

Отсюда следует изучать Тору и видеть, что Тора говорит только о вопросах веры. Но помимо изучения открытой части Торы, нужно учить также её иносказательную часть, которая говорит о вере.

291. Человек и его предназначение

Прежде, чем мы начинаем говорить о чём-либо, нужно знать, кто говорит и с кем говорит. И у нас нет сомнения в том, что мы называемся творениями, это означает, что мы живём в мире, созданном из ничего. А мой господин, отец и учитель (Бааль Сулам) подробно объяснил в своих книгах, что вещь, отличающая сущее от ничего – это желание получать в нас, и всё время, пока мы существуем в мире, оно хочет приобретать наслаждения.

И мы видим, что в том, что касается наслаждения, нет различия между людьми, и каждый желает наслаждений: с первого дня жизни младенца до последнего дня жизни человек желает наслаждаться.

Всё различие в том, в каких облачениях свет наслаждения облачается на него. Потому что наслаждение – это духовная вещь, которую невозможно постичь и ощутить без облачения; это называется в каббалистических книгах «нет света без кли». Поэтому только через келим можно понять друг друга. Так как есть люди, не способные получать наслаждения иначе, как в ложных облачениях, при этом в истинных облачениях они пока ещё не способны получать наслаждения.

Это мы видим на детях, когда мальчик или девочка делают себе тряпичную куклу и играют с ней, и в таком ненастоящем (ложном) ребёнке находят интерес и наслаждение.

Но с настоящим ребёнком, то есть если в этом же доме есть ребёнок полутора лет, и он плачет, а мать просит шестилетнюю дочь: «Зачем тебе играть и целовать ненастоящего ребёнка? Поиграй с настоящим ребёнком, нам троим будет от этого польза. Маме тяжело выносить плач ребёнка, и ребёнку будет лучше, если ты поиграешь с ним, и он не будет плакать, а ты будешь играть с таким же удовольствием, как от игры с куклой».

На это девочка отвечает, что всё это хорошо, но я не вижу никакого интереса и удовольствия в настоящем ребёнке.

А если мать ответит дочери: «Ты же видишь, когда у меня есть время, я играю с настоящим ребёнком, а не с куклой». На это дочь ответит: «Я вижу, что ты не хочешь получать наслаждение и удовольствие в этом мире, поэтому ты играешь с настоящим ребёнком, а я хочу наслаждаться, поэтому играю с куклой».

Это говорит о том, что они не понимают друг друга. Потому что она (дочь) пока ещё не способна находить наслаждения в настоящих вещах, и получает его только от ложных вещей.

Таким образом один может понять другого, то есть через облачения, но в том, что касается наслаждения, все равны, то есть тем, где нет наслаждения, человек не способен наслаждаться. Если же он и занимается чем-то, в чём нет наслаждения, то лишь тогда, когда знает, что за эти усилия он получит затем наслаждение. И нужно понять, откуда возникает причина того, что мы обязаны получать наслаждение и без этого невозможно существовать.

Ответ заключается в том, что это обусловлено замыслом творения – насладить Его творения. Как сказано в притче о царе, у которого есть дворец, наполненный всяческими благами. Поэтому в нас заложено желание к наслаждению, подобно трапезе, и если нет аппетита, то трапеза не проходит должным образом.

292. Сдерживает себя во время ссоры

Сказал раби Илаа: «Мир существует ради того, кто сдерживает себя во время ссоры, как сказано – «Подвесил землю ни на чём» (трактат Хулин, 89 стр.1).

Следует понять, от чего зависит существование мира: если два человека ссорятся, то мир может существовать лишь при условии, что один из них сдерживает свои уста, то есть не отвечает другому, и тогда мир может существовать.

И следует понять это в духовной работе; известно, что у человека есть злое начало с первого момента рождения. А когда человек хочет заниматься Торой и заповедями, злое начало спрашивает: «Что тебе будет с этого?» На это есть четыре ответа:

1. Он отвечает злому началу, что он делает это ради мести, чтобы огорчить другого. Такое объяснение мудрецы называют «ло лишма»: «лучше бы ему не рождаться» (трактат Брахот, 17 стр.1).

2. Для того, чтобы его называли «раби», то есть он объясняет злому началу, что он учится для того, чтобы другие платили ему вознаграждением. Если он не женат, то сможет выгодно жениться. Если уже женат, то другие будут уважать его за его занятия Торой и усердие. Это тоже называется «ло лишма», но от «ло лишма» приходят к «лишма».

3. Он объясняет, что учится «лишма» в скромности, чтобы никто не увидел его работу в Торе и заповедях, чтобы люди не стали уважать его за занятия Торой и заповедями.

И это называется «лишма», потому что лишма означает, что он занимается Торой и заповедями, чтобы Творец платил ему вознаграждением. Подобно тому, как если человек работает в одной фирме, то разумеется, что он не будет просить вознаграждение в другой фирме.

И также, когда кто-то имеет намерение, чтобы другие уважали его за занятия Торой и заповедями, это называется, что он работает не ради Творца, а ради других людей, чтобы они платили ему вознаграждением.

Если же он работает в скромности, и имеет намерение, чтобы Творец платил ему вознаграждением, это называется, что он работает ради Творца, и его намерение состоит в том, чтобы лишь Творец платил ему вознаграждением.

4. Не ради получения вознаграждения. Означает, что он работает на Творца, но не ради получения вознаграждения. Тогда злое начало спрашивает: «Что это за работа, которую ты делаешь без всякого вознаграждения?» И тогда нечего ответить злому началу, а как сказано в пасхальной агаде – «ударь его по зубам», и тогда он принять на себя эту работу только выше вкуса и знания.

И благодаря этому удостаиваются совершенной веры, и благодаря вере он удостаивается истинного совершенства, ради которого создан человек. И тогда исполняется сказанное: «удостоился – склоняет себя и весь мира на чашу заслуг».

Это означает, что он сдерживает себя во время ссоры со своим злым началом, которое настаивает на работе не ради отдачи, и тогда ему нечего ответить. Это называется «подвесил землю ни на чём», то есть у него нет никакой основы, это означает, что ни на то не опирается, а идёт выше вкуса и знания.

293. Соблюдающий субботу

Соблюдение субботы в духовной работе означает, что есть шесть дней творения – это будние дни, и есть суббота – запрет делать работу. буднями называется, когда человек далёк от святости, и тогда у него есть работа по исправлению своих деяний, чтобы приблизил себя к святости. А «святость» означает, что он находится в подобии по форме, и по мере того, как он приближается, он ощущает благо святости.

И разумеется, когда он приходит к ощущению святости, тогда у него нет работы по исправлению зла. Поэтому называется «шабат», потому что почил Он от всех дел Своих («шабат» и «почил» имеют общий корень шин-бет-тав). Это означает, что только когда человек находится в будних днях, то есть не ощущает святость, тогда может выполняться работа по исправлению зла.

Поэтому работа в будние дни называется пробуждением снизу, и на это приходит пробуждение свыше, называемое «шабат», когда святость изливается на него от Творца. И тогда нужно соблюдать субботу, это означает, что его работа в субботу состоит в том, чтобы соблюдать субботу, то есть чтобы не упускал из внимания святость субботы.

А соблюдение выражается в важности. Есть правило в мире, что каждая важная вещь требует надёжного хранения, а если вещь не столь важна, то не нужно её так тщательно хранить. Поэтому работа по соблюдению субботы выражается в величии и важности святости субботы.

Об этом был вопрос – как человеку прийти ощущению важности святости? Ответ такой, что это приходит от работы в будние дни, по мере того, как он сожалел о том, что это будни, а не святость, настолько он способен осознать ценность субботы. Об этом сказано: «соблюдающий субботу

295. Каждый, освящающий седьмой день

В песне «Каждый освящающий» говорится: «награда его велика очень». Известно, что есть трудность в понимании этого: вначале сказано – «награда его велика очень», а затем он противоречит себе и говорит – «по деяниям его»; это означает, что именно по деяниям его, и не более.

Чтобы понять сказанное, прежде надо знать, какова награда. Ведь известно, что сказали мудрецы: «Будьте как рабы, которые служат Всевышнему не ради получения награды», а нужно работать «лишма».

По поводу награды следует сказать, что она приходит после усилия. Когда человек утруждает себя, чтобы найти вещь, которую он не может найти без усилия. В то же время о легкодоступных вещах не говорят, что ради них требуется усилие.

Например, нельзя сказать, что человек утруждает себя, чтобы найти маленький камень размером 1х1 см., потому что он может пойти на любую стройку и найти там кусок щебня даже большего размера, чем 1х1см.

Поэтому нельзя сказать, что получил в награду несколько маленьких кусков щебня, потому что ради легкодоступных вещей не нужно прилагать усилие. Поэтому не называют вознаграждением обретение легкодоступных вещей.

Но для того, чтобы обрести алмаз размером 1х1 см, – а его трудно найти в мире, – человеку нужно приложить большое усилие, чтобы обрести алмаз. И когда обретает его, считается, что он получил награду за свои усилия.

И мы должны верить, что «вся земля полна славы Его», как сказано – «небо и земля полны Мною». И как сказано в книге Зоар и в писаниях Ари, что все ощущаемые нами материальные наслаждения – это лишь мала искра света Творца.

И разумеется, что там, где раскрывается свет Творца, нет предела наслаждению. Выходит, когда мы верим, что «вся земля полна славы Его», тогда наслаждение наполняет весь мир.

А когда весь мир полон, это значит, что не нужно искать наслаждение, потому что нет такого места в мире, которое не было бы наполнено наслаждением, и разумеется, что не нужно прилагать усилие ради наслаждения, и нельзя сказать при получении наслаждения, что получил награду. Потому что вещь, которую получили без усилия, нельзя назвать наградой.

Тогда возникает вопрос: какую награду мы получаем за наши усилия?

Мы говорили о том, что если мир наполнен наслаждениями, как сказано – «вся земля полна славы Его», то возникает вопрос: почему мы не ощущаем, что свет Творца наполняет мир? На это есть объяснение, что Творец произвёл сокращение и скрытие, чтобы не ощущали свет Творца, чтобы не было хлеба стыда.

И когда человек доходит до такой ступени, когда он хочет отдавать Творцу, то есть доставлять Ему наслаждение, тогда он начинает думать, чего недостаёт Творцу, что можно было бы найти, потому что все его заботы лишь о том, чтобы было наслаждение Творцу; и тогда он видит, что Творец создал мир для того, чтобы получали наслаждение от Него, а лишь этого недостаёт Творцу. Поэтому он наполняет желание Творца тем, что получает наслаждения.

И тогда уже нет хлеба стыда, так как он получает наслаждения не потому, что хочет наслаждаться, а потому, что хочет отдавать Творцу. Потому что когда человек входит на такую ступень, когда хочет лишь отдавать Творцу, тогда уходит скрытие, и он видит, что в мире «вся земля полна славы Его».

И он видит тогда, что всё это раскрывается перед его глазами, чтобы он насладился этим. Поэтому после того, как постиг ступень отдачи, то есть постиг ступень, на которой всё его желание лишь отдавать Творцу, человек наполняет себя всеми наслаждениями, какие видят его глаза, как сказано – «вся земля полна славы Его».

Из сказанного выходит, что человек должен постичь, для того, чтобы о нём можно было сказать, что он получил награду, лишь одно – желание отдачи. То есть, быть на ступени, на которой он хочет служить Творцу не ради получения награды.

И все усилия человека в Торе и заповедях прилагаются им лишь ради этого. И это называется трепетом перед небесами. Как сказано: «Что Творец Всесильный твой спрашивает с народа твоего? Только трепетать передо Мной».

А трепет выражается в том, о чём сказали мудрецы: «Вознаграждён был и закрыл Моше лицо своё, ибо страшился взглянуть, – тем удостоился образ Творца узреть» (трактат Брахот, 7 стр.1).

И объясняется понятие трепета тем, что человек должен приблизиться к Творцу, то есть слиться с Ним, как сказано – «и слейся с Ним». Как объясняют мудрецы: «Сольёшься со свойствами Его: как Он милосерден, так и ты милосерден» (трактат Сота, 14 стр.1), это означает подобие по форме. И человек должен быть в трепете, чтобы не отдалиться, упаси его, от Творца из-за того, что не сможет уйти от любви к себе, суть которой получение, называемое желанием получать.

Поэтому человек должен ожидать лишь одной награды – постичь силу отдачи.

И это означает – «награда его велика очень по деяниям его». Если он совершает деяния и утруждает себя в Торе и заповедях, то постигает свою награду – силу отдачи, и тогда сила отдачи называется «награда его велика очень», награда увеличивает свойство «очень», как сказано в Книге Зоар: «Хорошо – это ангел жизни, «очень» – ангел смерти, и он более важен».

То есть, это свет, предназначенный для исконного желания получать, суть которого стадия далет (четвёртая), на которую было сокращение. И кто входит в желание получать, тот мёртв, потому что исходит из него свет жизни.

Но благодаря тому, что постигаем свойство отдачи, получаем части наслаждения, предназначенного для стадии далет, вплоть до полного исправления, то есть, когда будет получено всё наслаждение, предназначенное для стадии далет, ради отдачи, и это называется «полное исправление».

298. Включение свойства милосердия в свойство суда

Поскольку человек рожден из четвертой стадии, которая является свободным пространством, намерением которой является получение ради получения, то если бы оставался только в этом корне, не имел бы никакой возможности изменить его на ради отдачи. Поэтому, когда к нему присоединяется аспект отдачи, которая является свойством милосердия, то у него появляется чудесное средство Торы и заповедей ради отдачи, дабы смог изменить его.

Надо понять это, поскольку мы видим, что природой человека является погруженность в страсти этого мира, и только иногда у него пробуждается стремление к слиянию с Творцом. И тогда мы видим, что во время пробуждения у него нет никакой работы, дабы выйти из обыденности (материального), а все его мысли и желания только о духовном. А когда падает со своей ступени, он берется за старое, то есть начинает думать только о материальных вещах.

Можно сказать, что, когда в нем раскрывается четвертая стадия, то есть когда он увлечен какой-то страстью, он не способен преодолеть свое желание из-за своей природы. А когда в нем пробуждается свойство милосердия, что является силой отдачи, тогда у него так же нет выбора, и он устремляется к духовному. А при пробуждении у него затем четвертой стадии, он возвращается к прежнему. Поэтому мы видим, что, когда человек пребывает в состоянии падения, то есть под властью желания получать, у него нет выбора. А когда в нем властвует желание отдавать, он не нуждается в выборе. Получается согласно этому, что весь его выбор заключается в выборе того, что в нем будет властвовать: свойство суда или свойство милосердия. Но возражения, доводы и размышления невозможно победить в то время, когда в нем властвует свойство суда.

Получается, что человеку ничего не остается, как соединиться с книгами и авторами, которые занимаются желанием отдавать, и когда в нем пробуждается свойство милосердия, он, так или иначе, устремляется к духовному без усилий. Это значит, что основная работа может быть только в то время, когда ничто над ним не властвует. И тогда у него есть возможность выбрать, что будет над ним властвовать.

303. Порадуй их совершенным строением (2)

Прежде, чем начать говорить о чем-нибудь, необходимо выяснить: кто говорящий и кто тот, к кому обращаются. Нет никаких сомнений в том, что именно мы называемся творениями и живём в мире, «сотворённом из ничего».

Но Бааль Сулам в своих книгах пишет, что единственное творение, созданное из ничего – это желание получить наслаждение, находящееся в нас. И желание это, всё время своего существования в нашем мире, стремится приобрести только то, из чего сможет извлечь удовольствие.

И мы действительно видим, что в получении удовольствия нет разницы между людьми – каждый стремится насладить себя: со дня своего рождения и до последнего своего дня человек желает получать наслаждение.

Вся разница только в том, во что облачён свет наслаждения. Ведь наслаждение само по себе духовно, поэтому невозможно ощутить и постичь его, если не примет оно на себя какое-либо внешнее одеяние, определяемое в каббалистических книгах выражением (законом): «нет света без желания получить этот свет». Из этого следует, что только с помощью различных желаний можно отделить одно наслаждение от другого.

Существуют люди, которые могут получать удовольствие только тогда, когда оно принимает на себя ложные формы, т.к. не в состоянии пока получать наслаждение в его истинном виде. Это мы можем видеть на примере маленькой девочки, играющей с куклой, когда мальчик или девочка, сделанные из тряпок – ненастоящий ребёнок, нравится ей и доставляет удовольствие. В случае же с настоящим ребёнком всё по-другому.

Так, если есть в том же доме полугодовалый младенец и он плачет, а мать просит шестилетнюю девочку: «Зачем тебе играться и целовать ненастоящего ребёнка, иди и поиграй с настоящим, ведь от этого мы втроём будем довольны: мама, которая страдает от того, что ребёнок плачет; ребёнок получит удовольствие от того, что поиграешь с ним, и перестанет плакать; а ты, тем что играешь, будешь довольна так же, как и от игры с куклой».

Но девочка отвечает на это: «Всё это хорошо и прекрасно, но не нахожу я никакого удовольствия в этом настоящем ребёнке». И если мать спросит: «Разве ты не видишь, что когда у меня есть время, я играю с настоящим ребёнком, а не с куклой?» Ей на это девочка отвечает: «Я вижу, что ты не желаешь получать удовольствия этого мира, поэтому ты и играешь с настоящим ребёнком. Я же хочу наслаждаться и потому играю с куклой».

Это значит, что они не понимают друг друга, потому что не в состоянии пока девочка извлечь наслаждение из Истины, а только из того, что облачено в ложь. И только этим и отличаются друг от друга – различием тех внешних форм, в которое облачается наслаждение, но каждый желает насладиться.

И там, где отсутствует удовольствие, человек не в состоянии наслаждаться. Человек может заниматься делом ему неприятным, неинтересным для него только в том случае, если известно ему заранее, что взамен приложенных им усилий получит вознаграждение в виде какого-либо наслаждения.

Так из чего же это следует, в чём причина того, что мы обязаны получать удовольствие и не можем без этого существовать? Причина этого заложена в замысле творения – желании Творца насладить свои создания, уготовленным Им наслаждением. И для того, чтобы смогли мы принять то наслаждение, впечатано в нас желание его получить.

307. Нет травинки внизу

«Нет травинки внизу, у которой бы не было ангела, который бьет ее и заставляет расти». И надо спросить, для чего ее бить? Иначе не захочет расти? Но разве мы не видим, что по природе своей каждый хочет вырасти, а не оставаться на низком уровне?

И чтобы понять это, надо объяснить это с позиции духовной работы. Естественно, что постоянно, когда человек погружен в желание, он отказывается от всякого роста и желает оставаться на земном уровне. Но наверху есть сила, которая называется ангел, и это сила, воздействующая на него, бьет его и заставляет расти. То есть она бьет его с силой, и заставляет расти, выйти из обыденного, несмотря на то, что человек создан с желанием получать, которое означает приземленность. А относительно желания получать человек оставался бы на земном уровне, и у него никогда не появилась бы возможность выйти из своего желания. Но сила отдачи, существующая в мире, которая называется ангел, посылает ему такие страдания, чтобы у него не было удовлетворения от наполнения желания получать. А страдания, которые он ощущает, дают ему толчок выйти из обыденного. И благодаря тому, что Творец посылает ему страдания от земных желаний, что означает его неудовлетворенность земным, это толкает его расти и выйти из земного. Получается, согласно этому, что в той мере, в которой человек ощущает удары, в этой же мере он начинает выходить из земного, иначе бы он так и оставался в своих желаниях.

308. Ты выбрал нас (2)

По поводу «Ты выбрал нас» – выясняется трудный вопрос. Сказано мудрецами, что Творец обращался ко всем народам мира, но те не пожелали (её) принять, и только народ Израиля сказал: «Сделаем и услышим». В таком случае, почему мы говорим, что «Ты выбрал нас»?

И надо выяснить это с точки зрения духовной работы. Известно, что человек – это маленький мир, поэтому он состоит из сынов Сэира и сынов Парана. И только свойства человека, которые говорят: «Сделаем и услышим», – только их выбрал Творец, чтобы дать им Тору. А другим желаниям человека не дана Тора.

И в этом смысл запрета обучать Торе народы мира – имеются в виду свойства народов мира в самом человеке – именно их нельзя учить Торе.

И объяснял мой отец и учитель, что когда мудрецы говорят: «Нельзя», – имеется в виду «невозможно». То есть потому что «Тора исполняется только в том, кто умертвляется себя ради нее», то есть он отменяет свою реальность и хочет отменить себя перед Творцом. И тогда Творец дает ему Тору в подарок.

Поэтому человек должен знать, что Творец выбрал только свойство «Исраэль» в человеке, только об этом свойстве сказано: «Возлюбил нас и желал нас». Поэтому, когда человек говорит, что «Ты выбрал нас», он должен уважать и считаться со свойством «Исраэль» в нем, и аннулировать остальные желания народов мира, из которых он состоит.

309 Вопрос скромности

"Сказано тебе, человек, что добро и что Творец требует от тебя: вершить правосудие, любить милосердие и в скромности ходить перед богом твоим" (Миха 6).

Вопрос скромности подразумевает скрытое, невидимое глазу. Ведь видимые глазу вещи называются явными, то есть поступками, ведь каждый может видеть, что делает его товарищ, но не способен видеть, о чем он думает. И даже если товарищ рассказывает ему о своих мыслях, нельзя быть уверенным, что это действительно его мысли.

К примеру, если человек скопил состояние и жертвует его учреждению в котором изучают Тору и говорит, что он хочет дать им эту большую сумму с условием, что об этом напишут в газетах. Он говорит, что ему выгодно пожертвовать большую сумму для того, чтоб прославится и получить много почестей.

И хотя он прямо говорит, что в его намерении получить почести, может быть, что на самом деле все обстоит иначе. Так как он хочет совершить этот поступок не для получения славы за то, что поступает как праведник, который жертвует большую сумму, хотя сам он не очень богат. Он делает это потому, что для него важна заповедь содержания изучающих тору, по этой причине он дает деньги.

И для того, чтоб не сказали, что он совершает это ради Творца и будут уважать его за праведный поступок, он говорит, что делает это ради почестей, в следствии чего, его не станут уважать.

Таким образом мы видим, что мысль невозможно раскрыть. Явные же вещи называются поступками.

Поэтому изречение "и в скромности" говорит именно о намерении "перед богом твоим", то есть, следить, чтоб намерение было ради Творца.

310. Пропал праведник и никто не обратил на это внимания

"Пропал праведник и никто не обратил внимания...так как от зла был забран праведник".
(Йешаайаху 57)

И трактуется в Книге Зоар, во время, когда Всесильный правит миром, и не достоин мир, и тогда приходит время, когда Творец вершит суд над обитателями мира, тогда Творец забирает праведника, находящегося среди них.

Можно истолковать это, как если должны дать человеку падение, тогда отбирают у него праведника, то есть до этого он теряет веру в праведников, иначе он смог бы получить поддержку от праведника. И в этом смысл "Пропал праведник и никто не обратил внимания" то есть из-за зла теряет он веру в праведников. (Ваишав 4)

316. Свойство Адама Ришона (2)

Корень Адама Ришона – это прах, не пригодный для посева, как сказано: «И создал Творец Всесильный человека – прах с земли»[81]. Что означает, что если бы не исправление земли, которое называется свойством бины, или «красным» (ивр.: «адом»), она не была бы способна получать высшее благо.

И это называется, что Адам Ришон родился обрезанным. А посредством греха Древа Познания он притянул крайнюю плоть, т.е. как сказано: «Из праха ты и в прах вернешься»[82], – из-за того, что он вернул себе крайнюю плоть, т.е. кли получения ради себя, в следующих за ним поколениях уже заложено желание получать.

Поэтому Авраам шел в правой линии, в исправлении свойством «хесед», т.е. он желает хасадим. Поэтому от свойства хасадим он притягивает свойство слияния с источником жизни.

Однако Ицхак шел в левой линии, которая называется «гвура», работая в плане преодоления получающих келим, чтобы они были ради отдачи.

А поскольку он занимался левой линией, т.е. рассматривал свое состояние в смысле знания, он видит недостатки и состояние разделения, ибо человек в состоянии левой [линии находится] в состоянии недостатка, а Творец называется совершенным, но «не может проклятый прилепиться к Благословенному»[83].

Поэтому Ицхак должен был включиться в Авраама, и потому сказано: «Авраам породил Ицхака»[84]. Но ведь об этом все знают – однако это учит нас, что свойство Ицхака, т.е. левая линия, включает в себя также и правую, хесед, и оттуда она получает жизнь. А Яаков – это средняя линия, и он без сомнения включает в себя хасадим.

Однако Давид, свойство которого – малхут, свойство Машиаха, на которое было сделано сокращение и скрытие, не может получить никакого света для своего собственного свойства. Она должна получать от своего мужа Зеир Анпина, что означает, что она была сотворена из малхут Зеир Анпина, свойство которой – пустое пространство. Поэтому она получала от них, т.е. от Авраама, Яакова, Йосефа, которые находятся выше малхут, поэтому она получала свечение от них.

328. Идолы их – серебро и золото, дело рук человеческих[85]

Есть духовное свойство, которое человек создает себе сам, т.е. он рисует себе, что ради этого он работает, т.е. для этой духовности ему стоит работать. И это называется «делом рук человеческих» – то, что человек может [представить] себе, и это называется, что этому духовному свойству он молится.

Тогда как если человек совершает возвращение и удостаивается раскрытия глаз в Торе в свойстве «Знающий тайны свидетельствует о нем» – только тогда называется, что та духовность, которой он достиг, не является делом рук его. Ибо тогда свет раскрывается ему в соответствии с тем образом, который ему дают свыше, а не в соответствии

---

81   Берешит, 2:7.
82   Берешит, 3:19. // Неточная цитата
83   Берешит Раба, 59:9.
84   Берешит, 25:19.
85   Псалмы, 115:4.

с тем образом, который нижний создал для себя. Итак, «дело рук человеческих» означает «в соответствии с образом человека».

332. По поводу уподобления по форме

июль – август, 1979[86]

По поводу уподобления по форме, которое является исправлением, отменяющим хлеб стыда, можно объяснить это в простом понимании. Ведь Творец убирает его [хлеб стыда] по принципу «из действий Твоих познаем мы Тебя». Ибо Творец получает наслаждение от того, что дает творениям, и это называется «желание Его насладить Свои творения».

Потому и нижние так же должны прийти к этому свойству, т.е. чтобы у них было наслаждение, когда они занимаются отдачей. И это словами мудрецов называется: «И слейся с Ним»[87], – «как Он милосерден, так же и ты будь милосерден»[88].

А творения рождены в противоположном состоянии, так как высшее желание, называемое «насладить творения», создало в творениях желание получать, а не отдавать, и у него [т.е. у творения] есть желание отдавать, только если посредством этого оно может достичь большего наслаждения, – отдавая, оно получит некое вознаграждение за свою отдачу. Однако без наслаждения человек не способен ничего отдавать.

Получается, что оно находится в противоположной форме по отношению к Творцу. А в духовном противоположность по форме считается разделением. А когда человек, не дай бог, отделен от Творца, как же он может соединиться с Ним? И это и есть всё зло, заложенное в творениях, которое следует исправить.

И это называется осознанием зла. Ведь человек должен прийти к ясному осознанию, что в мире нет ничего, что могло бы помешать ему прийти к добру и наслаждению, кроме желания получать. И это и есть злое начало, и о нем сказали наши мудрецы: «Я создал злое начало и создал Тору в приправу к нему»[89]. И это подробно объясняется в Предисловии к ТЭС.

Согласно этому выходит, что, когда человек занимается Торой и заповедями, причиной его занятий должно быть [стремление] прийти к тому, чтобы Творец дал ему за его работу в Торе и заповедях оплату. И его оплата должна заключаться в том, что он избавится от зла и придет к добру.

Т.е. чтобы он смог прилепиться к Творцу, который называется добрым. И нужно, чтобы эта причина всегда была у него перед глазами – что он хочет прийти к такому уровню, чтобы наслаждаться от действий по отдаче, подобно Творцу, у которого есть наслаждение от того, что Он отдает, и Он не нуждается в том, чтобы творения что-то давали бы Ему.

Так человек должен просить у Творца, чтобы Он дал ему оплату за его работу. А оплата будет состоять в том, чтобы он мог работать не ради получения вознаграждения, и не нужно никакого вознаграждения за его работу, а чтобы от этих действий у него было удовольствие и наслаждение во время их совершения.

---

86   По еврейскому календарю: месяц ав, 5739.
87   Дварим, 30:20.
88   Иерусалимский талмуд, трактат Пеа, 3:1.
89   Трактат Кидушин, 30:2.

Получается, что человек преодолевает себя и совершает действия по отдаче, ибо он нуждается в преодолении и принуждении. Выходит, что с одной стороны, у него есть уподобление [Творцу], поскольку он не получает, а только отдает. Однако, отдавая без вознаграждения, он не испытывает удовольствия и наслаждения. Получается, что у него нет подобия Творцу.

Выходит, что главная работа человека должна заключаться в том, чтобы у него было наслаждение в то время, когда он занимается действиями по отдаче. И это как сказано: «Служите Творцу в радости»[90], — чтобы было подобие по форме. Подобно тому, как когда Он отдает, у него есть наслаждение, — как сказали мудрецы: «желание Его — насладить Свои творения», — так же и человек должен прийти к этому уровню.

И в этом должна заключаться вся оплата человека. И это называется, что он «отдает ради отдачи» без какого-либо вознаграждения, ибо нет у него большего наслаждения, чем это.

Однако после того как он удостоился этого уровня, — когда всё его наслаждение состоит в том, что он отдает Творцу, — он видит и чувствует, что он ничего не может дать Творцу, чтобы доставить Ему наслаждение, кроме как если будет получать от Него наслаждения, которые Творец уготовил Своим творениям, что и является целью творения.

Поэтому в этот момент он находится на ступени, на которой он говорит Творцу: «Дай мне большие наслаждения, поскольку я желаю доставить Тебе наслаждение. Ведь у Тебя нет недостатка ни в чем, а то что мы можем назвать недостатком — это лишь, чтобы творение пришло к цели, состоящей в наслаждении Своих творений».

Отсюда выходит, что [состояние] «не ради получения вознаграждения» называется, когда человек приходит к уровню, где ему дали подарок свыше, и у него нет никакого наслаждения, кроме отдачи Творцу. Однако если он отдает, и у него в этот момент нет никакого наслаждения, получается, что у него нет подобия по форме из-за того, что у него нет наслаждения во время отдачи, и он только стремится, чтобы ему дали что-нибудь за его работу в отдаче.

В то же время, когда человек занимается получением, он не просит у Творца никакого вознаграждения и оплаты за свою работу в получении.

Поэтому цель всегда должна быть у него перед глазами — чего он просит за свою работу в Торе и заповедях, т.е. только чтобы Творец дал ему в подарок подобие по форме, состоящее в том, что во время занятия отдачей у него есть наслаждение.

333. Начинающий исполнять заповедь

июнь – июль, 1981[91]

«Начинающему [исполнять] заповедь говорят: Закончи!»[92] — т.е. по принципу: «Пришедшему очиститься помогают»[93]. Поэтому начинающему [исполнять] заповедь свыше говорят: «Закончи!» — что означает, что свыше ему дают силу. И в этом смысл

---

90   Псалмы, 100:2.
91   По еврейскому календарю: месяц сиван, 5741.
92   Мидраш Танхума, гл. Экев.
93   Трактат Шабат, 104:1.

слов: «Любое начало дается тяжело»[94] – потому что он должен начать, а потом он уже получит помощь свыше.

334. Разница между подаянием и даром

Подаяние должно быть тайным, как сказано: «Дарованное втайне тушит гнев»[95] – т.е. он не знает, кому он дает. А дар – наоборот, как сказали наши мудрецы: «Дающий дар товарищу обязан сообщить ему [об этом]»[96] – как сказали они: «[Сказал Творец Моше:] Добрый дар есть у Меня в сокровищнице, и называется он субботой… пойди и сообщи им»[97].

И дело в том, что подаяние есть свойство веры, как сказано: «И [Аврам] уверовал в Творца, и Он счел это подаянием для него»[98]. А когда он верит выше знания, это называется «дарованным втайне», т.е. что он не знает, кому он отдает, и принимается ли то, что он дает.

И это является подготовкой для получения Торы, ибо Тора была дарована только Исраэлю, как сказано: «Изрекает Он слово свое Яакову»[99] – как сказали наши мудрецы: «Науке у других народов верь, Торе у других народов – не верь»[100].

Поэтому впоследствии, когда он удостаивается Торы, Тора называется даром, как сказали наши мудрецы о стихе «А из Дара к Потоку Всесильного»[101]. Тора – именно когда он удостоился Дающего Тору. Тогда Творец сообщает ему, что Он тот, кто дает ему этот дар, как сказано: «Суббота – это когда человек чувствует свет субботы» – тогда это называется даром, и это свойство знания.

А до того, как он удостоился свойства знания, называется, [что он обладает] свойством веры, т.е. свойством подаяния.

335. Что такое «посланец общества»

14 сентября 1989[102]

Хорошо для хазана[103], когда у него есть большая и хорошая община, тогда он является «посланцем» большого и достойного общества. Таким образом, величие хазана измеряется величием общества, т.е. количеством и качеством. Количество – в прямом смысле, большая община и много людей. А качеством – т.е. все слушают то, что произносит хазан, а не так, что часть общины занята другими делами, и у них нет никакого интереса слушать то, что говорит хазан.

Точно так же, когда мы говорим в отношении отдельного человека, ведь каждый человек – это маленький мир, включающий в себя много мыслей и желаний. И когда он

---

94 Мехильта де-рабби Ишмаэль, Шабат, 87.
95 Притчи, 21:14.
96 Трактат Шабат, 10:2.
97 Там же.
98 Берешит, 15:6.
99 Псалмы, 147:19.
100 Мидраш Эйха Раба, гл. 2, п. 13.
101 Трактат Эрувин, 54:1.
102 Еврейская дата: на исходе поста Гедалии, 5749 г.
103 Ивр.: кантор.

собирается молиться, он берет свои уста, чтобы они были хазаном. И когда уста задают вопрос органам и желаниям его: «Почему мы должны за вас молиться?» – сердце от имени всех желаний отвечает ему: «Есть текст молитвы, установленный мужами Великого Собрания, и произноси его за нас».

А когда уста, т.е. хазан, говорят то, что написано в молитвеннике, иногда бывает, что органы его слушают то, что он говорит, т.е. в течение всей молитвы они не отвлекаются и обращают внимание на то, что говорят уста.

А бывает, что он не слушает вместе с остальными органами. Т.е. он и слушает, и не слушает, иными словами, посередине молитвы у него есть другие мысли. А бывает, что он совершенно не слышит, что говорят уста, и они могут говорить всё, что хотят, а он может посередине молитвы слушать еще и то, что говорят его товарищи и т.п.

И [бывает] когда он слушает, но не понимает значения слов, т.е. какое отношение имеют слова, написанные в тексте молитвы, к нему, т.е. какую пользу принесут ему слова, произносимые устами. А иногда бывает, что он в самом деле слышит, какое отношение имеет то, что говорят уста, к его телу, однако тело не согласно с тем, что они говорят. А иногда бывает, что тело всё же согласно с тем, что говорят уста.

Таким образом, большое и достойное общество – это, когда уста, т.е. его хазан, молится о том, чтобы сердце услышало, как по количеству, так и по качеству, то, что он произносит устами. А если он видит, что органы не согласны с тем, что произносят уста, – это место для истинной молитвы, ибо тогда он должен молиться об изгнании Шхины, что называется «Шхина во прахе».

Что означает, что и вправду, ни в каком органе тела нет у него места, которое согласилось бы идти по пути истины, и когда он молится об этом, называется, что он молится об изгнании Шхины, т.е. о том, чтобы она вышла из изгнания в избавление.

И это называется, что хазан должен угождать публике, т.е. с тем, что говорят его уста, [остальные] органы должны согласиться. Тогда он называется «посланцем общества», т.е. что его органы посылают его просить у Творца то, чего им не хватает.

Однако если община не согласна с тем, что говорит хазан, в таком случае, община – это одно, а хазан – другое, и в таком случае, за кого этот хазан, т.е. уста, молится и изливает молитвы и просьбы? Поэтому первые хасиды проводили целый час, чтобы у них была хорошая и большая община, т.е. чтобы органы слушали, что говорит хазан, и чтобы они соглашались с тем, как он молится, чтобы молитва его была принята.

336. Оплакивающий достойного человека

апрель – май 1980[104]

«Оплакивающему достойного человека прощают все грехи его»[105]. «Проливающему слезы о достойном человеке Творец считает их и кладет в Свою сокровищницу»[106].

И следует понять, почему ему прощают все грехи его, если он проливает слезы по достойному человеку. Какова причина, по которой ему простят грехи его? И кроме того нужно понять, для чего Творец считает их – к какому счету Он должен прийти? И для чего Он кладет их в Свою сокровищницу? Зачем они нужны Ему?

---

104 Еврейская дата: ияр 5750.
105 Трактат Шабат, 105:2.
106 Там же.

И известно, что человек называется идущим, а не стоящим. Т.е. человек, до тех пор, пока он еще нищ разумом, действует в свойстве «восходящего и нисходящего жертвоприношения»[107], что означает, что его близость[108] к святости изменяется. Иногда он восходит по уровню – когда к нему приходит пробуждение свыше, а иногда – нисходит – когда приходит в состояние духовного падения. И когда он в состоянии подъема, он называется «достойным человеком».

337. Счастлив человек

17 – 23 октября 1982[109]

«Счастлив человек, которого мучаешь Ты, Творец»[110]. И можно спросить: но ведь цель творения – «насладить Свои создания», а в таком случае, это противоположно цели? И можно объяснить, что, как известно, всякая ветвь желает уподобиться своему корню, как сказано в «Предисловии к Книге Зоар»[111], все люди любят покой. Однако это подобно человеку, который держит в руках палку и бьет всех, чтобы они работали. Поэтому всякий человек обязан отказаться от отдыха, чтобы [таким образом] избавиться от страданий, вызванных тем, что его бьют палкой.

А палка – это страдания, когда человек чувствует, что ему чего-то не хватает. Поэтому, когда у человека есть нехватка, состоящая в том, что ему нечего есть, он обязан прилагать усилия, чтобы успокоить муки голода и т.п. И, если чего-то недостает больше, он должен приложить большие усилия, пока обязательно не достигнет того, к чему стремится.

Поэтому, когда Творец дает ему страдания, состоящие в том, что у него нет никакой духовности, эти страдания заставляют человека прилагать большие усилия, пока он обязательно не постигнет духовное, которого, как он чувствует, ему не хватает. И тогда благодаря страданиям он постарается прийти к духовному, где обретет цель творения, т.е. «насладить Свои создания».

И тогда он увидит, что называется духовным, потому что до этого он только испытывал страдания от того, что у него [этого] нет, поэтому он еще не знает, что такое духовное. В то же время, когда он постигает [духовное], он видит цель творения.

И в этом, как сказал мой господин, отец и учитель, состоит разница между материальным и духовным. В материальном, когда у него нет, он ощущает страдания, а когда у него есть все материальные вещи, он все еще не чувствует удовлетворения от материального. В то же время в духовном у человека нет никаких страданий, когда у него этого нет. Но когда у него [это] есть, у него есть удовлетворение жизнью. Поэтому, когда он чувствует страдания от того, что у него нет духовного, это ведет к тому, что он удостоится духовного.

---

107 Галахический принцип, согласно которому, человек за определенные прегрешения приносит большую или меньшую жертву в зависимости от своего экономического состояния.
108 Слова «близость» и «жертвоприношение» возводятся к одному корню (куф–рейш–бет).
109 Еврейская дата: гл. Ноах, 5753.
110 Псалмы, 94:12.
111 Неточное указание источника. Об этом говорится в статье Бааль Сулама «Дарование Торы».

338. Исцеление до болезни

18 сентября 1982[112]

Творец посылает исцеление до болезни. И можно спросить: если нет болезни, как же можно говорить об исцелении?

И нужно сказать, что мы находим, что «Тора называется «тушия» (высшая мудрость)»[113], и объясняют наши мудрецы: «Потому что она истощает[114] силы человека»[115]. А в трактате Эрувин мудрецы сказали: «Для всякой плоти она исцеление»[116], «Болит голова – занимайся Торой»[117].

А мой господин, отец и учитель объяснил, что сначала Тора нужна, чтобы он увидел, что сила человека ни на что не годится. Ибо «болит[118] голова» означает, что у него есть чуждые мысли, а «болит живот» – что всё желание его направлено только на получение внутрь себя.

Ведь медицина работает так, что тому, кто получил какое-то лечение и уже не болеет, лекарство, наоборот, вредно. Поэтому сначала он должен учить Тору, ведь благодаря Торе он увидит, что он болен. И тогда он получит Тору и излечится от своих болезней.

Получается, что Тора понимается у нас в двух видах. 1) что он болен, поэтому Тора называется «тушия», поскольку она истощает («матешет») силы человека. А все его силы и жизненная энергия относятся только к животному состоянию. И для того, чтобы исправить это, есть Тора второго типа: 2) что она исцеляет его от всех болезней.

И отсюда можно понять, почему Творец посылает исцеление до болезни. Т.е. Тора, называемая «исцеление», проявляется до болезни, ибо Тора несет ему осознание зла.

А потом, когда у него [уже] есть болезнь, т.е. мера зла внутри него, «из самой болезни приготовит Он лекарство», т.е. из Торы, которая заставляет его видеть себя ущербным в добрых качествах. Т.е. Тора после этого исцеляет его. Согласно этому получается, что если у него нет осознания зла, как сможет он удостоиться добра? Поэтому необходимы два свойства Торы.

340. В начале сотворил

1 – 8 октября 1978[119]

«В начале»[120] – и объясняет Раши: «Сказал рабби Ицхак: «Следовало бы начать Тору со слов «Этот месяц для вас»[121], которые являются первой заповедью, данной Исраэлю. Почему же он [Моше] начал с «В начале»? Потому что «силу деяний Своих явил Он

---

112 Еврейская дата: Рош а-Шана, 5743.
113 Йешая 28:29. И это исходит от Господина Воинств: дивно решение Его, велика мудрость Его (тушия).
114 Слово «истощает» (матешет) возводится к слову «тушия».
115 Трактат Санэдрин, 26:2.
116 Притчи, 4:22. (цит. в трактате Авот)
117 Трактат Эрувин, 54:1.
118 Слово «хаш» буквально означает «чувствует». Ср. по-русски «плохо себя чувствует».
119 Еврейская дата: гл. Берешит, 5738.
120 Берешит, 1:1.
121 Шмот, 12:2.

народу Своему, чтобы дать им владение племен»¹²². Ибо если скажут народы мира Исраэлю: «Разбойники вы, захватившие земли семи народов», то скажут они им: «Вся земля принадлежит Творцу. Он сотворил ее и дал ее тому, кто Ему угоден. По воле Своей Он дал ее им, по воле Своей Он отнял у них и дал ее нам»»¹²³.

И следует понять, зачем Он изначально дал им ее, ведь Он мог дать им другие земли, ведь мир – большой, почему же Он дал им землю Кнаан?

А дело в том, что это указывает на ветвь и корень. Ведь в плане корня Он дал [им] эту землю, т.е. желание получать, как она есть. И это называется злым началом, у которого есть семь имен, что указывает на семь народов, т.е. что желание получать находится у них в рабстве.

А потом нужно исправить эту землю, чтобы она была ради отдачи. Ведь невозможно исправить нечто, пока оно само не проявилось и не стало видно, что это нуждается в исправлении. И указание на это – что Он поместил тело под власть семи народов.

А потом, чтобы исправить состояние «хлеба стыда», нужно использовать желание отдавать, называемое Исраэль, т.е. «Яшар-Эль», «прямо к Творцу». Поэтому, когда человек хочет забрать тело из-под власти семи народов, они говорят: «Разбойники вы». Т.е. что желание получать было отдано нам быть под нашей властью, и вы не можете забрать тело, и жалко ваших усилий.

И тогда они говорят: «Силу деяний Своих явил Он народу Своему» – т.е. народ Исраэля покажет им, что «деяние это» – что тело будет под их властью – это «сила Творца», а иначе у них не было бы никакой власти. Поэтому «по воле Своей Он отнял ее у них и дал ее нам». Ибо мы верим в принцип «пришедшему очиститься помогают»¹²⁴ – т.е., что Он отнял у них ту силу, которую дал им, и передал нам.

341. И обонял Творец

9 – 15 октября 1977¹²⁵

«И обонял Творец… Не буду более проклинать вновь землю из-за человека, ведь желание сердца человеческого зло с юности его, и не буду более вновь поражать все живое, как я сделал»¹²⁶.

И следует понять, как можно сказать, что только после потопа Творец увидел, что желание сердца человека зло. Разве можно, не дай бог, сказать, что до этого, Он не знал об этом?

И следует понять это в том смысле, что есть два типа людей. Есть люди, которые относятся к свойству «весь мир», и они принадлежат свойству: «Весь мир говорит тебе, что ты праведник»¹²⁷. А есть свойство «в своих собственных глазах будь грешником»¹²⁸.

Ибо для того чтобы человек пришел к конечной цели, он должен идти путем истины, т.е. в свойстве лишма, т.е. все его намерение в занятиях Торой и заповедями – чтобы

---

122 Псалмы, 111:6.
123 Берешит, 1:1, комментарий Раши.
124 Трактат Шабат, 104:1.
125 Еврейская дата: гл. Ноах, 5738.
126 Берешит, 8:21.
127 Трактат Нида, 3:20.
128 Там же.

прийти к лишма. Однако начинают с «ло лишма», т.е. [сначала] думают, что в работе Творца нет ничего, кроме практического действия.

И в этом отношении они могут заниматься Торой и заповедями. Однако работать с тем, чтобы прийти к цели, для которой были даны Тора и заповеди, т.е. к свойству «Я создал злое начало и создал Тору в приправу к нему»[129], – об этом они не думают. И всё их достоинство в количестве, т.е. они усиливают строгость [в исполнении заповедей] и делают большие ограничения и т.п.

И отсюда поймем слова наших мудрецов, имя ее: «щека»[130] – даже пустые[131] в ней полны заповедями, как гранат[132]. И нужно понять, почему же в таком случае они называются пустыми. А дело в том, что они пусты по содержанию, т.е. у них нет настоящей причины, по которой стоило бы исполнять заповеди, ибо на намерение они не обращают внимания.

Находим, что после потопа, когда человек увидел, что тот, кто не идет путем истины, умер в водах потопа, которые называются «злонамеренными водами», т.е. свойством «кто такой Творец, чтобы я слушался голоса Его?»[133] – что является вопросом фараона, а вопрос грешника: «Что это за работа такая у вас?» – тогда [ему] становится видно, что есть злое начало. В то же время, до того, как становится видно, что из-за потопа можно умереть, не видно никакого зла.

Находим, что, когда говорят: «Творец говорит» – имеется в виду человек, который сейчас видит, что Творец смотрит на него. Получается, что у людей, которые хотят идти путем истины, это называется не «поражать всё живое», а это называется, что человеку показывают истину. В таком случае, человек постигает, что это не называется проклятием, а наоборот.

342. Ноах, муж праведный

21 – 27 октября 1979[134]

«Ноах, муж праведный»[135]. И объясняет Ибн Эзра: «праведный» – своими добрыми делами, «непорочный» – сердцем[136]. «В поколениях своих» – некоторые понимают это как порицание, некоторые – как похвалу. Ведь в поколениях грешников, – т.е. когда мысли поколения, что не стоит работать ради отдачи, – иногда тело восхваляет [их мнение], т.е. его мнение – с современниками его. А иногда оно порицает то, что говорят современники.

И тогда у него есть выбор, позволяющий делать добрые дела, т.е. он может преодолеть [злое начало] посредством действия. Однако над сердцем у человека нет никакой власти, и он не может изменить ощущение сердца, если сердце чувствует так, как говорят ему современники. А сердце устремляется за большинством.

---

129 Трактат Кидушин, 30:2.
130 Песнь песней, 6:7. Как долька граната щека твоя.
131 Игра слов: «рака» (щека) пишется как «рейка» (пустая).
132 Трактат Санедрин, 37:1. Как долька граната щека твоя – даже пустые в тебе полны заповедей, как гранат.
133 Шмот, 5:2.
134 Еврейская дата: гл. Ноах, 5740.
135 Берешит, 6:9. Вот порождение Ноаха. Ноах, муж праведный, непрочным был в поколениях своих; с Творцом ходил Ноах.
136 Берешит, 6:9, комментарий Ибн Эзры.

Поэтому в этот момент нет никакого другого совета, кроме преодоления посредством действия – делать действия по отдаче и просить у Творца, чтобы Он дал ему другое сердце. Как сказано: «И очисти сердце наше»[137]. Однако в споре он победить не может. А когда он становится праведником в смысле действия, он удостаивается и становится «непорочным сердцем», как сказал Ибн Эзра.

А затем он приходит к состоянию «с Творцом ходил Ноах», т.е. когда Творец раскрывается человеку, начинающему чувствовать существование Творца, у него нет выбора, и он отменяется как свеча перед факелом. Тогда он не впечатляется от того, что слышит от современников, потому что все они отменяются перед светом Творца.

Согласно этому выходит, что «непорочный» следует после преодоления посредством действия, тогда его непорочность возникает, чтобы восполнить все те пороки, которые были у него до этого. И это как говорил мой господин, отец и учитель: слово «тамим» (непорочный) состоит из букв «тав–маим»[138]» – т.е. она [непорочность] пребывает только над тем, кто умеет обмануть себя и, видя действительность, так как видят его глаза, все же принимает всё, как совершенное («непорочное»), и это называется состояние веры выше знания.

343. Дерево гофер

13 – 19 октября 1985[139]

«Сделай себе ковчег из дерева гофер; [с] ячеями сделай ковчег, и осмоли его изнутри и снаружи смолой»[140].

Потопом называются злонамеренные воды. Ведь когда у человека возникает вопрос «кто?», т.е. вопрос фараона: «**Кто этот Творец, чтобы я слушался голоса его?**»[141], – а также вопрос грешника: «Что это за работа у вас?»[142], из двух этих, т.е. из «ми» (кто) и «ма» (что) получается «маим»[143] (вода), т.е. потоп, из-за которого уничтожается всё сущее, всё, что есть у человека в святости.

И совет тут – войти в ковчег, а слово «ковчег» состоит из тех же букв, что и «дом»[144] (как сказано в комментарии Сулам[145]). Ведь домом называется свойство хохма, как сказано: «Мудростью (хохмой) будет построен дом»[146]. А обратное дому – ковчег, т.е. свойство хасадим, что означает свойство веры выше знания, в плане «ибо хафец хесед он»[147].

---

137 Из вечерней молитвы «Аравит» в субботу.
138 Слово «тамим» можно разделить- на букву «тав» (возможно обозначающую «союз» по последней букве этого слова – «брит») и слово «маим» (вода), т.е. хасадим. См. рабби Йосеф Хаим из Багдада, «Бен Йояда», Недарим, гл. 3.
139 Еврейская дата: гл. Ноах, 5746.
140 Берешит, 6:14.
141 Шмот, 5:2.
142 Из Пасхальной Аггады.
143 Слово «маим» (вода) можно разделить на две части – «ма» (что) и «им». Последняя при обратном прочтении дает слово «ми» (кто).
144 Слово «ковчег» (тева) состоит из букв тав-йод-бет-хэй. Слово «баит» (дом) – из тех же букв, идущих в обратном порядке: бет-йод-тав.
145 Зоар, Ноах, п. 178.
146 Притчи, 24:3.
147 Миха, 7:18. Кто Творец, как Ты, [который] прощает грех и проходит мимо (не вменяет в вину) преступления остатку наследия Своего, не держит вечно гнева Своего, ибо жаждет милосердия Он.

И это смысл слов: «И осмоли его изнутри и снаружи смолой»[148] – ведь там должен пребывать свет веры. Поэтому он должен быть просмолен изнутри и снаружи. Тогда это место, в которое можно помещать свет веры, ведь в этот момент он нуждается в свете веры. А когда он на пути веры, нет места для вопросов **«кто?»** и **«что?»**. Поэтому от вод потопа спасаются именно с помощью ковчега.

344. Уйди из земли твоей

1979[149]

«Уйди из земли твоей, и с родины твоей, и из дома отца твоего в землю, которую Я укажу тебе»[150]. В мидраше [Танхума][151] сказано: «Слушай, дочь, и увидь, и приклони ухо твое, и забудь народ твой и дом отца твоего. И возжелает царь красоты твоей»[152].

Следует понять, в чем состоит близость этих стихов Писания. Когда человека начинают обучать, как идти путями Творца, начинают с воспитания. И его воспитывают исполнять Тору и заповеди в отношении «ло лишма», как говорит Рамбам в законах о возвращении[153].

А потом, когда он хочет идти по истинному пути, ему говорят: «Уйди из земли твоей» – где слово «земля» (арец) происходит от слова «желание» (рацон) (как сказано в мидраш Раба: «Почему называется она «землей» (арец)? Потому что желала (рацта) она исполнить желание Властелина своего»[154]). Т.е. человек должен уйти от своего прошлого желания, которое заключалось только в том, чтобы наполнить желание получать, что называется «ло лишма».

«И с родины твоей, и из дома отца твоего» – от воспитания, которое было у него до этого, называемого «затверженной заповедью людей»[155], которое называется «и с родины своей». «В землю, которую Я укажу тебе» – т.е. желание отдавать.

Однако достичь этого желания не в его возможностях, потому что это против природы, поэтому сказано: «которую Я укажу тебе» – т.е. Творец указывает человеку эту землю, т.е. желание отдавать. А человек может помочь тому, чтобы Творец указал ему это желание отдавать, только желанием – что он хочет удостоиться такого желания, однако сам человек не в состоянии выйти из своего привычного поведения.

И об этом говорит стих: «Слушай, дочь»[156] – т.е. внутренняя часть человека, где находится место обитания души, которая только в силах услышать, что есть такая вещь, называемая отдачей, однако не в возможностях человека увидеть это, т.е. достичь ее.

---

148 Берешит, 6:14.
149 Еврейская дата: 5740.
150 Берешит, 12:1. И сказал Господь Авраму: Иди с земли твоей, и с родины твоей, и из дома отца твоего в землю, которую Я укажу тебе.
151 Следующие стихи из Псалмов приводятся в мидраше Танхума, Берешит 12:1.
152 Псалмы, 45:11-12.
153 Рамбам, Мишне Тора, Законы возвращения, гл. 10, [закон 5]. Обязан человек всегда заниматься Торой даже в «ло лишма», ибо из «ло лишма» придет в «лишма».
154 Мидраш Раба, Берешит, 5:8. И назвал Всесильный сушу землей. Почему она называется землей? Потому что желала она исполнить желание Властелина своего.
155 Йешая, 29:13. И сказал Творец: за то, что приблизился [ко Мне] народ этот, устами своими и губами своими чтил Меня, а сердце свое отдалил от Меня, и стало благоговение их предо Мною затверженной заповедью людей...
156 Псалмы, 45:11.

Поэтому сказано, если только будет услышано тобой, – услышанное им, т.е. понятое им, – т.е. человек будет желать удостоиться этого свойства, тогда этот стих обещает человеку «и увидь» – т.е. он удостоится также и видеть. «И преклони ухо твое» – чтобы услышать, что есть такое в мире, что человек может работать только на отдачу, а не для собственной выгоды. Тогда ты удостоишься: «Забудь народ свой и дом отца своего». И тогда: «И возжелает царь красоты твоей» – т.е. новые свойства, являющиеся отдачей, а не получением.

И это называется «в землю, которую Я укажу тебе» – когда Творец укажет ему это свойство, т.е. даст ему силу, чтобы он мог работать ради отдачи. И это называется «проклят муж, полагающийся на человека»[157] – который думает, что когда-нибудь будет так, что тело даст ему позволение работать ради отдачи. И об этом сказано: «Ибо тщета – помощь человека»[158]. Но дело в том, что это подарок с небес. И в этом смысл стиха: «Благословен муж, полагающийся на Творца»[159].

И отсюда поймем сказанное в Мидраш Раба[160]: Сказал рабби Леви: когда праотец Авраам ходил по Араму Двуречному[161] и видел тех, кто спешил есть и пить, сказал он: «Дай бог, чтобы не было у меня доли в земле этой». Когда пришел он к Сулам-Цору[162] и увидел, что в час прополки они занимаются прополкой, а в час окучивания – окучиванием, сказал он: «Дай бог, чтобы была у меня доля в земле этой». Сказал ему Творец: «Потомству твоему дам Я землю эту».

«Арам Двуречный» – где он видел, что спешат получить вознаграждение, ибо еда и питье указывают на вознаграждение, которое человек получает за работу, т.е. он работает ради собственной выгоды. Тут сказал он, что не будет у него доли в земле этой, т.е. в этом желании, направленном на собственную выгоду.

А когда он пришел к Суламу, т.е. к свойству «лестница, стоящая на земле, вершина которой доходит до неба»[163], а «Цор» указывает на «твердыню[164] Исраэля», и увидел, что они [т.е. жители земли Исраэля] занимаются прополкой, другими словами, вырывают существующие в них плохие свойства, из-за того что пришло время делать это, а не из-за вознаграждения, и так же окучивают, из-за того что пришло время делать это, и это называется «в час окучивания», а не из-за собственной выгоды, то сказал о таком желании: «Да будет доля моя в земле этой!»

И тогда Творец пообещал: «Потомству твоему дам Я землю эту» – т.е. что Он даст им желание отдавать.

---

157 Йирмия, 17:5.
158 Псалмы, 60:13.
159 Йирмия, 17:7.
160 Мидраш Раба, 39:8. Неточная цитата.
161 Город в Месопотамии.
162 Лестица к Цору (иврит.). Название горной гряды на входе в землю Израиля со стороны Ливана. Цор – город в Ливане.
163 Берешит, 28:12.
164 Слово «Цор» может читаться как «цур» (твердыня, крепость).

345. Кто по душе Творцу

1 – 7 ноября, 1981[165]

«Кто по душе Творцу, по душе и людям. А кто не по душе людям, не по душе и Творцу»[166].

Но ведь известно, что в мире существуют праведники, которые не по душе людям, и между ними есть разногласия. И кроме того сказали наши мудрецы: «Мудрец пользуется любовью горожан... за то, что он не увещевает их за [неисполнение] высших дел»[167] – в таком случае, он не по душе людям, если он «увещевает их за [неисполнение] высших дел».

И следует понять, что в отношении духовной работы имеется в виду, что до того, как человек захотел делать всё ради небес, «горожане», т.е. его желания и мысли, не выступают против его действий. Однако, когда он «увещевает их за [неисполнение] высших дел», т.е. говорит, что нужно работать ради небес, все его органы выступают против, пока он не прилагает усилий, чтобы Творец помог ему, чтобы он мог работать ради небес.

А это невозможно без света Торы, как сказали наши мудрецы: «Свет в ней возвращает к источнику»[168]. А это, как объяснил мой господин, отец и учитель: «Пока не засвидетельствует о нем Знающий Тайны, что не вернется он к глупости своей»[169]. Т.е. то, что Творец дает ему свет Торы, – это признак того, что Он свидетельствует о нем. И это называется, что он «по душе Творцу».

И тогда он по душе и людям, т.е. всем органам и желаниям, и мыслям его. Как сказано: «Если Творец благоволит к путям человека, то и врагов его примирит с ним»[170]. И это смысл слов: «Всем сердцем твоим – двумя желаниями твоими»[171].

346. Разум и сердце

24 – 30 октября, 1982[172]

Разум и сердце («моха» и «либа») – т.е. что человек наслаждается и радуется тому, что Творец дал ему место для веры, и также он радуется тому, что Творец дал ему место для работы в сердце («либа»).

«Когда человек сожалеет, что говорит Шхина? Тяжела мне голова моя, тяжела мне рука моя!»[173]. Т.е. когда человек сожалеет о том, что Творец желает, чтобы для Него работали с помощью веры, он был бы рад, если бы [Творец] дал нам работать с помощью знания. А кроме того человек сожалеет о том, что ему запрещено пользоваться желанием получать.

---

165   Еврейская дата: недельная глава «Лех леха», 5742.
166   Трактат Авот, мишна, 3:10.
167   Трактат Ктубот, 105:2.
168   Мидраш Раба, Эйха, Предисловие, п. 2.
169   Рамбам, Мишне Тора, Законы возвращения, гл. 2, закон 2.
170   Притчи, 16:7.
171   Трактат Брахот, мишна, 9:5.
172   Еврейская дата: недельная глава «Лех леха», 5743.
173   Трактат Санедрин, 46:1. Неточная цитата.

Ответ на это: «Тяжела мне голова моя». Имеется в виду – «от того, что Я дал вам работу в разуме (моха), и ясно, что Я мог дать [вам] работу в знании», но Он выбрал путь веры, чтобы через это они могли прийти к цели, т.е. «насладить Свои создания».

И также работа в сердце (либа) – что человек сожалеет об этом, как сказано в описании порядка наложения тфилин: «На голову – против разума», и «на руку – в память о мышце простертой, и это против сердца»[174]. Что значит: «Тяжела мне голова моя»? Т.е. они думают, что путь, который Я дал им, есть путь унижения. А вместо этого, следует верить, что это самый лучший путь, который дал нам Творец. И нужно радоваться этому.

348. Когда Творец любит человека

4 – 10 ноября, 1979[175]

В книге Зоар[176] сказано: «Как мы учили, когда Творец любит человека, Он посылает ему подарок. Что же это за подарок? Нищий – чтобы удостоиться через него. Когда же он удостаивается через него, Творец протягивает к нему нить милости (хеседа), исходящую с правой стороны, и простирает над его головой, и помечает его, для того чтобы, когда в мир придет суд, губитель остерегся бы вредить ему, ибо он поднимет глаза и увидит ту отметку – и тогда уйдет от него и будет осторожен с ним. Поэтому Творец заранее дал ему то, благодаря чему он удостоится этого».

И следует понять, почему Его подарок называется «нищий». Существует правило, что «нищим можно быть только разумом»[177]. В таком случае, когда человек ощущает себя нищим разумом и верит, что это Творец послал ему это известие, чтобы он ощутил себя нищим, – однако почему же эта мысль называется подарком от Творца?

Дело в том, что известно, что человек поднимется по своему уровню, только если у него есть потребность [в этом]. В этом случае он может получить наполнение от Творца, поскольку нет света без кли, т.е. ничего не может быть без желания. Ведь желание чего-либо называется кли, на которое приходит наполнение.

Поэтому, когда человек думает, что у него нет настоящего желания, т.е. он не видит, что он хуже остальных людей, о нем говорится: «Средь народа своего живу я»[178].

Иное дело, когда он чувствует, что ему хуже, чем всем остальным людям, ибо он нищ разумом, т.е. у него нет никакого постижения в Торе и заповедях, хоть и есть много людей, не обладающих никаким постижением, однако коль скоро у них нет потребности в постижении Торы и заповедей, они не чувствуют от этого никаких страданий.

А в духовном говорят: «По страданию – оплата»[179] – ведь боль и страдания [происходят] от того, что ему [чего-то] не хватает, и мера потребности определяет меру оплаты, т.е. ему наполняют его хисарон. Поэтому, когда Творец посылает ему подарок, давая ему ощущение, что он нищ, благодаря этому он становится способным получить наполнение.

---

174   Из молитвенника, порядок наложения тфилин.
175   Еврейская дата: недельная глава «Ваера», 5740.
176   Зоар, Ваера, п. 167.
177   Трактат Недарим, 41:1.
178   Царей 2, 4:13.
179   Трактат Авот, гл. 5, мишна 23.

И на вопрос [Зоара]: как человек может удостоиться того, чтобы над ним не властвовал суд и сокращение? – дается ответ, что он удостаивается благодаря тому, что Творец посылает ему подарок. Выходит, что подарок – это хисарон, т.е. кли.

А когда у его есть кли, и он получает кли в правильном месте, тогда «Творец протягивает к нему нить милости» – т.е. дает ему силы, чтобы он мог заниматься Торой и заповедями ради отдачи, что называется «милость» (хесед). Тогда суд и сокращение, вызывающее скрытие, не может властвовать над ним.

350. И явился ему Творец в Элоней-Мамрэ

1 октября – 6 ноября, 1982[180]

Книга Зоар[181] спрашивает по поводу стиха «И явился ему Творец в Элоней-Мамрэ[182]»[183]: «Почему в Элоней-Мамрэ, а не в другом месте? Так как Мамрэ дал ему совет об обрезании.

Ведь когда Творец сказал Аврааму обрезать себя, Авраам пошел посоветоваться с товарищами. Сказал ему Анер: «Тебе уже больше девяноста лет – и ты собираешься терпеть страдания?!»

Сказал ему Мамрэ: «Вспомни день, когда халдеи бросили тебя в горнило огненное. И голод, охвативший весь мир, [как сказано: «И был голод на земле,] и сошел [Аврам] в Египет»[184]. И тех царей, за которыми погнались твои люди, и ты поразил их[185]. И Творец спас тебя от всех их, и никто не мог причинить тебе зла. Встань и выполни заповедь Владыки своего».

Сказал Творец Мамрэ: «Ты дал ему совет об обрезании. Клянусь, что откроюсь Я ему только в **твоем чертоге**». И потому сказано: «В Элоней-Мамрэ»».

Существует известный вопрос: когда Творец сказал Аврааму, чтобы он совершил обрезание, он пошел и спросил совета своих товарищей, и получается, что у него как будто бы было сомнение, стоит ли слушаться Творца.

И кроме того нужно понять, чему учит нас то, что Творец сказал ему [т.е. Мамрэ], что он раскроется Аврааму только в его чертоге. Было бы понятнее, если бы Он раскрылся самому Мамрэ, чем то, что Он раскрылся Аврааму, но в чертоге Мамрэ.

А согласно правилу, гласящему, что Тора изучается [только] во владении Единого, получается, что и трое его товарищей, Анер, Эшколь и Мамрэ, были тоже в нем самом.

Ибо после того как он услышал повеление Творца, он пошел к своему телу, чтобы оно исполнило повеление Творца. И у его тела было три мнения: 1. Анер[186], числовое значение 320, что указывает на 320 искр, существующих в теле. А в 320-ти всё еще есть «лев а-эвен[187]», который говорит: «Я способен сделать всё, что от меня требуется, однако я должен понимать то, что я должен делать».

---

180   Еврейская дата: недельная глава «Ваера», 5743.
181   Зоар, Ваера, пп. 17-18.
182   Т.е. в дубраве, принадлежащей Мамрэ.
183   Берешит, 18:1.
184   Тора, Берешит, 12:10.
185   Берешит, 14:14. И когда услышал Аврам, что родственник его пленен, выстроил он своих людей, триста восемнадцать человек, и погнался до Дана.
186   Аин (70) – нун (50) – рейш (200)
187   «Эвен» (камень) возводится к слову «авана» (понимание).

А второй, Эшколь, – от слова «эшколь» (я взвешу), т.е. он всё взвешивает. После того как Анер говорит, что он отрок, который не понимает, чего от него требуют, появляется Эшколь и взвешивает выгоду, т.е. что желание получать выигрывает от этого.

А иногда у него есть еще и свойство Мамрэ, которое противостоит старцу Мамрэ, ибо старец называется царем старым и глупым. А тут Мамрэ выступает против Анера и Эшколя, ибо он утверждает, что хочет идти против разума, т.е. свойства «Анер», и против желания получать, т.е. «Эшколя».

И сказано, что он дал совет об обрезании, т.е. именно в чертоге Анера[188], т.е. именно в месте, которое называется «выше знания», выше смысла, ведь это прибыль желания получать, именно в этом месте ему раскрылся Творец, ведь именно в этом месте находятся благо и наслаждение, и знание. И это называется «Возлюби Творца, Всесильного твоего, всем сердцем твоим[189] – двумя желаниями твоими»[190].

Отсюда получается, что три товарища, которых он пошел спросить, имеется в виду само его тело, и они [т.е. товарищи] должны сами согласиться. А если они не согласны, следует действовать принудительно. Однако до этого нужно идти мирным путем. А если по-мирному не получается, то нужно [начинать] воевать с телом.

351. Как можно приблизиться к Нему

1 октября – 6 ноября, 1982[191]

Вопрос. Если между двумя людьми нет подобия по форме, мы видим, что каждый отдаляется от другого. И в таком случае, до того, как человек исправил себя, чтобы все дела его были ради небес, т.е. на отдачу, – в таком случае, между Творцом и творениями есть различие по форме. В таком случае, как же возможно приблизиться к Нему? И в таком случае, как же мы молимся Ему, ведь Он далек от нас, а мы далеки от Него?

Ответ. Есть действие, и есть намерение. А наши мудрецы сказали: «Из «ло лишма» приходит в «лишма»»[192]. И следует понять эту связь – как «ло лишма» приводит к «лишма».

И как написано, народ Исраэля сказал: «Сделаем и услышим» – т.е. с помощью действия удостоимся услышать – ведь существует среднее свойство (средство), и это средство приводит к подобию по форме, коль скоро они делают действие по отдаче. В таком случае в действии есть подобие по форме, и хотя намерение пока еще не на отдачу, говорят, что действие приводит к мысли.

Получается, что хотя действие и производится в «ло лишма», это приводит к тому, что впоследствии мы придем к «лишма», которое называется «ради отдачи». Получается, что потому нам и дано действие в Торе и заповедях, что это приводит нас к подобию в действии, а это ведет нас к некоторому приближению. И это среднее свойство между получающим и отдающим.

---

188 Так в оригинале. Видимо описка, и следует читать: Мамрэ.
189 Дварим, 6:5.
190 Трактат Брахот, мишна, 9:5.
191 Еврейская дата: недельная глава «Ваера», 5743.
192 Рамбам, Мишне Тора, Законы возвращения, гл. 10, закон 5.

352. Пока я не совершил обрезание

гл. Ваера

В Мидраше сказано: [Сказал Авраам:] «Пока я не совершил обрезание, прохожие заходили ко мне, скажи, [почему] с тех пор как я совершил обрезание, они не заходят ко мне?» Сказал ему Творец: «Пока ты не совершил обрезание, к тебе приходили необрезанные, а сейчас Я и свита Моя приходят к тебе!»[193]

И, казалось бы, следует уточнить, что Творец ответил ему, что Он и свита Его придут к нему, в связи с тем, что желание Авраама было исполнить заповедь приема гостей.

И следует объяснить в плане морали, что обрезание означает принятие высшей малхут, и цель его — оторвать себя от клипот, и это называется отрезанием[194] и обрезанием клипот.

И человек видит, что до этого, — т.е. до того, как он принял на себя работу только ради небес, — гости приходили к нему в свойстве «прохожих». Ведь гостем называется доброе начало, поскольку оно приходит после того как злое начало уже живет у него постоянно 13 лет и привычно ему, а доброе начало советовало ему заниматься Торой и заповедями в виде подъемов и падений.

И это называется «приемом гостей», т.е. по много раз в день у него были состояния подъемов, что означает, что он принимал гостя много раз. Поэтому это называется во множественном числе: «прием гостей».

Поэтому он и сказал: «Пока я не совершил обрезание, прохожие заходили ко мне» — т.е. они всегда относились к свойству «прохожий». А сейчас, когда он совершил обрезание, он ждал, что придут гости, а они не пришли. И на это отвечал ему Творец: «Сейчас Я и свита Моя приходят к тебе».

Т.е. когда работают в «ло лишма», чтобы достичь свойства подъемов не нужно особенной подготовки, и, производя небольшое усилие, уже можно исполнять Тору и заповеди. Ведь «ло лишма» называется, что он работает за счет желания получать, и эта работа происходит в рамках природы, т.е. в природе человека работать ради себя.

В то же время, когда он собирается работать ради отдачи, поскольку эта работа противоречит [его] природе, работа в том виде, как он привык до этого, ему недостаточна, и он нуждается в большем усилии. И до тех пор, пока он не добавил в работе, он видит, что он стал еще хуже, чем в прошлом состоянии. Поэтому он кричит: «Почему ты сделал хуже народу этому?»[195] — ведь теперь у него нет гостей.

И Творец ответил ему: сейчас, т.е. когда ты начинаешь работать ради отдачи, которая называется «ради Меня», Я произношу про тебя стих: «Всюду, где помяну Я имя мое, Я приду к тебе и благословлю тебя». А благословение означает, что он удостоится присутствия Шхины. И это называется: «Я и свита Моя приходят к тебе».

И потому должен ты знать, что сейчас ты стоишь на более высокой ступени. Поэтому ты должен приложить большее усилие, чтобы быть достойным принять Меня и свиту Мою, потому как «по страданию — оплата»[196]. Ведь когда человек должен принять более высокую ступень, он должен совершить большую работу.

---

193 Ялкут (сборник) Шимони, Берешит, гл. 17, симан 82.
194 Так же и заключением [союза].
195 Шмот, 5:22.
196 Трактат Авот, гл. 5, мишна 23.

Однако это не так как ты думаешь, что, приняв на себя работу на отдачу, называемую «лишма», ты находишься в худшем состоянии.

353. И встал Авраам

11 – 17 ноября, 1979[197]

«И встал Авраам от лица умершей своей, и говорил он сынам Хета так»[198].

И объясняет Бааль а-Турим[199]: «10 раз [упомянуты] «сыны Хета» в этой главе, поскольку выясняющий сделку мудреца[200] как будто исполнил 10 заповедей, в которых 10 раз встречается буква «хет»[201]»[202]. И нужно понять, почему выясняющий сделку мудреца как будто исполнил 10 заповедей. И, кроме того, как это следует из этого стиха.

Книга Зоар объясняет, что Авраамом называется душа, а Сарой называется тело. Душой называется свет, облачающийся в кли, которое называется телом, т.е. желанием получать. И вот для желания получать, которое называется телом, нужно выяснить сделку, т.е. дать место в земле. Ибо желание получать, называемое телом, выясняется из 320 искр, которые упали в БЕА, ведь клипот удерживают искры святости, упавшие в БЕА.

А когда хотят выяснить их для святости, то когда выясняют тело, чтобы оно стало сосудом (кли), пригодным для приема души, тело называется мудрецом (букв.: «учеником мудрого»). Как сказал мой господин, отец и учитель, Творец называется мудрым. А если человек учится у Мудрого, человек называется «учеником Мудрого».

Поэтому, если тело, называемое желанием получать, учится свойству Мудрого, т.е. быть дающим, тело называется «учеником Мудрого». А это невозможно до исполнения десяти заповедей, как сказали наши мудрецы: «Я создал злое начало и создал Тору в приправу к нему»[203] – т.е. с помощью Торы можно победить злое начало.

И это смысл того, что «выясняющий сделку мудреца как будто исполнил 10 заповедей» – ведь могилой называется место упокоения тела. Поэтому есть могилы идолопоклонников, а есть состояние «пещеры Махпела».

И как спрашивается в книге Зоар, иногда сказано «пещера Махпела», а иногда сказано «поле Махпела». И объясняется в комментарии Сулам, что удвоение[204] – это сочетание свойства милосердия с судом, когда малхут поднялась в бину. Есть малхут де-бина, и есть бина де-бина. А есть бина де-малхут, и есть малхут де-малхут. И имеется в виду, что тело должно получить исправление сочетания свойства милосердия с судом.

Поэтому выяснение должно быть включающим желание получать, т.е. свойство суда, в свойство милосердия, ибо благодаря этому тело станет кли, способным принять свет души. И нужно было получить согласие сыновей Хета, т.е. нужно дать им что-то, чтобы они не обвиняли тело. Подобно тому, как дают часть Ситре Ахре в виде козла новомесячия и т.п.

---

197   Еврейская дата: недельная глава «Хаей Сара», 5740.
198   Берешит, 23:3.
199   Бааль а-Турим (1269 – 1343), знаменитый мудрец, комментатор и галахист.
200   В главе «Хаей Сара» говорится о том, что Сара жена Авраама умерла, и для ее погребения Авраам купил у сыновей Хета пещеру Махпела.
201   См. формулировку десяти заповедей в гл. Итро.
202   Комм. Бааль а-Турим на Берешит, 23:3.
203   Трактат Кидушин, 30:2.
204   Махпела (ивр.) – умножение, удвоение.

И тогда душа, т.е. свойство «Авраам», может поселиться в теле, и это называется воскрешением мертвых, т.е. тело воскресает в смысле разбиения келим и греха Древа Познания, называемого «отпадение членов». А благодаря исправлениям сочетания свойства милосердия с судом, мы исправляем тело, называемое «кли», в котором снова может поселиться свет Творца, т.е. свойство души.

354. И отдал Авраам всё, что было у него

Гл. Хаей Сара

В мидраше «Леках тов»[205] в комментарии на главу «Хаей Сара» о стихе «И отдал Авраам всё, что было у него, Ицхаку»[206] рабби Иеуда говорит: «Это гвура (сила)». Рабби Нехемия говорит: «Это благословение».

И следует понять:

Как можно сказать, что один передает другому свойство гвуры, ведь это не что-то, что можно передать из рук в руки?

В чем состоит спор, что один говорит именно «гвура», а другой говорит: «благословение»? В чем они разошлись во мнениях?

И следует объяснить, что оба они имели в виду одно и то же, и и то и другое слова живого Бога. Т.е. он [Авраам] передал ему [Ицхаку], чтобы он шел дорогой гвуры, как сказано: «И поклялся [Яаков] страхом отца своего Ицхака»[207]. Т.е. с помощью свойства гвуры, и это имеется в виду в словах «всё, что было у него», т.е. Авраам передал ему путь, по которому надо идти и на котором он должен был дополнить его [Авраама][208], и этим он удостоился благословения, т.е. «и благословил его Творец»[209].

Т.е. благодаря усилению[210] в Торе и работе он удостоился ответа из любви, когда злодеяния становятся как заслуги. Получается, что его работа принесла стопроцентные плоды.

И отсюда поймем слова мудрецов[211]: «Сказал рабби Шмуэль бар Нахмани: сказал рабби Йонатан: «Почему сказано: «Ведь Ты — отец наш, ибо Авраам не знает нас, и Исраэль не узнает нас, Ты, Творец, — отец наш, избавитель наш, [от века имя Твое]»[212]. В грядущем будущем скажет Творец Аврааму: «Сыновья твои согрешили предо мной». Скажет он Ему: «Властелин мира! Да будут стерты ради святости имени Твоего!» Скажет Он: «Я скажу это Яакову, испытывавшему страдания в воспитании сыновей, возможно, он будет более милосерден к ним». Скажет Он ему: «Сыновья твои согрешили!» Скажет он Ему: «Властелин мира! Да будут стерты ради святости имени Твоего!» Скажет Он: «Нет смысла в стариках, и нет совета в детях».

Скажет Он Ицхаку: «Сыновья твои согрешили [предо Мной]». Скажет он пред Ним: «Властелин мира! Мои сыновья, а не Твои сыновья? В час, когда они пред Тобой поставили «сделаем» перед «услышим», Ты назвал их «сын Мой, первенец

---

205 «Леках тов» (или Псикта Зутрата) — мидраш XI в. на пятикнижие.
206 Берешит, 25:5.
207 Берешит, 31:53.
208 См. ст. 355.
209 Берешит, 26:12.
210 Ивр. «итгабрут» — от слова «гвура». Корень: гимель–бет–рейш.
211 Трактат Шабат, 89:2.
212 Йешая, 63:16.

мой [Исраэль]»²¹³ – теперь мои сыновья, а не Твои?! А кроме того, сколько грешили они? Сколько лет человеческих? Семьдесят! Отними двадцать, за которые Ты не наказываешь, останется пятьдесят. Отними двадцать пять в счет ночей, останется двадцать пять. Отними двенадцать с половиной на молитвы, еду и отправление нужды, останется двенадцать с половиной. Если Ты вынесешь их все – хорошо, а если нет – половина на мне, а половина – на Тебе. А если скажешь Ты, что все они – на мне, разве не приносил я себя в жертву пред Тобой?» Заговорят и скажут они [Ицхаку]: «Ты – отец наш!»»»

А «стерты» – имеется в виду грехи. В таком случае, они не будут в полной мере, ведь остается еще время для прегрешений. Однако благодаря свойству «гвура» у него будет сила привлечь эту силу на Исраэль, так чтобы злодеяния стали заслугами.

Отсюда получается, что все благословения приходят благодаря усилению в Торе. Поэтому, если мы будем укреплять и укрепляться в изучающих Тору, чтобы они могли притягивать силу гвуры, у нас будут благословения в полной мере, и мы удостоимся привлечь благословения на весь Исраэль, амен.

* * *

Кроме того, мы видим, что всё, что Ицхак принял на себя, – это только на свойство Торы, как сказано: «Двенадцать с половиной на молитвы, еду и отправление нужды» – но не на свойство молитвы. И закон таков, что, если не будет изучающих Тору, не будет даже кому молиться.

Как в притче о царе, который понизил всех жителей своего царства на один ранг, так что для простого солдата не осталось никакого ранга. Поэтому если мы хотим, чтобы обыватели и дети наши молились за нас, необходимо поддерживать изучающих Тору.

355. Сын добавляет к заслугам отца

В святых книгах сказано, что «сын добавляет к заслугам отца»²¹⁴ – т.е. то, что отец завершить не смог, сын добавляет к его заслугам тем, что завершает долю отца. И получается, что этим он дополняет его.

И потому у Авраама не было сыновей, ведь оба они были совершенны. А благодаря тому, что Творец добавил Аврааму, он уже нашел место недостатка, в котором уже была возможность молиться за сыновей. Так же и Ицхак не находил места хисарона и благодаря молитве Творец произвел ему место хисарона, за которое он мог молиться.

И так же праведница Рахель была прекрасна станом и лицом, так что у нее не было места хисрона. Поэтому Рахель сказала [Яакову]: «Дай мне сыновей, а если нет – мертва я»²¹⁵.

Потому что тот, у кого нет сыновей, называется мертвым, другими словами, у него уже нет места хисарона, на которое ему нужно было бы привлекать новую жизнь. Поэтому он передал ему свойство «гвуры»²¹⁶, так чтобы благодаря постоянному усилению в Торе и заповедях он привлек окончательное совершенство.

---

213   Шмот, 4:22.
214   Санедрин, 104:1.
215   Берешит, 30:1.
216   См. ст. 354.

Ведь путь человека – в том, что он исправляет свои дела с помощью возвращения. И есть возвращение из любви, а есть возвращение из страха. И есть праведники включающие всё, т.е. хоть и частным образом, он уже удостоился возвращения из любви. И таково было свойство Ицхака, как сказано: «И посеял Ицхак на той земле и собрал он в том году стократно»[217] – т.е в полной и совершенной мере.

И отсюда мы поймём слова мудрецов: «Сказал рабби Шмуэль бар Нахмани, почему сказано: «Ведь Ты – отец наш» и т.д.»[218].

356. Сын добавляет к заслугам отца

Следует понять сказанное мудрецами, что сын добавляет к заслугам отца, но отец не добавляет к заслугам сына. Царь Ахаз, который был законченным грешником, обладает будущим миром благодаря своему сыну Хизкияу, который был праведником. Однако у Менаше, сына Хизкияу, нет доли в будущем мире, несмотря на то, что отец его Хизкияу был праведником[219].

Я слышал от своего господина, отца и учителя, что сыновья являются, чтобы исправить то, что их родители не успели завершить, поэтому, когда Авраам завершил только свойство хесед, после этого родился Ицхак, чтобы восполнить его недостаток. А потом, когда Ицхак завершил только свойство гвуры, после этого родился Яаков, представляющий собой свойство тиферет, который завершил среднюю линию.

И так же со всеми поколениями – они довершают то, что не успели завершить первые поколения. И всё это продолжается от греха Древа Познания, поскольку после греха душа его разделилась на 600 000 душ, как это выясняется в трудах Ари.

358. И было Ицхаку сорок лет

26 ноября – 2 декабря 1978[220]

«И было Ицхаку сорок лет, когда он взял Ривку, дочь Бетуэля»[221].

Книга Зоар объясняет: «Бетуэля[222] – дочь дочери Всесильного»[223]. И следует объяснить, что имеется в виду, что когда человеку исполнилось сорок (букв.: «сын сорока»), т.е. он удостоился бины, и называется сын сорока, т.е. бины, он принял на себя исполнение Торы и заповедей.

«И молил Ицхак Творца в виду жены своей, ибо бесплодна она»[224] – т.е. он не видел никакого понимания в Торе и заповедях, т.е. к тому пониманию, которое было у него в момент принятия на себя бремени Торы и заповедей, у него не прибавилось никакого понимания, а он стремился к сыновьям, к пониманию[225].

---

217   Берешит, 26:12.
218   Шабат, 89:2.
219   См. Санедрин, 104:1.
220   Еврейская дата: Толдот, 5739
221   Берешит, 25:20.
222   Бат (ивр.) – дочь, эль (ивр.) – Всесильный.
223   Зоар, Толдот, 50.
224   Берешит, 25:21.
225   Понимание (ивр. авана) ассоциируется с сыновьями (ивр. а-баним) по сходству написания: хэй–бет–нун.

Ибо он думал, что не может быть, что Тора и заповеди существуют в том же разуме, который был [у него] в момент получения, когда у него не было никакого знания и постижения в них, а он взял самым простым образом то, что подходит маленькому. [Не может быть,] чтобы, когда он вырастет, постоянно занимаясь Торой и заповедями, он останется в них на том же уровне, а не придет к более высокому уровню, соответствующему величию Торы и заповедей.

То, что у него нет сыновей, называется «ибо бесплодна она», т.е. он не получил никакого постижения, позволяющего понять и почувствовать величие и важность Торы и заповедей. «И зачала Ривка, жена его»[226] – т.е. состояние зарождения (ибур) беременности, т.е. состояние идей и сомнений[227], т.е. он уже начал формировать мысли, связанные с величием и важностью Торы и заповедей, и была она в радости, что из этих сомнений уже родится какой-то сын.

Однако «и сталкивались дети в ее утробе, и сказала она: Если так, зачем же я...? И сказал Творец ей: Два племени во чреве твоем»[228]. И можно спросить, почему она удовлетворилась тем, что Он сказал ей: «Два племени и т.д.»

И надо понять – когда она увидела, что «и сталкивались дети», что понимание, которое они получили, содержало внутреннее противоречие, как объясняет Раши: «Наши учителя производили его [т.е. слово «сталкивались»] от слова «бег»[229] (резкое движение) – когда она проходила перед вратами Торы Шема и Эвера, Яаков шевелился и порывался выйти, когда же она проходила мимо врат идолопоклонства, Эсав порывался выйти»[230].

И это означает, что когда она была бесплодной, исполнение Торы и заповедей было в совершенстве, и не чувствовалось никакого хисарона в практических действиях. А когда у него не было времени исполнять установления Торы и заповедей, он всегда мог оправдаться и был праведником в делах своих, и мог в точности исполнять все частности, которые только могут быть исполнены, и ничто не было для него в исполнении Торы и заповедей слишком трудным.

В то же время, когда он молился о сыновьях, он видел иначе – что его состояние стало хуже, чем когда она была бесплодной. Ибо сейчас, когда она проходит мимо врат Торы Шема и Эвера, она согласна работать в Торе и заповедях ради отдачи, а когда она проходит мимо врат идолопоклонства, т.е. что люди работают ради собственной выгоды, пробуждается желание следовать за ними.

Т.е. у нее все время происходит столкновение между этими двумя сыновьями. В таком случае, сейчас он видит, что работать ради небес у него нет никакой возможности, потому что в тот момент, когда он видит врата Торы, т.е. знания Торы, называемое «Тора осуществляется только в том, кто умерщвляет себя ради нее»[231], он согласен идти этим путем.

Но он тут же проходит мимо ворот людей, занимающихся идолопоклонством, т.е. ради собственной выгоды, и тогда он видит, что не способен работать ради небес.

---

226 Берешит, 25:21.
227 По созвучию слова «hерайон» (беременность) и слов «реайон» (идея) и «hиphур» (сомнение).
228 Берешит, 25:22-23.
229 «Бег» (рица) и «сталкивались» (итроцецу).
230 Берешит, 25:22, комментарий Раши.
231 Брахот, 63:2.

В таком случае, нынешнее состояние хуже, чем когда она была бесплодна. «Если так, зачем же я...?»[232] – зачем же я просил о сыновьях? Я хотел сыновей, чтобы у меня было понимание в работе Творца, чтобы подняться на следующий уровень. А сейчас я вижу, что я хуже, чем был до этого.

«И пошла она вопросить Творца»[233] – т.е. что делать сейчас: вернуться на прошлый путь и остаться бесплодной без всякого понимания или идти вперед по этому пути. «И сказал ей [Творец]: Два племени во чреве твоем»[234] – т.е. сейчас ты получила еще и доброе начало.

Ибо до этого у тебя было только злое начало, называемое собственной выгодой. Поэтому на собственную выгоду не было никакого «столкновения», потому что во время исполнения Торы и заповедей у него не было никаких других мыслей, и он ощущал совершенство во время их исполнения.

Тогда как сейчас, когда у тебя уже есть доброе начало, т.е. ты уже идешь по линии, называемой «ради отдачи», и тело твое автоматически сопротивляется, от этого возникает «столкновение».

В таком случае, не говори, что сейчас ты хуже, а наоборот, раньше, когда Тора и заповеди были ради получения, и в твоих мыслях не было работы ради отдачи, получается, что во время исполнения Торы и заповедей у тебя не было никакого сопротивления, и ты чувствовал, что ты праведник.

В то же время, когда ты хочешь работать ради отдачи, тело сопротивляется, и в таком случае, сейчас ты поднялся на другой уровень, ибо ты уже знаешь, что такое доброе начало. Но обещай, что ты продолжишь идти по этому пути, «и старший будет служить младшему»[235] – т.е. в конечном итоге доброе начало, называемое младшим, добьётся успеха.

359. И посеял Ицхак на той земле

18 – 24 ноября 1979[236]

«И посеял Ицхак на той земле и собрал он в том году стократно; и благословил его Творец»[237].

И можно спросить, почему именно «стократно», почему не в сто пятьдесят раз, ведь это больше ста. И почему, если этот стих хочет подчеркнуть большое увеличение, он [Ицхак] собрал только стократно. Кроме того, следует спросить: «И благословил его Творец» нужно было бы сказать до «и собрал стократно», а отсюда получается, что после того как он удостоился стократного урожая, есть еще место для благословения Творца. И чего же ему недоставало, чтобы было к чему отнести благословение?

И еще следует спросить о стихе «пока не стал чрезвычайно великим»[238]. Раши объясняет, «что [люди] говорили: «Лучше навоз мулов Ицхака, чем серебро и золото

---

232 Берешит, 25:22.
233 Там же.
234 Берешит, 25:23.
235 Там же.
236 Еврейская дата: Толдот, 5740
237 Берешит, 26:12.
238 Берешит, 26:13, И великим стал муж, и возвеличивался все больше, пока не стал чрезвычайно великим.

Авимелеха»»²³⁹. И хотя у этого есть много толкований, в простом смысле это всё еще остается неясным.

В Предисловии к ТЭС говорится о том, что кроме возвращения из любви, есть еще возвращение из страха, и тогда он [т.е. человек] называется «средним». И он [т.е. Бааль Сулам] приводит там притчу об этом, что это подобно двум людям, которые заключили между собой союз по причине любви и наслаждения, которое они дарят друг другу.

И тут есть два вида:

Что между ними всегда царила любовь

Что вначале у них были претензии друг к другу, и только спустя какое-то время между ними образовалась любовь, и они заключили между собой союз.

И отсюда он объясняет, что возвращение из страха, это когда злодеяния стали для него как заблуждения. Получается, что только после того как они совершили возвращение, между ними есть любовь, в то время как до этого у него были злодеяния. Поэтому возвращение из страха называется свойством среднего, ведь тут есть два [периода] времени: до того как он совершил возвращение, у них не было любви, однако после того как совершил возвращение, у них уже есть любовь.

В то же время, когда он удостоился возвращения из любви, и злодеяния стали для него заслугами, получается, что период времени до возвращения тоже исправлен, ибо все они [злодеяния] стали заслугами, смотри там. И тогда он называется полным праведником, ибо у него уже нет никаких злодеяний.

И это смысл стиха «И посеял [Ицхак на той земле] и собрал он в том году стократно» – т.е. сто процентов, потому что больше ста процентов не бывает. И имеется в виду, что он исправил даже время до совершения возвращения, т.е. даже то время, когда у него было состояние злодеяний, которые называются свойством «навоза и мусора».

А «мулы», как объяснил мой господин, отец и учитель, – это свойство разделения²⁴⁰, т.е. во время скрытия лика человек чувствует, что он отделен от Творца и должен соединиться и прилепиться к Творцу, и это тоже исправлено у Ицхака.

В то же время, когда он совершает возвращение из страха, хотя после возвращения у него уже есть «серебро и золото» – от слов «стремление»²⁴¹ и «это дай»²⁴² – т.е. что Творец даст ему любовь и страх, ибо он уже стремится к Творцу, и тогда Творец называется именем «отец мой – царь» (Ави–мелех). Однако это свойство, которое есть уже после возвращения.

В то же время, до того как он совершил возвращение, остаются злодеяния, называемые «навоз его мулов». И это объяснение того, что люди говорили, что навоз мулов Ицхака важнее, чем серебро и золото Ави–мелеха. Ибо «навоз мулов Ицхака», т.е. свойство возвращения из любви, важнее, чем возвращение из страха, называемое «серебром и золотом Авимелеха».

И как объясняется в комментарии Сулам, до того, как человек удостоился света хохма, он еще не удостоился прощения грехов. А Ицхак, т.е. свойство гвуры, или свойство хохмы, называемое «страхом Ицхака», хоть и удостоился прощения грехов, называемого «сторицей», т.е. все сто процентов его лет были исправлены, все еще нуждается в средней линии, называемой благословением, и это свойство хасадим, облачающих хохму, как это выясняется в комментарии Сулам.

---

239   Берешит, 26:13, комментарий Раши.
240   Слово «мулы» (ивр. «прадот») возводится к слову «разделение» (ивр. «перуд»).
241   «Стремление» (ивр. «кисуфим») – от слова «серебро» (ивр. «кесеф»).
242   «Это дай» (арам. «зе ав») – от слова «золото» (ивр. «заав»).

И потому Тора начинается с буквы «бет» слова «Берешит» (в начале). Ведь «бет» – это свойство благословения (ивр. «браха»), т.е. свойство хесед. Поэтому после всего этого «и благословил его Творец»[243] – т.е. он удостоился включения средней линии.

360. Не нашел я ни рук, ни ног своих в доме учения[244]

22 – 28 ноября 1981[245]

Руки и ноги – это две противоположные вещи. Ведь «руки» означает то, чего достигают, – по выражению «А если достаток обретет себе» (букв.: «А если достанет рука»)[246]. А ноги («раглаим») – это свойство разведчиков («мераглим»), т.е. когда еще не знают, что там есть, и собираются сейчас разведывать землю [Исраэля].

И главное продвижение человека происходит с помощью «ног», которые уходят от этого места, чтобы указать, что мы постоянно критически относимся к действиям, чтобы узнать, хороша ли земля или нет. И тогда, благодаря преодолению, мы приходим к другой крайности – к свойству «руки». Т.е. «руки святости» называются, когда они выше знания, тогда как «руки ситры ахры» – это «руки знания». И потому нужно и то, и другое – и руки, и ноги.

361. Сокровище Твое благое

«Врата небес открой и сокровище Твое благое раскрой нам»[247]. Следует понять, что значит «сокровище Твое благое».

Наши мудрецы сказали: Нет у Творца в мире ничего, кроме сокровища трепета перед небесами[248]. Это и есть «благое сокровище» – сокровище трепета перед небесами.

363. Четыре царя

16 – 22 декабря, 1979[249]

В Книге Зоар сказано: «И было четыре царя. То, что искал один, не искал другой. Давид сказал: «Преследую я врагов моих и настигаю их, и не возвращусь, пока не уничтожу их»[250]»[251].

---

243 Берешит, 26:12.
244 Бааль а-Турим, Орах Хаим, симан 123, п. 1
245 Еврейская дата: Толдот, 5742
246 Ваикра, 25:47.
247 Из молитвы на Ошана Раба.
248 Трактат Брахот, 33:2. Нет у Творца в сокровищнице ничего, кроме сокровища трепета перед небесами.
249 Еврейская дата: гл. Микец, 5740.
250 Псалмы, 18:38.
251 Зоар, Микец, п. 121.

«Аса испытывал больший страх... Он старался только преследовать своих врагов, а не воевать с ними, но чтобы Творец убивал их»[252].

«Йеошафат... тоже искал, и говорил: «Я не могу ни преследовать, ни убивать их, но я буду петь хвалу, а Ты будешь убивать их»... И Творец так и делал для него»[253].

«Хизкия, царь Иудеи, тоже говорил: «Я не могу ни петь хвалу, ни преследовать, и ни вести войну»... Как сказано: «И было в ту ночь... поразил в стане Ашшурском...»[254]. И Хизкия сидел у себя дома, а Творец убивал их»[255].

Отсюда мы видим, что человек не может сказать, что от рождения ему не хватает способностей и силы преодоления, позволяющей ему победить в войне с врагами.

И даже если у него нет никаких сил – т.е. ни вести войну, как Давид, ни преследовать их, как Аса, ни петь хвалу, как Йеошафат, – а он сидит дома и ничего не делает, как Хизкия, – нужно только просить у Творца, и тогда Творец помогает ему.

Другими словами, нужно только желание, но желание должно быть сильным, а сильное желание означает, что это желание не дает остальным желаниям возможности войти в тело, а он всё время ходит с этим желанием, и тогда Творец помогает ему.

Однако если желание не сильное, и вместо этого желание победить в войне со злым началом дает возможность и остальным желаниям войти в тело, тогда молитва, которую он возносит к Творцу, называемая желанием, не является полной.

И это подобно истории, которую рассказывают об одном хасиде, пришедшему к своему ребе, известному чудотворцу, и попросившему его, чтобы он благословил его, чтобы он был успешен в своем ремесле. А он был сапожником, и ребе благословил его, чтобы он был успешен в сапожном деле.

А когда этот хасид приехал домой, друзья сказали ему: «Ты же видишь, что в сапожном деле успех не сопутствует тебе. И мы видим, что столярное дело – это достойное ремесло, научись столярному искусству и станешь столяром». Но когда он занялся новым ремеслом, он снова не мог заработать.

И он снова поехал к тому праведнику и рассказал ему, что он столяр и у него нет заработка. И праведник благословил его, чтобы он стал успешен в столярном деле. А когда он приехал домой, друзья сказали ему: «Ты же видишь, что у тебя нет заработка от столярного ремесла, а в жестяном деле можно много заработать, выучись этому ремеслу и будешь жестянщиком».

Прошло время, но не было у него успеха в ремесле жестянщика. Он снова поехал к праведнику и сказал, что у него нет заработка. Праведник снова благословил его, чтобы удача повернулась к нему. А когда он приехал домой друзья сказали ему: «Поскольку сейчас все стали электриками, и всем им сопутствует успех, выучись этой профессии».

Однако, как и в предыдущие разы, он не нашел благословения в своей работе. И тогда он снова поехал к праведнику и спросил его, почему всем, кого он благословил, сопутствует благословение и удача, и благословения ребе сбываются, а у меня – нет.

Отвечал ему праведник, чтобы он пришел назавтра, и он даст ему ответ, потому что он должен изучить этот вопрос. Когда он пришел назавтра праведник ответил ему: «Послушай, сын мой, когда я благословил тебя на успех в сапожном ремесле, явился ангел и хотел принести тебе успех в сапожном деле. И он спрашивал у всех жителей

---

252 Там же, п. 122.
253 Там же, п. 123.
254 Мелахим 2, 19:35. И было в ту ночь, и вышел ангел Творца и поразил в стане Ашшурском сто восемьдесят пять тысяч. И встали поутру, и вот, все они – мертвые тела.
255 Зоар, Микец, п. 124.

города, где тут живет сапожник такой-то. И все отвечали ему, что в этом городе нет сапожника с таким именем. Поэтому ангел вернулся с благословением и удачей наверх.

А потом я благословил тебя на успех в столярном ремесле. И явился ангел с удачей в руках, чтобы передать ее тебе. И он спрашивал у всех жителей города, где живет столяр такой-то. И все отвечали ему, что в этом городе нет такого столяра. И тогда ангел вернулся наверх, потому что, хотя и есть тут человек с таким именем, но он не столяр, а жестянщик. И так далее, и всякий раз ангел возвращался наверх, не найдя человека с этим именем, занимающегося этим ремеслом».

И тогда праведник сказал ему: «Что я могу сделать для тебя, если всякий раз ты занимаешься другим ремеслом? Поэтому мои благословения и не имеют силы, ведь ты не можешь принять спасение на свой хисарон, ибо всякий раз у тебя новый хисарон».

Мораль. Когда человек молится Творцу, и ему посылают спасение на его молитвы, пока спасение доходит до низа, у него уже есть другое желание и хисарон. Тогда как если у человека есть сильное желание, которое не дает другому желанию войти в тело, тогда он может получить спасение на те молитвы и просьбы, которые он возносит.

364. Тот, кто силен, побеждает (1)

23 – 29 декабря, 1979[256]

«Тот, кто силен, побеждает»[257]. «Если твоя жена мала ростом, нагнись и слушай ее шепот»[258].

Ведь в работе Творца на пути истины, когда человек собирается принять на себя ярмо высшей малхут в плане «выше знания», там нет знания, чтобы у него была возможность понять своим разумом выгоду принятия [на себя] работы «ради отдачи», но «тот, кто силен» – т.е. решить это противоречие можно только силой, а не разумом.

Ведь когда у него есть какой-то разум, обязывающий так поступать, это уже называется «внутри знания». Поэтому никаким разумом принимать решение тут нельзя, а можно только лишь силой. И отсюда происходит закон, в смысле земного закона между человеком и ближним, когда тоже бывает такая ситуация, что суд принимает решение по принципу «тот, кто силен, побеждает»[259].

А почему его работа должна быть в свойстве «выше знания»? Такова реальность. Ведь человек создан с сосудом тела, называемым желанием получать. В таком случае, тело не способно сделать что-либо против желания получать. И потому он действует внутри знания, а это признак того, что он обманывает себя в отношении истины, и потому думает, что знание обязывает его поступать так.

---

256 Еврейская дата: гл. Ваигаш, 5740.
257 Трактат Бава Батра, 34:2.
258 Трактат Бава Меция, 59:1.
259 Речь идет о галахическом принципе, применяемом судом, когда нет никакого способа выяснить истину.

366. Требовательный к себе и снисходительный к другим

ВАИГАШ 5744

Требовательный к себе и снисходительный к другим — к тому, что они делают, и не важно, сколько Торы и сколько заповедей они выполняют, ведь он сознает, что другие не обладают тем пониманием, которое есть у него. Поэтому, сколько бы они ни сделали — это хорошо, и он снисходителен к ним, и все, что другие делают, кошерно в его глазах.

Однако к себе он предъявляет повышенные требования, т.е. видит, что его поступки не кошерны, поскольку намерение его, когда он делает добрые дела, не является истинным. Поэтому он всегда видит других лучше себя, ведь считает их действия кошерными, а свои — наоборот. И тогда, он может поднять настоящую молитву о своем состоянии, в котором ощущает себя так низко.

368. И вот Творец стоит над ним

25 ноября – 1 декабря, 1979[260]

«И вот Творец стоит над ним, и сказал Он: Я Творец, Всесильный Авраама, отца твоего... Землю, на которой ты лежишь, тебе дам ее и потомству твоему»[261]. И Раши объясняет, какое значение имеют те четыре локтя[262], на которых он лежит. И он приводит объяснение мудрецов: «Творец собрал под ним всю землю Исраэля, указав ему, что его сыновья овладеют ею так же легко, как четырьмя локтями, которые [лежа] занимает человек»[263].

Это следует понимать как намек. Землей называется малхут, т.е. свойство высшей малхут. Другими словами, всю землю Исраэля, т.е. всю духовную землю, Творец собрал под высшей малхут, как сказано в стихе: «Что Творец Всесильный твой [просит] у тебя, кроме трепета?»[264]

Т.е. не нужно больше, чем принятие высшей малхут, а благодаря этому можно удостоиться всей духовной земли, называемой «земля Исраэля», как сказали наши мудрецы: «Тот, у кого есть трепет перед небесами, — слова его слышны»[265].

Т.е., когда человек удостоился высшей малхут, он может властвовать над всеми своими мыслями и желаниями, и это называется, что слова его слышны его органам. И это смысл того, что Творец собрал всю землю Исраэля под ним, т.е. под землей, называемой «высшая малхут».

А Книга Зоар объясняет стих: «И вышел Яаков из Беэр-Шевы»[266] — т.е. вышел из земли Исраэля — «и пошел в Харан»[267] — т.е. за границу, так, что таким образом он пришел к свойству

---

260 Еврейская дата: гл. Ваеце, 5740.
261 Берешит, 28:13.
262 Ивр. «ама».
263 Берешит, 28:13, комментарий Раши.
264 Дварим, 10:12.
265 Трактат Брахот, 6:2.
266 Тора, Берешит, 28:10.
267 Там же.

гнева²⁶⁸. А у человека есть состояние «стоя», когда он стоит прямо, и есть состояние «лежа». Когда человек падает со своей ступени, это падение называется состоянием «лежа».

Поэтому ему было сказано: «Землю, на который ты лежишь» – т.е. то, что ты ощущаешь, как состояние «лежа на земле», – т.е. он не может принять на себя высшую малхут, как это должно быть, – знай, что это не просто земля, т.е. только свойство малхут, являющееся малой ступенью, а земля эта – это большая ступень.

Поэтому тут следует приложить большое усилие, ибо от этой земли зависит всё свойство земли Исраэля. И Творец обещал: «Тебе дам ее и потомству твоему»²⁶⁹ – и если ты получишь эту землю, всё уже будет подвластно тебе.

И это означает, что поэтому Творец и собрал всю землю Исраэля под этой землей, чтобы легко было овладеть землей Исраэля. И как сказано в мидраш Раба и приводится в Предисловии к ТЭС: «Сказал Творец: Клянусь вам, вся мудрость и вся Тора – это вещи легкие. Всякий боящийся Меня и исполняющий слова Торы, вся мудрость и вся Тора – в сердце его»²⁷⁰.

И это называется, что Творец собрал всю землю Исраэля под ним, т.е. под той землей, которая называется «высшая малхут». Т.е. если четыре локтя, т.е. рост (уровень) человека, наполнятся трепетом пред небесами, т.е. перед высшей малхут, легко будет овладеть. И это то, что Он пообещал ему: «Землю, на которой ты лежишь, тебе дам ее и потомству твоему»²⁷¹.

369. Радость во время изучения Торы

21 – 27 ноября, 1982²⁷², Иерусалим

Вопрос: если человек всё делает ради получения, т.е. всё, что он делает, делается только с намерением ради собственной выгоды, в таком случае, какая разница наслаждается ли он от материальных вещей, или же получает удовольствие от слов Торы?

И это можно понять из того, что человек ест рыбу и мясо, и пьет вино в будни дни и наслаждается от того, что эта трапеза считается необязательной. Иное дело, когда он вкушает субботнюю трапезу с мясом, рыбой и вином, ибо это исполнение заповеди наслаждаться в субботу.

Заповеди не нуждаются в намерении, т.е чтобы он настраивался только на отдачу, а вместо этого нужно настраиваться на то, что он делает это по причине заповеди. В таком случае, наслаждаясь субботней трапезой, он исполняет заповедь, хотя эта заповедь пока и в «ло лишма», что означает, что он не может настроиться ради отдачи. Однако из «ло лишма» приходят в «лишма» – выходит, что он исполняет заповедь.

В то же время, когда он ест в будни дни необязательную трапезу, он не имеет права сказать, что необязательная трапеза приведет его к «лишма».

В таком случае получается, что когда он учит Тору и наслаждается, несмотря на то, что это не ради отдачи, но он исполняет заповедь изучения Торы с радостью, поскольку получает от этого наслаждение, – в этом случае он исполняет заповедь. Получается, что от «ло лишма» он придет к «лишма». В таком случае, это правильный путь, по

---

268   Гнев (ивр. «харон») возводится к названию города «Харан». См. Зоар, Ваеце, п. 3.
269   Берешит, 28:13.
270   Бааль Сулам, Предисловие к ТЭС, п. 21.
271   Берешит, 28:13.
272   Еврейская дата: гл. Ваеце, 5743.

которому он придет к «лишма». В то же время другие наслаждения не способствуют его приходу к «лишма».

370. Достойное поведение важнее Торы

29 ноября – 5 декабря, 1981[273]

«Что такое «ор»[274]? Рав Хуна говорит, что «ор» – это свет, а рав Йеуда говорит, что это вечер»[275].

«И вышел Яаков из Беэр-Шевы и пошел в Харан, и достиг того места»[276]. «И вышел Яаков» – в книге Зоар говорится, что «из Беэр-Шевы» значит из земли Исраэля[277]. «И пошел в Харан» – за границу. Наши мудрецы сказали, что Авраам и Ицхак установили утреннюю молитву (шахарит) и послеобеденную (минху), которые являются обязательными, а Яаков – вечернюю (аравит), которая необязательна.[278]

И следует понять, почему молитва Яакова, избранного из праотцев, называемого «Яаков – совершенство» и породившего 12 колен, не должна быть обязательной, как молитвы Авраама и Ицхака.

В мире принято, что тот, кто чувствует, что товарищ оказывает ему услугу, чувствует моральный долг отблагодарить его за ту услугу, которую он ему оказал, и кроме того, начиная с этого момента, он будет платить ему тем же.

В то же время, тот, кто не чувствует, что товарищ оказал ему услугу, думая, что, может быть, он и оказал ему услугу, не чувствует, что он должен благодарить его и просить у него что-нибудь, и для него это не является обязательным. То есть тело не чувствует, что у него сейчас есть обязанность просить у другого, а это является его свободным выбором. И у него есть выбор делать так или же нет. Тогда же когда он чувствует, чтó товарищ дает ему, тело ощущает долг по отношению к товарищу.

И вот Яаков-совершенство хотел в совершенном виде исправить поколения и времена, и состояния, как отделение дня от вечера, ибо «день» называется, когда он ощущает себя во благе и радости сердца, это состояние называется днём. А если, не дай бог, наоборот, то он говорит: «Мир померк для меня».

«И вышел Яаков из Беэр-Шевы» – т.е. из земли Исраэля, являющейся колодцем[279], из которого черпают воду, когда человек чувствует себя в насыщении[280], т.е. у него нет недостатка ни в чем. «И пошел в Харан» – т.е. в место, где нет насыщения, – и это называется «вечер» – а, там, наоборот, присутствует гнев[281]. У тела тогда в любом случае нет обязанности благодарить товарища и просить у него что-то. А, наоборот, у него есть обида на товарища.

«И достиг этого места» – и это исправление, состоящее в том, что и в месте вечерней молитвы, когда молитва является необязательной, т.е. по выбору человека, он должен

---

273 Еврейская дата: гл. Ваеце, 5742.
274 «Ор» (ивр.) имеет два значения – «свет» и «канун», «накануне».
275 Трактат Псахим, 2:1.
276 Берешит, 28:10-11.
277 Зоар, Ваеце, п. 3.
278 Трактат Брахот, 26:2.
279 Беэр-Шева (ивр.) – колодец семи.
280 Слов «шева» из названия Беэр-Шева возводится к слову «свия» – «насыщение».
281 Ивр. «харон аф».

преодолевать и молиться. Однако тело не чувствует на себе никакой обязанности, когда ему становится темно.

Поэтому Яаков, избранный из праотцев, установил для всего общества свойство совершенства, чтобы они могли возносить вечернюю молитву, которая в этом случае является необязательной.

Ибо человек должен совершить выбор, чтобы тело захотело молиться, ведь в это время оно не чувствует для себя никакого долга, так как это вечер, а не день. Ведь когда оно чувствует состояние дня, тело ощущает свой долг. А благодаря необязательной молитве, т.е. вечеру, можно прийти к состоянию дня, и тогда это становится обязательной молитвой.

Подобно этому благословение на еду является обязательным после трапезы, дающей насыщение, как сказано: «И будешь есть и насытишься, и благословлять будешь»[282] – чтобы указать на сказанное выше, что, когда тело чувствует состояние «Беэр-Шева», т.е. насыщение, оно ощущает свою обязанность молиться. Тогда как если оно ощущает состояния вечера, молитва становится для тела необязательной, и чтобы [человек] смог молиться, он должен совершить работу по выбору.

И отсюда можно объяснить спор по поводу толкования фразы «ор [накануне] четырнадцатого [нисана] проверяют хамец»[283]. И Гмара спрашивает, что такое «ор».

«Рав Хуна говорит, что «ор» – это свет, а рав Йеуда говорит, что это вечер». И следует понять, в чем состоит спор. Дело в том, что с точки зрения кли, для того чтобы удостоиться света, вначале нужно ощутить тьму. Поэтому главное в свете – это тьма. А когда говорят с точки зрения высшего блага, а не с точки зрения кли, высшее благо называется светом, т.е. днем.

И это смысл стиха: «Голос – голос Яакова, а руки – руки Эсава»[284]. Тело называется свойством Эсава, поскольку сразу же по рождении человека у него появляется злое начало. Поэтому оно является свойством Эсава, ибо он уже совершенен и знает, что такое добро, что такое зло.

А когда к нему приходит доброе начало и говорит ему, что есть другое добро, а не то, которое он знает, что называется «добро», он не желает слышать его голоса. Доброе начало говорит ему: «Грешники при жизни своей называются мертвыми»[285]. А он не понимает, что оно говорит ему, и говорит прямо противоположное.

И об этом сказано: «Голос – голос Яакова, а руки – руки Эсава». Т.е. благодаря голосу, голосу Яакова, т.е. вечерней молитве, келим Эсава могут получить исправление, из тьмы превратиться в день, как сказано: «И будет: к вечеру будет день»[286].

---

282   Дварим, 8:10.
283   Трактат Псахим, 2:1.
284   Берешит, 27:22.
285   Трактат Брахот, 18:2.
286   Захария, 14:7. И будет день единственный – известен будет он Творцу: не день и не ночь. И будет к вечеру: будет свет.

371. Лестница поставлена на землю

21 – 27 ноября, 1982[287]

«"И вот лестница поставлена на землю"[288]. Что такое лестница? Это уровень, от которого зависят все остальные ступени, т.е. нуква, являющаяся вратами ко всем остальным ступеням»[289].

«"И вот, ангелы Всесильного восходят и нисходят по ней"[97] – это правители всех народов, восходящие и нисходящие по этой лестнице. Когда Исраэль грешат, лестница опускается, и эти правители восходят. Когда же Исраэль вершат добрые дела, лестница возвышается, и все правители нисходят вниз»[290].

Следует понять всё это и также понять, почему принято говорить, что нет ничего прямее кривой лестницы, и нет ничего кривее, чем лестница, если она пряма. И вот малхут называется «Кнесет Исраэль», поскольку она включает в себя все души, и поэтому, каковы дела нижних, так им и представляется воздействие свыше.

Поэтому, когда Исраэль занимаются действиями по отдаче, есть нисхождение [высшего блага] к народам мира, весь корень которых только в получении наслаждения ради себя. Тогда как если Исраэль занимаются получением, [этим] они дают народам мира силы, приводящие к власти силу получения. А когда властвует сила получения, воцаряется сила сокращения, и высшее благо не может нисходить свыше.

Отсюда выходит, что лестница, т.е. малхут – когда народы мира поднимаются, малхут опускается, т.е. не может давать нижним, и тогда в мире наступает скрытие. В то же время, когда Исраэль улучшают действия свои в делах отдачи, и сила получения ради получения опускается, лестница, т.е. малхут, поднимается в своей важности, что означает, что она передает высшее благо вниз.

И потому принято говорить, что нет ничего кривее лестницы стоящей прямо, а прямотой в духовном называется линия, у которой есть верх и низ, т.е. малхут внизу и кетер наверху.

И это называется «вначале создал Он мир свойством суда, увидел Он, что мир не может существовать, и присоединил к нему свойство милосердия»[291], которое называется «наклоном». Выходит, что малхут, которая подобна сочетанию меры милосердия, называется лестницей. И она кривая, т.е. стоит под наклоном. Тогда как если она прямая, в свойстве суда, мир не может существовать.

О стихе «Ибо ангелам Своим Он заповедает о тебе – хранить тебя на всех путях твоих»[292] сказано: ангелам Своим – т.е. доброму началу и злому началу[293]. И там же [т.е. в книге Зоар] сказано: «Открыл р. Ицхак [и сказал:] сказано: "Стоит станом ангел Творца вокруг боящихся Его и спасает их"[294]... однако в другом месте сказано: "Ибо ангелам Своим Он заповедает о тебе" – т.е. многим ангелам»[295]. И он объясняет: «Слова

---

287 Еврейская дата: гл. Ваеце, 5742.
288 Берешит, 28:12.
289 Зоар, Ваеце, п. 52.
290 Там же, п. 53.
291 См. Мидраш Раба, Берешит, глава 12, п. 15.
292 Псалмы, 91:11.
293 См.: Зоар, Бешалах, п. 2.
294 Псалмы, 34:8.
295 Зоар, Бешалах, п. 6.

«Ибо ангелам Своим Он заповедует о тебе» – это ангелам, как обычно. А слова «Ангел Творца» – это Шхина»[296].

И следует понять, почему сказано то «два ангела», то «один ангел» и имеется в виду Шхина. Т.е. когда у него есть два ангела, а когда у него есть [один] ангел?

И можно объяснить это так же, как наши мудрецы объясняют стих «И всеми сердцами своими» – т.е. двумя началами, добрым началом и злым началом.

Отсюда выходит, что «ангелы как обычно» означает, что у всякого человека есть два ангела, т.е. доброе начало и злое начало, или два сердца. Однако после того как человек удостоился трепета перед Творцом, т.е. он стал относиться к «боящимся Его», т.е. становится боящимся Творца, он удостаивается одного ангела, т.е. два начала превращаются в одно начало, и благодаря этому он приходит к любви к Творцу двумя желаниями своими, т.е. оба они соединяются у него воедино. И это называется, что он удостоился нисхождения Шхины.

373. И увидел он, что не одолевает его

6 – 12 декабря, 1981[297]

««И увидел он, что не одолевает его»[298]. Что сделал он? Сразу же «коснулся его бедренного сустава»[299]. Ибо исполнился он хитрости против него. Сказал он: раз сломлены опоры Торы, теперь не сможет Тора более получать силу, и тогда исполнится то, что сказал отец их: «Голос – голос Яакова, а руки – руки Эсава»[300]»[301]. И не признал он его.

Ибо опорами Торы они называются потому, что они поддерживают Тору, т.е. благодаря им мудрец может учиться, ибо без пропитания учиться невозможно – «если нет муки – нет Торы»[302]. Пропитанием называется то, чем питается и наслаждается тело. Ведь тело нуждается в том, чтобы его питали, ибо благодаря пропитанию тело продолжает свое существование. И в мере наслаждения, испытываемого человеком, он желает его существования.

И есть люди, пропитание которых связано с деньгами, т.е. если им дают деньги, от этого происходят все их наслаждения, т.е. он отказывается от [удовлетворения] страстей и честолюбия, и желает только лишь денег. И в мере преумножения своих денег он может работать и наслаждается жизнью.

«Итак, дай уважение народу Своему»[303]. Разве можно просить у Творца, чтобы Он дал уважение? Ведь наши мудрецы сказали: «Будь насколько возможно смиренен духом»[304].

---

296   Там же.
297   Еврейская дата: гл. Ваишлах, 5742.
298   Берешит, 32:26. И увидел, что не одолевает его, и коснулся его бедренного сустава, и сместился бедренный сустав Яакова, когда он боролся с ним.
299   Там же.
300   Берешит, 27:22.
301   Зоар, Ваишлах, п. 111.
В Зоаре говорится о том, что с Яаковом боролся ангел Самаэль, т.е. злое начало. И когда прерывается голос Яакова, голос Торы, возобладают руки Эсава – прим. перев.
302   Трактат Авот, гл. 3, мишна 17.
303   Из дополнительной молитвы (мусафа) в Йом Кипур.
304   Трактат Авот, гл. 4, мишна 4.

И дело в том, что, как известно, человек – это маленький мир, состоящий из 70 народов. Что означает, что у каждого народа есть собственная страсть, и они соответствуют семи мерам, и каждая состоит из десяти сфирот, и получается 70. Т.е. человек включает в себя 70 желаний 70-ти народов, т.е. он испытывает те же желания, которые испытывают они, т.е. страсть к деньгам, честолюбию и т.д.

И те желания, которые они испытывают, пользуются уважением человека. До такой степени, что ревнители морали (мусара) сказали, что следует отвратиться от этих страстей. Другое дело свойство «народ Твой» – то, что народ Исраэля должен стремиться доставить наслаждение своему Создателю, не пользуется уважением, а совсем наоборот.

Ведь когда человек делает какое-то действие, не видя, что от этого будет какое-то благо и выгода для него, и нужно делать это только исходя из отдачи, человек ощущает себя в состоянии «низости», т.е. у него нет никаких жизненных сил от этой работы, ибо он не видит никакой выгоды для себя.

Поэтому мы молимся Творцу: «Итак, дай уважение народу Своему» – чтобы состояние отдачи пользовалось у нас уважением, а не презрением, и это называется уважение к Шхине – поднять Шхину из праха. Что означает, что, когда нужно делать дела ради Творца в свойстве отдачи, у этой работы есть вкус праха. Поэтому мы молимся, чтобы народ Исраэля пользовался уважением, а 70 народов будут лишь рабами, которые служат народу Исраэля.

Т.е. чтобы его занятия обеспечением материальных нужд, которые являются желаниями 70-ти народов, были бы только для того, чтобы этим служить свойству Исраэль в человеке.

374. И коснулся его бедренного сустава

28 ноября – 4 декабря, 1982[305]

В Зоаре о стихе «коснулся его бедренного сустава»[306], т.е. опор Торы, когда «исполнился он[307] хитрости против него» сказано: «Сказал он: раз сломлены опоры Торы, теперь не сможет Тора более получать силу»[308].

А в п. 108 в комментарии Сулам сказано: «И поскольку некому поддержать Тору, т.е. Зеир Анпин, подобающим образом, то и поддерживающие Тору ослабели, – т.е. нецах и ход Зеир Анпина, которые называются поддерживающими, – и приводят к тому, что усиливается не имеющий ни голеней, ни ног, на которых можно стоять, то есть первородный змей»[309].

Известно, что нецах и ход называются двумя опорами праведности. Ибо следует знать, что всё, что человек делает, должно иметь вначале причину, которая будет вынуждать его делать эти действия, так как, не имея причину, человек находится в состоянии покоя. Но если у него есть причина, заставляющая его делать действия, он старается делать действия соответственно требованию этой причины.

---

305   Еврейская дата: гл. Ваишлах, 5743.
306   Берешит, 32:26. И увидел, что не одолевает его, и коснулся его бедренного сустава, и сместился бедренный сустав Яакова, когда он боролся с ним.
307   Ангел Самаэль, т.е. злое начало, который боролся с Яаковом.
308   Зоар, Ваишлах, п. 111.
309   Там же, п. 108.

Часть 2

Ибо ангел Эсава видел, что с изучающими Тору он спорить не может, так как у них есть желание и воспитание для изучения Торы, и он не может помешать им изучать Тору. Однако в отношении причин он всё же может помешать им, т.е. [имеется в виду] та причина, по которой он учится, т.е. чтó он хочет в качестве вознаграждения за свои усилия в Торе и работе, которые называются опорами Торы, ибо благодаря этим причинам у него есть сила изучать Тору. Тогда как если у него нет причин, это называется, что у него нет опор.

Поэтому, раз есть две опоры праведности, чтобы его опоры, т.е. причины, заставляющие его совершать дела, были бы не истинными, по принципу «Я создал злое начало и создал Тору в приправу», а ложными, – в этом была точка подключения ангела Эсава.

Но как бы то ни было, у лжи нет ног, где имеется в виду, что он взял причину у первородного змея, у которого нет ног, как сказано в книге Зоар. И в любом случае, истинная Тора не может притягиваться вниз, поскольку опоры являются ложными, что означает, что причины, заставляющие его действовать, являются ложными.

И отсюда получается, что главная работа на пути истины заключается в том, чтобы человек обратил свое сердце на то, как достичь опор Торы, т.е. истинных опор, благодаря которым у него будет фундамент, на котором можно строить свои Тору и заповеди. Ибо здесь находится главная точка подключения Ситры Ахры.

В то время как в других вещах не заметно, чтобы у нее была возможность подключения. Ведь это, как сказал царь Сдома: «Дай мне душу (нефеш), а собственность возьми себе»[310]. Как сказали [мудрецы]: «Молитва без намерения, как тело без души (нешамы)».

Ведь душой (нефеш, нешама) называется намерение человека. Поэтому царь Сдома сказал: «Дай мне душу» – т.е. намерение, которое есть у человека, с которым он занимается Торой и заповедями, будет ради меня. «А собственность» – т.е. Тору и заповеди, обретаемые человеком, – «возьми себе». Ты можешь умножать свою собственность, сколько хочешь, однако намерение будет ради меня. Поэтому человек должен преодолевать главным образом именно это.

375. И послал Яаков

2 – 8 декабря, 1979[311]

«И послал Яаков»[312] – Раши объясняет: «настоящих ангелов»[313]. И следует объяснить, что такое «настоящие ангелы», которых Яаков послал к Эсаву. И согласно тому, как объясняют, что Яаков – это свойство человека, занимающегося Торой и заповедями, а Эсав – это злое начало, как же можно говорить, что он послал настоящих ангелов к злому началу?

И следует понять это согласно тому, как объяснял мой господин, отец и учитель, почему о Лаване сказано: «И отвечал Лаван и сказал Яакову: Дочери – мои дочери, а дети – мои дети, и скот – мой скот, и все, что ты видишь, мое оно»[314]. Почему же об

---

310 Берешит, 14:21.
311 Еврейская дата: гл. Ваишлах, 5740
312 Берешит, 32:4. И послал Яаков ангелов пред собою к Эсаву, брату своему.
313 Берешит, 32:4, комментарий Раши.
314 Берешит, 31:43.

Эсаве сказано наоборот: «И сказал Эсав: Есть у меня премного, брат мой. Пусть будет тебе то, что у тебя»[315]. А Яаков попросил у него: «Прими же мое благословение, которое принес я тебе! ...И упрашивал он его, и тот принял»[316].

И Бааль Сулам объяснял, что «Лаван» называется до совершения действия, и тогда злое начало утверждает, что всё, что человек делает, делается не ради небес, и потому, какая ценность есть у того, что он желает заниматься Торой и заповедями? А человек должен преодолевать это и всё-таки делать добрые дела.

А после того, как он уже совершил действие, Эсавом называется то, что злое начало утверждает, что всё, что человек сделал, было ради небес, и хочет передать ему свойство величия (гадлута), чтобы он удовлетворился своей работой.

И отсюда можно объяснить слова «настоящие ангелы». Ведь Лаваном называется злое начало, утверждающее, что, если он хочет заниматься Торой и заповедями, всё должно быть белым («лаван»), без каких-либо пятен или грязи, т.е. всё должно быть ради небес. А если он не может построить намерение ради небес, не стоит прилагать усилий даром.

В таком случае, какой выигрыш будет от того, что он будет молиться лишние полчаса или будет учиться лишние полчаса? Ведь в любом случае, его работа ничего не стоит. В таком случае жаль каждой капли усилий, которые он прилагает в Торе и работе. И в этом у злого начала есть силы отрывать его от Торы и заповедей.

И тогда человек должен преодолевать его по принципу «И возвысилось сердце его на путях Творца»[317], говоря: «Я верю выше знания, что я делаю всё ради небес. А то, что я делаю, пусть и в «ло лишма», это тоже великая вещь, потому что из «ло лишма» приходят к «лишма» В таком случае, работая в «ло лишма», я тоже исполняю заповедь и следую словам мудрецов, которые сказали: «Всегда обязан человек заниматься Торой и заповедями, даже если в «ло лишма», потому что из «ло лишма» приходят к «лишма»»[318], ибо свет возвращает его к источнику».

Но после того как он сделал то, что мог сделать, т.е. исполнил порядок своих действий в Торе и заповедях, он должен увидеть истину и критически проанализировать свою работу. И тогда человек должен сказать обратное тому, что он сказал злому началу. Человек должен послать посланцев к злому началу, т.е. должен сказать злому началу, что человек должен быть в своей работе подобно настоящему ангелу, т.е. кли ради небес.

А поскольку его работа не чистая и не совершенная, он говорит злому началу, что вся его работа была для него, т.е. ради злого начала, а не ради небес, и это называется, что человек посылает всю свою работу злому началу.

А злое начало тогда говорит против этого: «У меня есть премного от других людей, работающих для меня, но ты, брат мой, пусть будет тебе то, что у тебя». Т.е. это всё было на благо твоей душе, и ты не должен более совершенствоваться в своей работе, но продолжай с тем же намерением, как ты делал до сих пор. Пока благодаря большой работе – «и упрашивал он его, и он принял».

И тогда злое начало согласится принять его работу для себя. Это значит, что он уже убедился, и злое начало не может посылать ему мысли, что у него всё в порядке, а вместо этого он остается с истиной, состоящей в том, что нужно быть «настоящими

---

315   Берешит, 33:9.
316   Берешит, 33:11. Прими же мое благословение, которое принес я тебе! Ибо одарил меня Творец, ибо есть у меня всё. И упрашивал он его, и тот принял.
317   Диврей Ямим 2, 17:6.
318   Тосафот к трактату Брахот, 17:1

ангелами», т.е. он должен быть [настроен] целиком и полностью ради небес. И тогда его работа начинается снова, чтобы мог он идти по пути истины.

376. И испугался Яаков очень

Комментаторы спрашивают по поводу стиха: «И испугался Яаков очень, и стало ему тесно»[319], – но ведь Творец в видении с лестницей, которое Он показал ему, обещал ему оберегать его, куда бы он ни пошел, как сказано: «И вот Я с тобой, и хранить тебя буду везде, куда бы ты ни пошел»[320], «и Я буду с тобой»[321]. В таком случае, почему же нужно было молиться: «Спаси же меня от руки брата моего, от руки Эсава»[322]?

Книга Зоар[323] объясняет слова ангелов, обращенные к Яакову: «Но и сам он идет тебе навстречу, и с ним четыреста человек»[324]. [Зоар] спрашивает: «Почему же они сказали ему всё это?» И отвечает: «Потому что Творец всегда желает молитвы праведников и украшается их молитвой», – т.е. «Творец жаждет молитвы праведников»[325].

И мой господин, отец и учитель объяснил, почему Творец не дает творениям всё благо без молитвы, а желает, чтобы они попросили у Него, и тогда Он дает им. И как сказали мудрецы: «Больше, чем теленок желает сосать, корова желает кормить»[326].

Однако есть правило, что не может быть света без кли. А кли (сосудом) называется желание. Ибо в духовном нет принуждения, потому что невозможно ощутить вкус наслаждения от того, к чему у человека нет желания. Ведь ощущение наслаждения главным образом зависит от меры желания и стремления, которые у него есть к этому объекту. Поэтому Творец ничего не дает, пока у творений не появится желание и стремление.

А желание человека образуется именно с помощью молитвы, потому что благодаря тому, что человек ощущает хисарон, он начинает молиться, и таким образом его молитва растет и умножается, пока не доходит до такой меры, что он становится способен получить высшее благо. И поэтому «Творец жаждет молитвы праведников», – потому что только таким образом они могут получить Его благо.

И известно, что в высшем благе мы всегда различаем две стороны: окружающий свет и внутренний свет. Под окружающим светом имеется в виду то, что человек должен получить в будущем, а сейчас он еще не способен получить его воздействие. Под внутренним светом имеется в виду то, что человек получает в настоящем, т.е. высшее благо входит в его внутреннюю часть.

И согласно сказанному выше, что всё, что человек получает, должно предваряться молитвой, чтобы возникало кли для получения высшего блага, получается, что даже после того как Творец обещал ему [т.е. Яакову] в видении с лестницей, это называется окружающим светом.

---

319   Берешит 32:8.
320   Берешит, 28:15.
321   Берешит, 31:3.
322   Берешит, 32:12. Спаси же меня от руки брата моего, от руки Эсава! Ибо страшусь я его, как бы он не пришел и не разбил меня – мать с сыновьями.
323   Зоар, Ваишлах, 43-44.
324   Берешит 32:8. И возвратились ангелы к Яакову, говоря: Пришли мы к брату твоему, к Эсаву. но и сам он идет тебе навстречу, и с ним четыреста человек.
325   Трактат Евамот, 64:1.
326   Трактат Псахим, 112:1.

Но когда он встретил Эсава и вознуждался в избавлении в настоящем, нужно было молиться и обнаружить желание, которое считается сосудом (кли) для избавления, потому что без кли получить внутренний свет невозможно. Ведь обещание называется окружающим светом, тогда как, когда собираются реализовать обещание на практике, нужна молитва. Ибо окружающий свет – это пробуждение свыше, а внутренний свет [появляется] благодаря пробуждению снизу.

378. И поселился Яаков на земле проживания отца его

9 – 15 декабря, 1979[327]

«И поселился Яаков на земле проживания отца его»[328]. Спрашивается, почему не «на земле проживания отцов его», и почему именно «проживания Ицхака». И следует объяснить, что известно, что Яаков – это свойство средней линии, роль которой исправить левую линию, называемую «страх Ицхака». В то время как правую линию не исправляют свойствами Яакова. Ибо объясняется в комментарии Сулам, что средняя линия склоняется к милости (хеседу). Поэтому нам нечего добавить к правой линии.

Иное дело Ицхак, являющий собой свойство суда. Потому приходит Яаков и поселяет себя в левой линии, чтобы исправить ее свойством милосердия.

А Раши пишет[329]: «Мидраш Агада[330] объясняет, что Писание связывает порождения Яакова с Йосефом из-за нескольких вещей. Первое, Яаков работал на Лавана только из-за Рахели. И сияние лика Йосефа была похоже на его [лик]. И всё, произошедшее с Яаковом, произошло и с Йосефом: того ненавидели и этого ненавидели, того брат хотел убить, и этого братья хотели убить».

И следует понять контекст того, что Яаков работал у Лавана только из-за Рахели. Известно, что есть свойство Леи, называемое «мир скрытия» (альма де-эткáсия), и свойство Рахели, называемое «мир раскрытия» (альма де-этгáлия) – как это приводится в книге Зоар по поводу Моше, который называется «путем», ибо только Моше мог идти в свойстве «пути», называемым миром скрытия. Однако остальные люди могут идти только в свойстве «дороги», ибо дорогой называется «царская [т.е. главная] дорога», по которой могут идти все, ведь дорогой называются хасадим, а там, где раскрыты хасадим, могут пройти все люди. Поэтому Яаков работал за Рахель, т.е. чтобы хасадим были раскрыты.

Но главное раскрытие – от хазе и ниже, и это свойство НЕХИ. А главное – это средняя линия, называемая есодом, т.е. свойство Йосефа. Поэтому сказано: «А Исраэль любил Йосефа»[331].

И есть средняя линия наверху, называемая «тиферет», и она разрешает спор между хеседом и гвурой, и средняя линия от хазе и ниже, которая называется «есод», разрешающая спор нецаха и хода. И главная работа состоит в подчинении левой линии, и именно средняя линия подчиняет ее.

---

327   Еврейская дата: гл. Ваишев, 5740
328   Берешит, 37:1.
329   Комментарий Раши на Берешит, 37:2. Вот порождение Яакова – Йосеф, семнадцатилетний, пас со своими братьями мелкий скот, а он отрок, с сынами Билhи и с сынами Зилпы, жен своего отца. И приносил Йосеф о них славу худую их отцу.
330   Один из типов мидрашей.
331   Берешит, 37:3.

Поэтому левая линия и те, кто связан с ней, хотят отменить среднюю линию, ибо с правой линией левая линия бороться умеет, и ей не нужно отменять ее, поскольку она не боится правой линии. В то же время средней линии она в самом деле боится, потому что средняя линия отменяет левую.

Поэтому она желает отменить среднюю линию наверху, в тиферет, и среднюю линию внизу, называемую «есод», и это Яаков и Йосеф.

И еще Раши пишет[332]: «Захотелось Яакову жить спокойно – тотчас постигло его несчастье с Йосефом. Когда праведники хотят жить спокойно, Творец говорит: «Мало праведникам того, что уготовано им в будущем мире, они еще хотят жить спокойно в этом мире?»» И на первый взгляд это противоречит тому, что сказали наши мудрецы: «И если ты делаешь так, …счастлив ты в этом мире, и хорошо тебе в мире будущем»[333].

И следует объяснить, что «будущим миром» называется свойство бины, мира сокрытия, т.е. свойство Леи. И «этот мир» – это свойство малхут мира раскрытия. Поэтому качество Яакова – это свойство тиферет, находящееся от хазе и выше, т.е. свойство будущего мира.

Праведники хотят спокойствия также и в этом мире, т.е. в мире раскрытия. И потому «постигло его несчастье с Йосефом» – т.е. он хотел притянуть ступень Йосефа, т.е. этот мир, свойство есода, находящееся от хазе и ниже, т.е. свойство мира раскрытия, как сказано выше.

Т.е. Яаков работал у Лавана ради Рахели, являвшей собой свойство покрытых хасадим, как сказали наши мудрецы: «Праведникам нет покоя ни в будущем мире, ни в этом мире, как сказано: «Будут идти они от успеха к успеху»[334]»[335].

379. Чудо и выбор

«Сказал рабби Ицхак: «Если в ней [т.е. в яме] были змеи и скорпионы, почему сказано о Реувене: «Дабы избавить его [Йосефа] от их руки, чтобы возвратить его к отцу его»[336] – разве не боялся Реувен того, что змеи и скорпионы причинят ему вред?»[337]. «Но Реувен видел, что вред может быть, когда тот находится в руках братьев своих, ведь он знал, как они ненавидят его»[338].

«Ибо здесь, в том месте, где есть змеи и скорпионы, если он праведник, Творец сотворит с ним чудо. А иногда заслуга праотцев помогает человеку, и он спасается от них. Но когда человек отдан в руки врагов, немногие могут спастись»[339].

И следует понять, почему [когда он отдан] «в руки врагов», Творец не сотворит с ним чуда.

По поводу спасения мы находим две ситуации:

Место ожидаемой опасности;

---

332   Комментарий Раши на Берешит, 37:2.
333   Трактат Авот, гл. 6, мишна 4.
334   Псалмы, 84:8.
335   Трактат Брахот, 64:1.
336   Берешит, 37:22. И сказал им Реувен: «Не проливайте крови! Бросьте его в эту яму, что в пустыне, но руки не налагайте на него», – дабы избавить его от их руки, чтобы возвратить его к отцу его.
337   Зоар, Ваешев, п. 130.
338   Там же, п. 131.
339   Там же, п. 132.

Место, где опасность не ожидается, т.е. есть животные, которые наносят вред [человеку], только, когда у них есть аппетит, а когда они не голодны, они не наносят вреда.

И есть такие, которые наносят вред [человеку] по своей природе, т.е. от природы у них есть желание вредить людям, и они всегда нападают. А кроме этого, мы находим, что существует ненависть ко всему роду человеческому, а иногда бывает, что есть ненависть к конкретному человеку, а не ко всем. Т.е. животное чувствует, что этот человек хочет навредить ему, поэтому оно собирается нанести ему вред.

А тут мы находим, что злые животные, т.е. змеи и скорпионы, у которых нет ненависти к данному конкретному человеку, а они ненавидят весь род человеческий, и потому это не совсем называется местом ожидаемой опасности, – поэтому можно рассчитывать на чудо. В то же время «в руках братьев своих», у которых есть ненависть к данному конкретному человеку, это является местом опасности, и потому нельзя рассчитывать на чудо.

А, кроме того, можно сказать, что есть разница между животными и человеком, так как у человека есть свобода выбора. Ведь то, что животные наносят вред, – это устроено природой, и Творец дал им такую природу, чтобы они стремились к этому. Получается, что всё, что они делают, относится к Творцу, и у них нет сил преодолеть это – т.е. не вредить.

Поэтому там, где Творец желает сотворить чудо, это тоже [происходит] со стороны Творца, поэтому можно рассчитывать на чудо.

Иначе в случае с человеком, которому дана свобода выбора вредить или делать добро, – находим, что, если Творец сотворит этому человеку чудо и спасет его от вреда, причиняемого ему другим, этим Творец забирает у него свободу выбора. А там, где это противоречит свободе выбора, нельзя рассчитывать на чудо.

380. Освящающий седьмой день (2)

«Всякий освящающий седьмой [день] достойным ему образом… имеет очень большое вознаграждение по труду своему»[340]. Следует понять, что значит «по труду своему». И что в этом нового, ведь и в материальном человек получает вознаграждение только по труду своему? И тот, кто работает сверхурочно, получает зарплату большую, чем тот, кто не работает сверхурочно. В таком случае, что же нового в том, что он говорит: «имеет очень большое вознаграждение», а потом добавляет, что он получит вознаграждение только по труду своему?

Наши мудрецы сказали: «Идущий, но не делающий [т.е. не совершающий действия] получает вознаграждение за пройденный путь»[341]. И следует понять, что это за действие. Сказали мудрецы: «Велико учение, приводящее к действию»[342] и «не толкование главное, а действие»[343].

А мой господин, отец и учитель объяснил, что действием называется то, что человек изменяет свое получающее кли на отдающее, как сказали наши мудрецы: «Все дела

---

340   Из субботнего гимна.
341   Трактат Авот, гл. 5, мишна 14. Есть четыре вида идущих в Дом Учения: идущий, но не делающий получает вознаграждение за пройденный путь; делающий, но не идущий получает вознаграждение за действие; идущий и делающий – праведник; не идущий и не делающий – грешник.
342   Трактат Кидушин, 40:2.
343   Трактат Авот, гл, 1, мишна 17.

твои будут ради небес»³⁴⁴. А мидраш говорит, что это действие называется: «Я создал злое начало и создал Тору в приправу к нему»³⁴⁵, и к этому действию человеку надо прийти.

Наши мудрецы сказали: «Злое начало человека одолевает его каждый день… если Творец не помогал бы ему, он бы не выдержал»³⁴⁶. И надо понять, почему Творец не дал человеку сил, чтобы он мог победить злое начало. А если это не в возможностях человека, почему Творец не делает всё.

Т.е. зачем нужно, чтобы человек воевал со злым началом, а Творец только помогал бы ему, но, если человек не начинает войну, он не получает помощи от Творца.

И зачем Творцу нужно, чтобы человек начал воевать, а потом Он приходит и помогает ему, как сказали наши мудрецы: «Всегда будет человек гневить доброе начало на злое начало»³⁴⁷, и объясняет Раши: «чтобы оно воевало с ним». Отсюда получается, что сначала человек должен начать воевать с ним, а потом приходит Творец и помогает ему.

Мой господин, отец и учитель дал объяснение того, что праотец Авраам спрашивал Творца: «Как я могу знать, что я унаследую ее? [т.е. землю Исраэля]»³⁴⁸. «И сказал Он Авраму: Знай же, знай: чужаками будет потомство твое на земле чужой, и будут порабощать их и угнетать их четыреста лет… а затем выйдут они с большим достоянием»³⁴⁹.

И сказал [Бааль Сулам]: после того, как он увидел обещание, данное ему Творцом, когда Он сказал ему: «Чтобы дать тебе эту землю во владение»³⁵⁰, он спросил: «Как я могу знать?» Ведь нет света без келим, а он не видел, что у его сыновей будет потребность в таких постижениях, ибо они удовлетворятся малым.

Поэтому Он сказал ему: «Знай же, знай», что они будут в изгнании, и они захотят выйти из изгнания. И тогда без помощи они не смогут выйти из египетского изгнания. Таким образом, благодаря этому они будут вынуждены получить от Него помощь. И всякий раз они должны будут получать сильные воздействия, и благодаря этому уже вознуждаются в свете Торы, ибо только лишь Тора является приправой.

И это как сказано в книге Зоар: ««Пришедшему очиститься помогают»³⁵¹. И [Зоар] спрашивает: чем? И отвечает: святой душой»³⁵². «Человеку при рождении дают душу-нефеш со стороны чистоты… Удостаивается большего – ему дают руах»³⁵³. Получается, что благодаря этому они вознуждаются в помощи Творца, и благодаря этому у них будут келим для получения в наследие земли [Израиля].

И отсюда мы сможем объяснить то, что мы спросили: что значит «идущий, но не делающий»? Имеется в виду тот, кто начинает идти путем Творца, чтобы прийти к действию, что означает «всякий освящающий седьмой [день]». И мой господин, отец и учитель объяснил, что «седьмой» (швии) означает «что во мне Он» (ше-би hу).

И отсюда объяснение будет, что, когда человек освящает точку в своем сердце достойным для него образом, он начинает входить в египетское изгнание, и тогда всякий раз

---

344   Трактат Авот, гл. 2, мишна 12.
345   Трактат Кидушин, 30:2.
346   Там же.
347   Трактат Брахот, 5:1.
348   Берешит, 15:8.
349   Берешит, 15:13-14.
350   Берешит, 15:7.
351   Трактат Шабат, 104:1.
352   Зоар, Ноах, п. 63.
353   Зоар, Мишпатим, п. 11.

он начинает видеть, насколько он далек от действия по отдаче. И тогда у него образуются келим, т.е. хисароны, и эти хисароны Творец потом может наполнить, как сказано выше.

Получается, что человек обязан начать войну, для того чтобы у него были келим и потребность в спасении и помощи со стороны Творца, и это как сказали [мудрецы], «если Творец не помогал бы ему, он бы не выдержал»[354]. Получается, что Он специально не дал человеку способность победить в войне, потому что, воюя, человек получает келим и хисароны отдачи.

Поэтому нужно и то, и другое: чтобы человек начал войну для получения келим, и помощь — причем нужно, чтобы именно Творец помог ему, потому что благодаря помощи он получает в наследие землю [Израиля], как обещал Творец праотцу Аврааму.

Согласно этому выходит, что «по труду своему» означает обратное материальному. Ведь в материальном всякий раз, когда кто-то делает хорошую работу, ему платят по качеству этой работы. А тут прямо наоборот: ведь насколько человек видит, что он не способен ни на что в духовном, он нуждается в большей помощи. Поэтому каждый раз ему должны давать бо́льшую помощь, т.е. бо́льшее постижение.

Получается, что он «имеет очень большое вознаграждение по труду своему», т.е. он видит свой хисарон, и тогда он готов к получению большего наполнения. И это смысл слов «идущий, но не делающий». Он вступает в войну, но не делает, т.е. не может сделать, чтобы все дела его были ради небес. Ему говорят, что он «получает вознаграждение за пройденный путь», ибо именно идущий, но не делающий, а нуждающийся в помощи Творца, — именно благодаря этому он получает в наследие землю [Израиля].

382. И было, когда отпустил фараон народ

11 – 17 января, 1981[355]

«И было, когда отпустил фараон народ, то не повел их Всесильный путем через землю филистимлян, потому что близок он; ибо сказал Всесильный: Как бы не передумал народ, видя войну, и не возвратились бы они в Египет. И повернул Всесильный народ на дорогу через пустыню Красного моря»[356].

Следует объяснить это на основе той реальности, которая имеет место всегда. Когда человек хочет идти путем истины, каждый спрашивает: «Зачем?»

«И было, когда отпустил фараон народ» — т.е. тело в целом называется свойством фараона, и он должен осуществить выбор, т.е. дать народу выйти, — иными словами, чтобы все силы и мысли были ради Творца и не находились под его [фараона] властью, что означает, что все его силы будут служить потребностям тела, — а вместо этого, чтобы они использовали их ради Творца.

Почему Творец дал им идти в святую землю, — т.е. в землю, текущую молоком и медом, которую обещал Творец дать в наследство нашим святым праотцам, — длинной дорогой, а не дал им близкий путь, как сказано: «не повел их Всесильный путем через землю филистимлян[357], потому что близок он»?

---

354 Трактат Кидушин, 30:2.
355 Еврейская дата: Бешалах, 5741.
356 Шмот, 13:17-18.
357 В оригинале слово «филистимляне» (ивр.: плиштим) написано как два слова «палаш–штаим», буквальное значение которых «вторгся» и «два».

Потому что близким или далеким называется то, что близко разуму, т.е. когда разум обязывает [думать,] что эти действия стоит делать. А, кроме того, чтобы было близко сердцу, чтобы было созвучно сердцу человека, т.е. то, что желание получать, находящееся в сердце, чувствовало бы, что это ему во благо, как было с Адамом Ришоном до грехопадения, когда у него было выяснение «горькое – сладкое», как сказано в Предисловии к Паним Масбирот.

385. И поднял вас на крыльях орлиных

3 – 9 февраля, 1980[358]

«И поднял вас на крыльях орлиных и принес вас ко Мне»[359].

А у Раши сказано: «На крыльях орлиных – подобно орлу, несущему птенцов на своих крыльях… который говорит: лучше пусть стрела попадет в меня, а не в моих сыновей»[360].

А стрела («хец») происходит от слова «разделение» (хацица), как сказали наши мудрецы о стихе: «И обратил Хизкия лицо свое к стене»[361] – отсюда следует, «что не должно быть ничего разделяющего между ним и стеной»[362]. И также от слова «перегородка» (мехица).

И разделение есть состояние разъединения двух объектов. А по поводу перегородки выясняется в трактате Бава Батра: «Совладельцы, которые хотят сделать во дворе перегородку, строят стену посередине»[363].

И есть мнение, что «перегородка» (мехица) означает «стену», т.е. разделяющую стену. А другие говорят, что мехица – это половина, как сказано: «И была половина (мехица) общины»[364]. Получается, что «мехица» есть свойство, разделяющее объект надвое. И также в Псалмах: «Стрелы твои остры – народы падут под тобой – в сердце врагов царя»[365].

И чтобы понять всё сказанное выше [вспомним, что], известно, что сокращение было произведено для уподобления по форме. Поэтому произошло скрытие, которое называется неявным управлением, и благодаря этому появилось свойство скрытия лика Творца, и потому существует работа в свойстве выбора, и есть большая работа для человека, чтобы он поверил, что Творец правит миром свойством «Добрый, Творящий Добро».

И это называется, что появилась стена, разделяющая нас и Отца нашего в небесах, как сказано: «Вот он стоит за стеною»[366]. А когда человек молится, он должен следить, чтобы не было ничего разделяющего, т.е. он должен объединить себя с Творцом в плане подобия по форме, т.е. чтобы это было ради небес.

В то же время, когда человек заботится о себе, он находится в состоянии разделения. Поэтому, когда возникают отделяющие мысли, они называется

---

358   Еврейская дата: Итро, 5740
359   Шмот, 19:4.
360   Шмот, 19:4., комментарий Раши.
361   Йешая, 38:2.
362   Трактат Брахот, 5:2.
363   Трактат Бава Батра, 2:1.
364   Бемидбар, 31:43.
365   Псалмы, 45:6.
366   Песнь песней, 2:9.

стрелами («хецим»), которые убивают жизненную силу духовности в человеке. И это называется «стрелы твои», т.е. Творца, «остры», т.е. убивают жизненную силу святости. И все стрелы, которые летят в них, происходят только от скрытия, когда Творец скрывает Себя.

Получается, что творения злословят о высшем управлении. Ведь кто вызвал всё это? Только лишь сам Творец. И это смысл того, что «он говорит: лучше пусть стрела попадет в меня, – т.е. чтобы злословили обо мне, – а не в моих сыновей»[367]. Ибо благодаря скрытию, которое Он создал, возникнет возможность и реальность, чтобы они не остались со стрелами, т.е. чтобы не были в разделении.

Ведь именно благодаря преодолению во время скрытия, они придут к уподоблению по форме, тогда как в противном случае, они останутся в разделении, которое называется «перегородка» или «разделяющая стена», и именно благодаря этому – «и принес вас ко Мне».[368]

386. Это день, созданный Творцом

30 января – 4 февраля, 1978[369]

«Это день, созданный Творцом, будем веселиться и радоваться ему»[370].

«Это день» означает «это называется днем, а не что-то другое». И что будет, когда Творец создаст его? Каждый придет к постижению, так что «будем веселиться и радоваться ему».

«Ему» означает «Творцу», т.е. слиянию с Творцом, что называется уподоблением по форме, что означает, что каждый поймет, что нет большей радости, чем доставление наслаждения Творцу. И на это мы рассчитываем, когда всё общество придет к этому уровню, называемому «Гмар Тикун».

387. По поводу судьи честного и нечестного

25 – 31 января, 1981[371]

Бааль а-Турим[372] объясняет слова «и глава о судьях следует за главой о жертвеннике – чтобы сказать тебе: поставивший честного судью, как будто построил жертвенник»[373]. И он делает этот вывод, основываясь на словах наших мудрецов: «Тот, кто ставит нечестного судью, словно бы построил помост[374] около жертвенника»[375]. Получается, что тот, кто ставит честного судью, как будто построил жертвенник.

---

367 Шмот, 19:4., комментарий Раши.
368 Шмот, 19:4.
369 Еврейская дата: Мишпатим, 5738
370 Псалмы, 118:24.
371 Еврейская дата: Мишпатим, 5741
372 Бааль а-Турим (1269 – 1343), знаменитый мудрец, комментатор и галахист.
373 Шмот, 21:1, комментарий Бааль Турима.
374 Имеется в виду помост для языческих жертвоприношений.
375 Трактат Санедрин, 7:2. Цитата неточная.

И чтобы понять его слова, нужно объяснить, что такое «жертвенник» и что такое «судья», и почему нечестный судья – это как будто посадить Ашеру[376] рядом с жертвенником, и что такое «Ашера».

«Судья» – это, как сказали мудрецы: «Все страдания приходят в мир только для судей Исраэля»[377]. И можно спросить, неужели нет бо́льших грешников, чем судьи Исраэля, так что из-за них в мир приходят страдания.

А дело в том, что это, как сказано в нескольких местах о стихе: «Судей и стражников поставь себе во всех вратах твоих»[378] – что это означает: всюду, где человек оценивает[379], стоит ли ему совершать определенный поступок или нет, у него есть судьи, т.е. у него есть мысли и мнения, склоняющиеся в ту или иную сторону.

И это называется «судьи Исраэля», т.е. что у любого человека внутри есть судьи, которые судят любую вещь с точки зрения ее выгоды. И если это честный судья, называется, что он строит жертвенник, а «жертвенник» в книге Зоар называется малхут, ибо это вещь постоянная.

И сказано, что благодаря этому он приносит в жертву свое злое начало, как сказали мудрецы: «Тот, кто хочет жить, должен умертвить себя»[380], а также: «Тора исполняется только в том, кто умерщвляет себя ради нее»[381] – потому что до того, как он принял на себя ярмо высшей малхут, он называется «другим народом», а идолопоклонников обучать Торе запрещено. А, как сказал мой господин, отец и учитель, всюду, где сказано «запрещено», это означает, что невозможно, даже если хочешь.

Поэтому, если он честный судья, он как будто построил жертвенник. А если он – нечестный судья, он как будто посадил Ашеру, что является идолопоклонством рядом с жертвенником. Т.е. там, где нужно было построить жертвенник, он строит идола и говорит, что это жертвенник.

А «Ашера» происходит от слова «ошер» (счастье). Т.е. когда он чувствует себя счастливым благодаря своей работе в Торе и заповедях, он занят ею. Другими словами, тело и разум согласны, что в этом есть выгода. Однако если разум не согласен, он не способен идти выше разума. Поэтому это называется идолопоклонство в свойстве «Ашера».

В то же время жертвенник должен быть принятием ярма высшей малхут выше разума. И это называется честным судьей, который может вынести решение, что нужно идти выше разума. А его внешний разум не является определяющим. В то же время «нечестный» – тот, кто понимает так, что всё должно быть согласно его разумению, что означает «внутри разума».

---

376   Ашера – языческая богиня, культ которой связан с поклонением кумирному дереву, которое тоже называлось «Ашера».
377   Трактат Шабат, 139:1.
378   Дварим, 16:18.
379   Слово «шиэр» (оценивать) возводится к слову «шаар» (ворота).
380   Трактат Тамид, 32:1.
381   Рамбам, Мишне Тора, законы изучения Торы, гл. 3, закон 13.

389. И пусть возьмут Мне приношение

17 – 23 февраля, 1980[382]

«И пусть возьмут Мне приношение»[383]. «Мне» – Раши объясняет: «Мне – ради Меня». «От всякого человека, побужденного сердцем своим»[384]. И объясняет Раши: «[побужденного («идвену») сердцем] происходит от слова «недава», добровольный дар, означающий доброе желание». «Возьмите приношение Мое» – «возьмите» означает «насильственно», и это вступает в противоречие с «побужденным сердцем», что означает «доброе желание», а не по принуждению.

В книге Зоар сказано, что «приношение» (трума) означает «тером хэй» (возвысь Творца), т.е. что нужно возвеличивать Творца, т.е. малхут. А кроме того в книге Зоар сказано, что возвращение (тшува) означает «ташув хэй»[385] – вернется «хэй» по отношению к «вав», т.е. что человек должен поднимать «хэй», являющуюся свойством «Шхины во прахе». Ведь следует поднять Шхину из праха, т.е. свойство, называемое «ради небес» пребывает в изгнании.

Ибо человек состоит из желания получать ради себя, а желание отдавать находится под властью желания получать, и он не в состоянии направить хоть что-либо ради отдачи, так как над ним властвует желание получать.

Поэтому тот, кто хочет идти путем истины, обязан делать всё, в чем он не видит собственной выгоды, и он должен преодолевать и делать всё, имеющее отношение к святости, и это называется «возьмите приношение Мое» силой, без согласия тела.

И это называется «заставляют его, пока не скажет он: желаю я»[386]. А когда он говорит: «Желаю я», это называется возвращением. Т.е. для него невозможно сделать хоть что-либо по желанию, пока Творец не поможет ему и не даст ему силу возвращения. И это называется «вернется хэй», т.е. его свойство малхут, или точка сокращения, на которую, т.е. на желание получать, произошло исправление экраном.

Тогда, подобно тому, как «вав» имени Авая называется отдающим, так же и его желание получать приходит в состояние отдачи. И тогда он может давать приношение, т.е. он может поднять свой «хэй», и когда он удостаивается этого, тогда «От всякого человека, побужденного сердцем своим, возьмите приношение Мое»[387]. Имеется в виду, что то, что было до этого в свойстве «возьмите» силой принуждения, сейчас будет по доброй воле, как объясняет Раши по поводу «побужденного сердцем».

Получается: «от всякого человека, побужденного сердцем своим» – т.е. сейчас, когда вы собираетесь взять приношение Мое силой, знайте, что сейчас оно в состоянии «побужденным сердцем», т.е. сейчас у него есть добрая воля, потому что его свойство малхут уже вознесено в смысле «поднять Шхину из праха».

---

382   Еврейская дата: Трума, 5740
383   Шмот, 25:2. Скажи сынам Исраэля, и пусть возьмут Мне приношение от всякого человека, побужденного сердцем своим, возьмите приношение Мое.
384   Там же.
385   И в том и в другом случае от слова отделяется последняя буква «хэй», и при этом получается глагол и имя Творца или «хэй».
386   Трактат Бава Батра, 47:2, 48:1.
387   Шмот, 25:2.

Как сказано в книге Зоар: «Тот йуд, который Эсав отбросил назад, Яаков взял в начало[388], поскольку Яаков находится в рош» – и имеется в виду десятая точка (йуд=10), которая сократилась, и тогда это уже свойство отдачи.

390. Свойство «этхапья» и свойство «этапха»

1 – 7 февраля, 1981[389]

«И пусть возьмут Мне приношение от всякого человека, побужденного сердцем своим, возьмите приношение Мое»[390]. И объяснил Раши: «Мне – ради Меня». «Побужденного («идвену») сердцем», – как объясняет Раши, –происходит от слова «недава», добровольный дар, означающий доброе желание».

И следует понять:

«Возьмите» означает насильно. «Побужденного сердцем» – это доброе желание. Получается, что это противоречит «возьмите».

Почему сказано: «приношение Мое»? Получается, что это уже приношение Творца, следовало бы сказать «от побужденного сердцем возьмите приношение», а что же означает, если сказано «приношение Мое»?

В чем смысл того, что он говорит «ради Меня» (букв.: ради имени Моего)?

Следует понять известный вопрос о стихе: «Всюду, где помяну Я имя Мое»[391] – следовало бы сказать: «Ты помянешь».

А дело в том, что есть две ступени: состояние «этхапья»[392] и состояние «этапха»[393]. И находим, что в «Авот де-рабби Натан» мудрецы сказали: «Кто называется героем? ... Тот, кто превращает своего ненавистника в любящего»[394].

Героем называется тот, кто укрощает свое злое начало, и это называется свойством «этхапья» (покрытием) силой. И это называется «возьмите» – т.е. силой. А потом это гарантирует, что вы придете к «этапха» (переворачиванию), когда его ненавистник становится любящим.

И это смысл слов: «От всякого человека, побужденного сердцем своим» – т.е. впоследствии у него будет доброе желание. И это как сказал мой господин, отец и учитель о стихе из Зоара: «Человеку при рождении дают душу-нефеш со стороны чистоты»[395] – что означает, что его животная душа согласится идти путями Творца.

И [Бааль Сулам] сказал, что, когда человек рождается и входит в святость, признаком этого является, что он удостоился души со стороны чистоты, и его животная душа уже согласна идти путями Творца. И это называется «этапха» (переворачивание). Получается, что вначале человек должен взять насильно, хоть тело его и несогласно идти путями истины, которые называются «Мне», т.е. «ради Меня».

---

388 Имя Эсав должно писаться с йудом в конце, но не пишется так. Яаков начинается с йуда.
389 Еврейская дата: Трума, 5741
390 Шмот, 25:2. Скажи сынам Исраэля, и пусть возьмут Мне приношение от всякого человека, побужденного сердцем своим, возьмите приношение Мое.
391 Шмот, 20:20. Жертвенник земляной сделай Мне и приноси на нем твои всесожжения и твои мирные жертвы: твой мелкий и твой крупный скот. Всюду, где помяну Я имя Мое, Я приду к тебе и благословлю тебя.
392 Этхапья (арам.) – покрытие.
393 Этапха (арам.) – переворачивание.
394 Трактат Авот де-раби Натан, гл. 23, мишна 1.
395 Зоар, Мишпатим, п. 11.

Когда [человеку] говорят, что нужно идти путем, где все будет ради небес, тело сопротивляется. Однако потом он удостоится свойства «побужденного сердцем», т.е. тело соглашается. И это смысл слов: «[от] побужденного сердцем своим, возьмите приношение Мое». Т.е. «ради небес», которое было вначале в свойстве «возьмите приношение Мое», называемого «ради небес», впоследствии удостаиваются быть в свойстве «побужденного сердцем», по доброй воле.

А то, что [Раши] объясняет: «Мне – ради Меня» означает, что человеку действительно нечего дать Творцу, как сказано: «Если праведен ты, – что дашь Ему?»[396] – поскольку человеку нечего дать Творцу, кроме одного лишь намерения, которое называется «ради Меня». А кроме этого Ему дать нечего, ибо у Творца нет недостатка, чтобы Ему можно было дать что-либо, и всё что Ему можно дать это только лишь намерение.

Но и намерение ради небес – тоже не во благо Творца, а во благо человека, ибо благодаря этому человек получит все наслаждения без того, чтобы это было «хлебом стыда», так как благодаря подобию по форме человек выходит из свойства получающего в свойство дающего. И тогда человек может получить все наслаждения.

И это называется «ради Меня» (ради имени Моего), если Творец может сказать, что это место – «имя Мое», потому что человек сказал, что он не желает ничего ради собственной выгоды, а всё – ради Творца. Получается, что там Творец может упоминать имя Свое, потому что человек отменил собственную власть и создал место для имени Творца.

И тогда: «Я приду к тебе и благословлю тебя»[397]. Тогда там может проявляться благословение Творца – всё, чем Творец желает насладить Свои творения.

393. Сносящий грех

11 – 17 марта, 1979[398]

«Сносящий грех»[399]. Т.е. Творец берет расписку в грехе, и благодаря этому происходит перевес на чашу заслуг (приводится в книге «Тора тмима»[400]).

И следует понять: когда у человека есть половина заслуг и половина – грехов, как может он склонить весы на чашу заслуг? Тут совет [для него] – молитва, т.е. пусть молится Творцу, чтобы Он взял расписку в грехах, и благодаря этому он сможет склонить весы.

Это означает, что «должен видеть себя человек наполовину виновным»[401] не означает, что он стоит перед высшим судом. А речь идет о том, что человек должен видеть себя так, что силы равны, и он способен перевесить зло добром.

Однако если в теле действуют равные силы, и ему нужен перевес сил, кто же даст ему еще сил, чтобы склонить весы на чашу добра, тогда как ты говоришь, что их силы равны? И тут совет – пусть человек молится, чтобы Творец снес [его] грех, т.е. Творец

---

396 Иов, 35:7.
397 Шмот, 20:20.
398 Еврейская дата: Ки-тиса, 5739.
399 Бемидбар, 14:18. Творец долготерпелив и многомилостив, сносящий грех и преступления, и не оставляющий без наказания, но наказывающий беззаконие отцов в детях до третьего и четвертого рода.
400 Комментарий на Тору, составленный Барухом а-Леви Эпштейном (1860 – 1942).
401 Трактат Кидушин, 40:2. Всегда должен видеть себя человек наполовину виновным, наполовину оправданным.

Часть 2

забирает долговую расписку, и благодаря этому уже автоматически есть перевес на сторону добра.

В таком случае, в чем же состоит работа человека, когда говорят, что человек должен склонить весы? Она только лишь в молитве, а на большее у него нет сил. Ведь как добро, так и зло – это равные силы, и кто же перевесит? А дело в том, что это происходит благодаря молитве о том, чтобы Творец снес его грех, и [тогда] автоматически происходит перевес.

395. Свойство неживого и свойство растительного

11 – 17 марта, 1979[402]

Известно, что есть свойство общего и свойство частного. Общее в Исраэле называется свойством неживого. И это свойство «животного»[403], т.е. «нефеш», от слова «нефиша» (покой), у которого есть только общее движение, характерное для всех представителей каждого вида.

В то же время у растительных существует частное движение. И это называется свойством человека, «ибо человек есть дерево в поле»[404]. И у растительного всегда есть обновление, т.е. оно постоянно растет.

В то же время у неживого – не заметно, как растет неживое, и это называется общим движением, т.е. в общем существует рост неживого. Поэтому в обществе люди в общем находятся в норме.

В то же время в категории частного, у тех, кто принадлежит свойству «человек есть дерево в поле», всегда должно быть обновление, т.е. рост. Он всякий раз всё больше растет, ибо таков путь раскрытия высшего блага в свойстве «Бен Давид не придет, пока не завершатся все души в теле»[405].

Поэтому не существует обновления света, которое не происходило бы из Бесконечности, потому что таким образом распространяется высшее благо одно за другим. Поэтому, когда человек все время обновляет свою работу, он находится в состоянии движения. А если он остается на своей ступени, свыше его опускают, и он становится «спустившимся».

И это для того, чтобы у него была потребность снова подняться на новую ступень, поскольку всякий раз, когда он снова поднимается, это не значит, что он поднимается на прошлую ступень, а это всегда новое состояние. Согласно этому выходит, что он или поднимается вверх, или опускается вниз, но «стоящее» не относится к свойству человека.

В то же время люди, принадлежащие свойству святого неживого, действительно относятся к свойству «стоящих», т.е. они не должны падать со своей ступени. Ведь они относятся к неживому, у которого существует только общее движение, но не частное, как у растительного.

---

402 Еврейская дата: Ки-тиса, 5739.
403 Букв.: скота.
404 Дварим, 20:19.
405 Трактат Евамот, 62:1.

396. Смотрите, Творец призвал по имени Бецалеля

4 марта, 1978[406]

«И сказал Моше сынам Исраэля: Смотрите, Творец призвал по имени Бецалеля»[407].

И следует понять, что сообщает Моше сынам Исраэля, говоря: «Смотрите, Творец призвал по имени Бецалеля[408]».

В Мидраше в главе Трума сказано: «С того момента как сказал Творец Моше: «Сделай Мне Скинию», был он удивлен и сказал: «Славой Творца полны высшие и нижние, а Он говорит: «Сделай Мне Скинию»?!»[409]»

«Потому сказал Моше: «Живущий под покровом Высшего»[410] – что значит «в тени Шадая (Всемогущего) обитает»[411]? В тени Всесильного, в тени Милосердного, в тени Милостивого – тут не сказано, а сказано: в тени Шадая – в тени, которую создал Бецалель»[412]. И на первый взгляд мидраш непонятен: как можно говорить, что Моше делал земной расчет, что «полна земля славой Его», и как же Он входит в ту Скинию, которую он сделал?

И, кроме того, как сказали наши мудрецы: «Сократил Шхину Свою между шестов ковчега»[413] – и кто же может, не дай Бог, представлять себе материальное место?

И следует спросить – так же как было неясно Моше – ведь «полна земля славой Его», но в любом случае, творения не ощущают славу Творца, ведь если бы они ощущали славу Творца, в мире не было бы грешников!

В таком случае, как же может быть, что благодаря Скинии они все же почувствуют славу Его? И на это отвечает мидраш: «В тени Шадая (Всемогущего) обитает» – т.е. Скиния, которая была создана, чтобы ощущалось, что Шхина пребывает в Исраэле, [действует] посредством «в тени Шадая».

А по поводу тени, как сказал мой господин, отец и учитель, – именно в месте солнца можно говорить о том, что создают тень, заслоняющую солнце. А свойство солнца – это состояние знания, т.е. если тебе это ясно как божий день (букв.: ‹как солнце›). А тенью называется состояние веры выше знания, которое противостоит знанию. А почему же нужно быть именно в состоянии веры, и почему нельзя служить Творцу в состоянии знания? Это потому что сказал Он миру Своему: «Дай! ‹хватит!› и не распространяйся более».

И, как объясняется в трудах Ари, имя «Шадай» – это когда распространились миры, сказал Он миру Своему: «Дай ‹хватит› и не распространяйся более!» И тогда он объясняет 14[414] свойств, называемых от хазе мира Ецира и ниже, и мир Асия, где пребывает 14 сфирот, и там находится отдел клипот.

А клипот означает получение ради получения, и до этого места можно ощущать святость, в то время как в месте 14-ти [сфирот] невозможно ощущать святость, потому

---

406   Еврейская дата: Исход субботы Ваякхель, 5738.
407   Шмот, 35:30.
408   Имя «Бецалэль» может быть прочитано как «Бе-цель Эль» 'в тени Всевышнего'.
409   Мидраш Раба, 34:1.
410   Псалмы, 91:1. Живущий под покровом Высшего в тени Шадая обитает.
411   Там же.
412   Мидраш Раба, 34:1.
413   Берешит Раба, гл. 4. Неточная цитата.
414   14 – численное значение «дай» (йуд, 10 + далет, 4).

что суть этих 14-ти[415] называется получающие келим, от слов «если достанет рука»[416] (переносный смысл: «если достигнет достатка»). А получение бывает как в разуме, так и в сердце. Ведь в том месте, где присутствует знание, получают в получающие келим.

Поэтому необходимо пользоваться келим веры, соединяться с которыми получающие келим не могут, а могут – лишь отдающие келим, а иначе свет веры не может пребывать там. Поэтому это называется «в тени Шадая», т.е. ради Шадая была создана тень. И благодаря этому будет возможно ощутить славу Творца.

Отсюда получается, что великое свойство Скинии состоит в том, что она позволяет нам почувствовать, что Шхина пребывает в Исраэле именно в отдающих келим. И это называется: «Сократил Шхину Свою между шестов ковчега»[417]. А сокращением называется, что возможность ощутить Его возникает именно посредством келим отдачи и келим веры. Тогда как если этих келим нет, несмотря на то что «полна земля славой Его», мы не ощущаем Его.

И потому сказал Моше: «Живущий под покровом Высшего в тени Шадая (Всемогущего) обитает»[418]. И потому сказал Моше народу Исраэля, что именно именем «Бецалель» была создана Скиния, т.е. именно благодаря тени мы придем к ощущению славы Его.

398. Вот исчисления Скинии (2)

24 февраля – 2 марта, 1957[419], Стаффорд

«Вот исчисления Скинии, Скинии свидетельства»[420]. В Мидраш Раба сказано: «Что означает «Скиния» дважды? Сказал рабби Шмуэль [бар Марта]: ...[Храм] был взят в качестве заклада дважды[421]. Потому мужи Великого Собрания говорят: «заложен заклад наш» 'хаволь хавалену'... А «хаволь» означает «заклад»»[422]. Как сказано: «Пусть никто не возьмет в залог 'яхволь'»[423]. Что такое «свидетельство»? «Сказал рабби Шимон [бен р. Ишмаэль]: Свидетельство это перед всеми живущими в мире, что есть прощение Исраэлю»[424].

Следует понять, что означает Скиния 'мишкан'. В мире принято, что тот, кто дает другому деньги, хочет быть уверен, что он заплатит ему свой долг, поэтому он берет у него залог 'машкон'. В таком случае, что здесь означает залог, когда Творец забрал обратно Храм?

Что должны Исраэль заплатить, но не заплатили, и за это Он взял залог, чтобы быть уверенным, что мы выкупим этот залог? А кроме того, что такое «свидетельство»? А

---

415   14 имеет то же численное значением что и слово «рука» 'яд' (йуд–далет).
416   Ваикра, 25:47.
417   Берешит Раба, гл. 4.
418   Псалмы, 91:1.
419   Еврейская дата: Недельная глава Пкудей, 5717.
420   Шмот, 38:21. Комментарий Раши. «Скинии, скинии» – двойное повторение указывает на Храм, который был взят в качестве заклада при двух его разрушениях за грехи Исраэля [Танхума]. «Скинии свидетельства» – свидетельство для Исраэля, Творец простил Исраэлю грех тельца, ибо поместил Он Шхину Свою между ними.
421   Слово «Скиния» 'мишкан' возводится к слову «заклад» 'машкон'.
422   Мидраш Рабаш. Шмот, Пкудей, 51:3.
423   Дварим, 24:6. Пусть никто не возьмет в залог нижнего и верхнего жернова.
424   Мидраш Рабаш. Шмот, Пкудей, 51:4.

еще: почему тут же дается указание на Скинию, означающее, что мы будем заложены дважды?

««Вот исчисления Скинии...» Рабби Шимон открыл и сказал: «Вначале создал Всесильный»[425]»[426]. И следует понять, почему «Вначале» 'Берешит' связано с исчислениями Скинии. В Большом Мидраше сказано: «Вначале создал ... создал из ничего». И следует понять, что такое сущее из ничего. Но вначале нужно понять, что мы есть такое, что мы должны оплатить долг и выкупить залог.

А творение называется желанием получать, и это называется сущим из ничего. И необходимость в скрытии [обусловлена] хлебом стыда. «Рабби Йоханан и рабби Элазар оба сказали: «Когда человек нуждается в творениях, лицо его меняется как «керум» как сказали наши мудрецы о стихе: «Когда возвысится (ке-рум) униженный среди сынов человеческих»[427]. Что такое «керум»? [Когда пришел рав Дими, он сказал:] «Есть одна птица в приморских городах и зовется она «керум», и когда солнце озаряет ее, она становится разноцветной»»[428].

«Солнце» – имеется в виду высшее благо. «Приморские города» – т.е. те, кто стоит на берегу моря. Морем называется хохма. «Птицей» называется, когда человек отходит от земного, ибо, когда птица летит, она прячет ноги и расправляет крылья, а «ноги» ‹раглаим› означает «соглядатаи» ‹мераглим›.

А «крылья» означает «покрытие головы», как сказано: «А двумя прикрывает он лицо свое»[429]. А «покрытие» означает «веру». И когда высшее благо появляется над ним, он стыдится, т.е. [ощущает] хлеб стыда.

«Храмом» называется раскрытие наслаждений, называемых явлением Шхины. А «выплаты» означает, что будет получение ради отдачи. А то, что Он взял Скинию, и на это есть указание сразу же в начале [главы], – это свидетельство того, что есть прощение, ибо Он не взял обратно Храм, и есть лишь «Скиния», и в будущем Он вернет нам [его] в скором времени в наши дни, амен.

В таком случае, есть свидетельство того, что есть прощение, т.е. Он собирается вернуть нам [его], когда мы заплатим долг, т.е. когда у нас будет сила отдачи, ибо тогда будет слияние, раскрытие Его божественности в определенной мере, которую могут принять нижние.

Получается, что душа – это только часть от святой Шхины, называемой общность души Исраэля, т.е. всей меры, в которой Творец желал, чтобы постигли Его, и это называется «желание насладить Свои творения». А душа называется частью Шхины, т.е. частью, которую нижний может постичь в мере своей чистоты.

Поэтому сказали наши мудрецы: «Моше равен шестистам тысячам»[430] – т.е. Моше удостоился меры раскрытия Божественности, которая была уготована для раскрытия всему обществу Исраэля. Как сказано: «Шхина говорит из уст Моше» – т.е. Моше удостоился общего раскрытия, называемого Шхиной.

---

425   Берешит, 1:1.
426   Зоар, Пкудей, 12.
427   Псалмы, 12:9. Станут рыскать кругом преступные, когда возвысится униженный среди сынов человеческих!
428   Трактат Брахот, 6:2.
429   Ишая, 6:2. Пред Ним стоят серафимы; шесть крыльев, шесть крыльев у каждого: двумя прикрывает он лицо свое и двумя прикрывает он ноги свои, и двумя летает.
430   Коэлет Раба, 1:5.

400. Половина шекеля (1)

1 – 7 марта, 1981[431]

В Книге Зоар сказано: «Заповедано давать "половину шекеля…"[432]. Камень для взвешивания – это "йуд". "Вав" – средний между двумя "хэй"… Богатый не больше и бедный не меньше"[433]…»[434]

Следует понять, что путь духовной работы – это продвижение по средней линии. «Богатым» называется тот, кто доволен своей долей. Насколько у него есть понимание заповеди, этого достаточно ему. Например, когда он надевает цицит и читает благословение на заповедь цицит, этого достаточно ему. И у него есть полное удовлетворение от того, что он исполняет заповедь, как будто он исполнил ее во всех тонкостях и деталях.

И он должен сказать, что у него потребности ни в какой добавке и намерении, а самого действия достаточно ему, чтобы он почувствовал, что исполняет заповедь Царя. И он скажет: но ведь есть много людей в мире, которым не дали желание и стремления исполнить заповедь, а ему дали мысль и желание.

Поэтому он доволен своей долей – что у него есть возможность исполнить заповедь Творца. И это называется свойство «хафец хесед» ‹желающий милости›. И у него нет никакой потребности в намерении заповеди. В таком случае он называется богатым. И это называется «первая хэй», т.е. свойство бины, являющейся «хафец хесед». Таким образом, он становится опорой для сферы бина.

А «бедным» называется нищий знанием, у которого нет никакого намерения в заповеди, и знания, и понимания той связи, которая есть между заповедями и человеком. И это тоже большая работа – почувствовать, что намерение, которое нужно построить, должно быть ради отдачи. И он видит, что уже много раз исполнял заповеди, а заповеди даны, чтобы очистить творения, но не сдвинулся ни на йоту с того момента, как начал заниматься заповедями.

И в таком случае он не чувствует никакого подъема по уровню, а, наоборот, всякий раз он видит, насколько он далек от истинного намерения.

И об этом сказано: богатый не превысит половины. Т.е. не превысит ощущения совершенства в смысле «довольства своей долей», только половина и не более. А вторая половина работы должна быть в свойстве «бедного», и он должен рассмотреть свои чувства в плане своего намерения, тогда он уменьшает себя – т.е. в его работе нет ни вкуса, ни чувства.

Однако не уменьшает себя более половины, а вторую половину он оставит для работы в свойстве «богатого», т.е. в состоянии «довольного своей долей». Какова бы ни была его доля в этой работе, пусть это действие будет в «катнуте», он все равно будет ощущать совершенство. И это называется «средней линией», от которой нельзя отклоняться ни туда, ни сюда, а всегда следует взвешивать, чтобы обе они были равны. И тогда можно прийти к совершенству.

---

431   Еврейская дата: Недельная глава Пкудей, Шкалим 5741.
432   Шмот, 30:13. Вот что давать им, каждому, проходящему для пересмотра: половину шекеля, по шекелю священному, шекелю двадцати гэйр: полшекеля приношение Творцу.
433   Шмот, 30:15. Богатый не больше и бедный не меньше полшекеля должны давать в приношение Творцу для выкупа душ ваших.
434   Зоар, Ки тиса, 4.

401. Слушай, Исраэль

8 – 14 марта, 1981[435]

В Книге Зоар сказано: «Слушай, Исраэль, Творец – Всесильный наш, Творец един»[436]. Что значит «един»? Это собрание Исраэля, соединяющееся с Творцом, то есть Зеир Анпином, как сказал рабби Шимон: Зивуг захара и нуквы называется единым, ибо место, где пребывает нуква, называется единым.

В чем причина этого? Дело в том, что мужчина без женщины называется половиной тела, а половина – не едина. Когда же объединяются друг с другом две половины тела, они становятся одним телом и тогда называются одним»[437].

Сказано: «Вот место при Мне ‹ити›»[438]. А мой господин, отец и учитель объяснял, что 'ити' (алеф-тав-йуд) – это аббревиатура от слов вера[439], молитва[440], усилия[441].

Человек должен начинать работу Творца со свойства «правого», называемого «захар», т.е. с совершенства, называемого «довольный своей долей», что является свойством «хафец хесед». А некоторый вкус жизненной силы, который есть у него в Торе и заповедях, достаточен ему, чтобы прилагать усилия в Торе и заповедях, поскольку он верит в личное управление, что такова воля Творца. И ощущает себя совершенным человеком. И за это он возносит хвалу и благодарение Творцу, который дал ему долю в Его работе.

Это называется «захар» – тот, кто чувствует себя совершенным и всегда доволен, и исполняет слова «служите Творцу в радости»[442].

Однако это называется половиной тела. И ему не хватает свойства «нуквы», т.е. хисарона. Ведь с левой стороны, когда он начинает делать самоотчет, сколько его свойств и мыслей находятся в совершенстве, он видит истину, состоящую в том, что он всё еще погружен в желание получать ради собственной выгоды. А ради ближнего он не способен ничего делать – как в отношениях с товарищами, так и в отношениях с Творцом.

И тогда в той мере, в которой у него есть осознание зла, он может прилагать усилия, т.е. [совершать] действия в смысле «всё, что в твоих возможностях и силах делать, делай». И также он может возносить молитву из глубины сердца. Ибо только в той мере, в которой человек ощущает зло, т.е. чувствует, что это зло, он делает действия, чтобы избавиться от этого зла. И это называется «нуква», т.е. хисарон.

Получается, что у него есть место для двух противоположных свойств. Т.е. с одной стороны он считается совершенным, т.е. правой линией, хеседом, который доволен своей долей, и может воздать хвалу и благодарение Творцу за то, что Он поместил его в место Торы и добрых дел. А с другой стороны, он может молиться Творцу о том, что остался вне работы Творца, так как всё основывается на фундаменте эгоистической любви.

Тогда человек называется целым, а иначе он не называется человеком, потому что если он увидит свои недостатки, он сейчас же убежит из свойства правого.

---

435 Еврейская дата: Недельная глава Ваикра, 5741.
436 Тора, Дварим, 6:4.
437 Зоар, Ваикра, 101.
438 Шмот, 33:21.
439 Слово вера 'эмуна' начинается с буквы «алеф».
440 Слово молитва 'тфила' начинается с буквы «тав».
441 Слово усилия 'йегия' начинается с буквы «йуд».
442 Псалмы, 100:2.

Однако после того как он уже видел свое плохое состояние, и как бы то ни было укрепился выше знания, у него есть совершенство. И признак этого – что он может воздать за это хвалу Творцу. Тогда он называется целым, и это называется «правое и левое, а между ними невеста»[443]. И благодаря тому, что у него есть свойство захара и нуквы, он может удостоиться свойства невесты, т.е. истинной высшей малхут.

И это значит «служите Творцу в радости». И в Зоаре спрашивается: но ведь он не может радоваться, так как сердце его разбито из-за грехов его. Ведь мы учили: Пусть всегда входит человек через два входа – через хесед и страх[444].

Это можно объяснить, как сказано выше. Т.е. через правый вход, или свойство веры выше знания, когда он совершенен. И это частное управление, и это «хафец хесед». А второй вход – это страх, т.е. гвура, левая линия, и для этого входа он должен воздать усилия и молитву. И это называется «человек», поскольку у него есть два свойства – захар и нуква, т.е. он совершенен и обладает недостатком. И это называется, что работа его совершенна.

402. Если женщина зачнет

24 апреля, 1971[445]

В Книге Зоар сказано: ««Если женщина зачнет»[446]. Мы учили, что женщина, зачавшая первой, родит мальчика. Рабби Аха сказал: но ведь мы учили, что Творец постановляет об этой капле [семени], мальчик это или девочка. Ты же говоришь: «Женщина, зачавшая первой, родит мальчика». В таком случае не требуется постановление Творца?» Сказал рабби Йоси: «Разумеется, Творец различает между мужской каплей и женской, а различив, постановляет о ней, будет это мальчик или девочка»[447].

Вопрос тут: если женщина, зачавшая первой, родит мальчика, в таком случае, уже не нужно постановление Творца? А рабби Йоси объясняет: конечно же, Творец различает, а различив, постановляет о ней. Но это объяснение ничего не проясняет.

А в комментарии Сулам [Бааль Сулам] объясняет, что «трое участвуют в [создании] человека: Творец, отец и мать. Отец дает белизну ‹ловен›, мать дает красноту ‹одем›, а Творец дает душу... И это различие, которое Творец проводит в отношении капли, – достойна ли она мужской души или женской – считается постановлением.... Если же не различил Он этого и не послал мужскую душу, то не станет капля в итоге мужской»[448].

И следует понять это в смысле духовной работы. «Посеять» называется, когда берут какую-то вещь и кладут в землю, и она пускает в земле корни, и тогда из этого рождается некая сущность. Поэтому, когда женщина зачинает (букв. «сеет») первой, – человек кладет в землю желание получать, считающееся женским свойством, и из этого вырастает «захар» (мужское свойство). Т.е. он удостаивается желания отдавать, называемого «захар».

Таким образом, вопрос рабби Ахи заключается в следующем: Если это зависит от работы человека, т.е. от пробуждения снизу, в этом случае, то, что мы учили, что

---

443 Из субботнего гимна «Азамер би-швахин» Ари.
444 Зоар, Ваикра, 113.
445 Еврейская дата: Канун субботы главы Тазрия, 5731.
446 Ваикра, 12:2.
447 Зоар, Тазрия, 9.
448 Зоар, Тазрия, 9, комм. Сулам.

Творец различает каплю и постановляет – что это за постановление, ведь всё это уже закончилось на работе человека снизу?

И это объясняется в комментарии Сулам: «Трое участвуют в [создании] человека… Отец дает белизну». Другими словами, свойство отца и матери, или мысль, порождающая действие, которая называется «родители». Отцом называется его свойство отдачи, т.е. свойство захара. И он дает белизну, т.е. отбеливает себя от свойства получения, т.е. снимает с себя желание получать. Получается, что оно считается «чистым», и становится теперь настоящим свойством праха.

И это называется «И душа моя как прах ко всему станет»[449]. Т.е. по отношению ко всем существующим в мире вещам он в состоянии праха, т.е. у него нет никакой потребности и желания, а вместо этого он перестал существовать подобно праху.

А мать дает красноту ‹одем›, т.е. свойство «уподоблюсь ‹адамэ› высшему», т.е. он хочет быть в свойстве отдающего.

И можно различить тут, что свойство белизны – это свойство «отойди от зла»[450], а краснота матери – свойство «и делай добро»[451], где «добром» называется свойство дающего, как сказано: «Чувствует сердце мое слово доброе. Говорю я: дела мои – Царю»[452] – т.е. он хочет делать действия по отдаче Царю.

Однако всё это только силой, т.е. по принуждению, ибо тело не согласно на все эти вещи, идущие вразрез с желанием получать. И всё, что он делает, не обладает душой и жизненностью, пока Творец не постановляет по поводу этой капли, и не посылает душу захара, и тогда он уже постигает вкус желания отдавать. И во всём, что он делает, уже есть свойство души и жизненная сила.

Получается, что несмотря на то что со стороны пробуждения снизу всё идет как следует, души всё еще не хватает. И это называется «пришедшему очиститься помогают». И книга Зоар спрашивает: чем? И отвечает: святой душой. И в этом смысл того, что Творец различает, что это за капля, – мужская или женская.

И это как мой господин, отец и учитель объяснял слова Рамбама: «Пока не засвидетельствует о нем Знающий Тайны»[453]. И он спросил: разве может человек подняться наверх и спросить Творца, годится ли уже его возвращение и принимается ли оно. И он объяснил, что, когда работа человека уже совершается как следует, он удостаивается раскрытия лика, и это называется постижение вознаграждения и наказания.

Т.е. он ощущает чудесное наслаждение в момент исполнения заповеди и ощущает страдания от прегрешения. И это называется, что тогда избавление Его, т.е. раскрытие лика, свидетельствует о нем, что он не согрешит. И это называется, что «Знающий Тайны свидетельствует о нем, что он не согрешит». И отсюда можно объяснить, что Творец постановил и дает ему мужскую душу.

И согласно этому можно объяснить, что Творец различает каплю – мужская ли она, т.е. что его возвращение правильное и хорошее. И тогда Творец свидетельствует о нем и посылает ему душу. И это называется «и постановил» ‹газар›, от слова «отрезание» ‹гзера› – так как нет у него другого варианта, кроме как идти прямым путем из-за раскрытия лика, которого он удостоился.

---

449 Трактат Брахот, 17:1.
450 Псалмы, 34:15.
451 Там же.
452 Псалмы, 45:2.
453 Рамбам, Законы о возвращении, 2:3.

Или Он посылает ему женскую душу, т.е. ту, которая получает и не отдает. Т.е. у него нет постоянства, а вместо этого он иногда получает некоторое пробуждение свыше, а потом оно уходит. И это называется состояние хисарона (пустоты), от слова «нуква», которое не является совершенным, потому что не может быть постоянным.

Иначе с мужской душой, когда [человек] постоянно притягивает свойство души и жизненности, совершая заповедь, поскольку уже удостоился состояния свидетельства со стороны Творца, «что не вернется он более к глупости своей».

И отсюда можно объяснить стих «Вот море великое и широкое, там пресмыкающиеся, которым нет числа, животные малые и большие»[454]. «Как многочисленны дела Твои, Творец! Всё мудростью (хохмой) сотворил Ты, полна земля созданиями Твоими»[455].

«Как многочисленны дела Твои, Творец!» – т.е. о творении в целом «всё мудростью (хохмой) сотворил Ты» – т.е. намерение творения насладить Свои создания, что называется свойством хохмы. «Полна земля созданиями Твоими» – т.е. в мире есть множество элементов. «Вот море великое» – это о море хохмы, «и широкое» – это о свете хасадим, который называется широким.

«Пресмыкающиеся» ‹ремеш› – от слова ‹рамша›, т.е. «ночь» на арамейском. «Которым нет числа ‹миспар›» – т.е. они не светят[456]. «Животные 'хайот' малые и большие» – т.е. есть много видов жизненной силы 'хайут' – в состоянии катнута и в состоянии гадлута.

403. Это будет учение о прокаженном

11 – 17 апреля, 1981[457]

«Это будет учением о прокаженном в день очищения его: приведен будет он к коэну (священнику)»[458]. И объясняет Раши: «Из-за того, что язвы появляются из-за злословия...»[459]

Главное злословие проявляется, когда человек желает идти путем истины, т.е. чтобы мысль, речь и действие были бы на отдачу, тогда тело является и злословит, говоря, что не стоит работать ради этого свойства. Что означает, что не выгодно отдавать всю свою работу ради отдачи, и это идет рука об руку с вопросом грешника, спрашивающего: «Что это у вас за работа?»[460]

А когда грешник является с этими вопросами, он обнаруживает себя в плохом состоянии, что называется «мацо-ра» («нашел себя плохим»)[461]. И чем больше он хочет преодолеть свои аргументы, тем хуже себя он чувствует. Поэтому, если он желает очистить себя, что называется «в день очищения его», «приведен будет он к коэну».

Иначе говоря, если он хочет выйти из этого состояния – «приведен будет он к коэну». Т.е. свыше его приводят к свойству милости ‹хесед›, называемому свойством коэна, и благодаря этому свойству он удостаивается отдающих келим.

---

454 Псалмы, 104:26.
455 Псалмы, 104:24.
456 Эту фразу можно прочесть, как «эйн месапер» 'не светит'.
457 Еврейская дата: глава Мецора, 5741.
458 Ваикра, 14:2.
459 Ваикра, 14:4. Комментарий Раши.
460 Шмот, 12:26.
461 Слово «прокаженный» 'мецора' фонетически распадается на два слова 'мацо–ра'.

Это называется «пришедшему очиститься помогают» – свойством коэна. И это называется, что для любого дела нужно пробуждение снизу, ибо это дает ему желание и стремление к этому делу. Ибо невозможно дать человеку вещь, которую он не желает, ведь, даже если он примет ее, он выбросит ее, поскольку у него нет в ней потребности. Поэтому необходимо, чтобы у человека было пробуждение снизу, чтобы он нуждался в этом деле.

И тогда в мере своего хисарона он сможет оценить тот подарок, который ему дают свыше. И это смысл слов: «Всё, что в твоих возможностях и силах делать, делай»[462] – ибо благодаря этому у него образуются келим для получения высшего блага, которые называются свойством коэна, т.е. свет хесед. И тогда все устремления его только лишь на отдачу Творцу.

В то же время, до того, как у него есть келим, которые нуждаются в этом, он не может оценить того подарка, который ему дают, и само собой не бережет его. Поэтому он может всё потерять. Поэтому ждут возвращения человека. Выходит, что совершить возвращение не в возможностях человека, однако он может выбрать, чтобы у него возникло желание совершить возвращение.

404. И говори так

«И говори так, чтобы не была твоя речь в субботу как твоя речь в будни». (Вавилонский Талмуд, трактат Шабат 113:1). Иными словами, суббота называется святостью, святая суббота. А буднями называются нездоровые вещи, которые являются проявлением действий тела. Есть время для разговоров, касающихся свойств тела, плохих мыслей, желаний и ощущений – как их нужно исправить, чтобы были способными получить святость. И это называется повседневной работой, которая является аспектом исправления тела.

А есть время, когда говорят только о том, что имеет отношение к святости, что обобщенно называется величием Творца. И в отношении этого необходимо, чтобы речь была субботней, т.е. чтобы говорили о совершенстве и святости, а не так, когда речь идёт о теле, т.е. об обыденных вещах, а не о святости.

405. Когда родится теленок, или ягненок, или козленок

12 – 18 мая, 1979[463]

«Когда родится теленок, или ягненок, или козленок»[464]. Однодневный теленок называется быком, потому что того, чего он может достичь, он уже достиг в первый день. Поэтому люди, не принадлежащие к уровню говорящих, а относящиеся к уровню животных, с тем разумом, которого они достигли в день своего рождения, т.е. в день совершеннолетия[465], всю жизнь и живут.

---

462   Коэлет, 9:10.
463   Еврейская дата: глава Эмор, 5739.
464   Ваикра, 22:27.
465   Бар-мицва

И добавки, которые они получают, могут быть лишь количественными, ибо это маленький разум в сравнение с тем, что можно постичь разумом Торы. Поэтому то, чего он достиг в первый день, – с этим он живет до конца.

В то же время категория говорящих, т.е. категория человека, как сказано: «Вы называетесь человеком, а не народы мира»[466] – наоборот: «диким осленком рождается человек»[467] относительно того, чего он должен достичь, когда удостоится стать категорией «человек».

Ибо дух животного опускается вниз, т.е. все дела его – для того, что внизу, т.е. для собственной выгоды. В то же время дух человека поднимается вверх, т.е. ради Творца, что называется «вверх», как сказали наши мудрецы: «Знай то, что выше тебя»[468]. Тогда он видит, что родился дикарем. И тут начинается его работа, ведущая его по пути истины. И об этом сказано: «Даже если все говорят тебе, что ты праведник, в своих собственных глазах будь грешником»[469].

407. Если купишь раба-еврея

май, 1958

В Книге Зоар в главе «Бе-ар»[470] рабби Элазар говорит: «Если купишь раба-еврея, то шесть лет будет служить»[471]. Ибо в любом обрезанном сыне Исраэля есть отпечаток святости, есть в нем отдых на седьмой год, ибо ему принадлежит этот седьмой год (шмита), чтобы отдыхать в нем. И это называется субботой (шабатом) земли, несомненно, есть в ней свобода, есть в ней отдохновение. Подобно тому, как суббота – это отдых, так же и седьмой год – это всеобщий отдых, отдых для духа и для тела.

И следует понять, почему именно тому, кто обрезан, положен отдых на седьмой год. И что означает, что в седьмой год есть отдых также и для тела? И так же следует понять слова мидраша Танхума [по поводу стиха]: «И если оскудеет твой брат и в упадок придет»[472].

Как сказано: «Не обирай бедного, потому что он беден... ибо Творец вступится в дело их»[473]. Сказал Творец: «Не обирай бедного, потому что он беден, ибо Я сделал его бедным. Тот, кто обирает его или издевается над ним, несмотря на то, что Он сделал его, как будто издевается надо Мной».

---

466   Трактат Евамот, 61:1.
467   Иов, 11:12.
468   Трактат Авот, гл. 2, мишна 1.
469   Трактат Нида, 30:2.
470   Зоар, Бе-ар, п. 6.
471   Шмот, 21:2. Если купишь раба-еврея, то шесть лет будет служить, а в седьмой выйдет на волю безвозмездно.
472   Ваикра, 25:35. И если оскудеет твой брат и в упадок придет у тебя, то поддержи его, [также] пришельца и поселенца, и будет жить с тобою.
473   Притчи, 22:22-23.

408. Исчислите всю общины сынов Исраэля[474]

3 – 8 июня, 1978[475]

По поводу счета, когда в расчет принимаются те, кто может войти в работу Творца, т.е. от двадцати лет, кто подлежит наказанию [в случае преступления]. А по поводу роли, которую нужно выполнять в работе Творца, говорится в конце гафтары[476], как сказано: «И обручу тебя Мне навеки»[477].

И это называется, что Творец берет Себе свойство обручения с теми, кто желает войти в работу Творца навечно – не так, что сегодня они хотят тут, а завтра идут за желанием получать, а именно что человек решает, что он желает слиться с Творцом навечно. Ибо, как Творец вечен, так и тот, кто желает слиться [с Ним], тоже должен быть соединен [с Ним] навечно.

«И обручу тебя Мне» – тот, кто желает вести себя со Мной выше знания, пусть скажет, что всё, что Творец совершает с ним, происходит по справедливости и закону. И пусть человек тоже ведет себя в милости и милосердии, т.е. [так должен поступать] именно тот, кто хочет заниматься путями, связанными с отдачей, называемыми милостью и милосердием, поскольку «как Он милосерден, так же и ты будь милосерден»[478]. И это смысл стиха: «И обручу тебя Мне справедливостью и законом, милостью и милосердием»[479].

А затем может быть «И обручу тебя Мне верой»[480]. Ведь тот, кто уже прошел два предыдущих этапа, удостаивается света веры.

А затем он удостаивается «и познаешь ты Творца»[481] – согласно стиху: «все познают Меня от мала до велика»[482]. Ибо когда делает, есть разница между катнутом и гадлутом. Однако, когда высшее благо приходит от Творца, нет разницы между катнутом и гадлутом, поскольку кли и свет приходят вместе.

410. Любовь к себе и любовь к Творцу

17 – 23 мая, 1980[483]

Есть любовь к себе, и есть любовь к Творцу. А есть среднее между ними, и это любовь к ближнему, и благодаря любви к ближнему можно прийти к любви к Творцу. И это как сказал рабби Акива: «"Возлюби ближнего как самого себя" есть великое правило Торы»[484].

И, как сказал Гиллель геру, который попросил: «Обучи меня всей Торе [, пока я стою] на одной ноге». Он сказал ему: «То, что ненавистно тебе, не делай своему товарищу, а

---

474 Бемидбар, 26:2.
475 Еврейская дата: глава Бемидбар, 5738.
476 Заключительная часть из Пророков, произносимая в синагоге при чтении Торы.
477 Ошеа, 2:21.
478 Иерусалимский талмуд, трактат Пеа, 3:1.
479 Ошеа, 2:21.
480 Ошеа, 2:22.
481 Там же.
482 Йирмия, 31:33.
483 Еврейская дата: глава Бемидбар, 5740.
484 Иерусалимский талмуд, трактат Недарим, 30:2.

остальное – иди и учись»⁴⁸⁵. Потому что благодаря любви к ближнему можно прийти к любви к Творцу. И тогда вся Тора и вся мудрость будут у него в сердце.

Как сказано: «Сказал Творец Исраэлю: клянусь вам, вся мудрость и вся Тора есть [одна] простая вещь! Всякий трепещущий предо Мной и исполняющий слова Торы – вся мудрость и вся Тора в сердце его»⁴⁸⁶. А трепет, как объясняется в комментарии Сулам, это страх, что он не сможет отдавать Творцу, потому что любви свойственно, что он желает отдавать Творцу.

Поэтому тот, у кого есть любовь к Творцу, желает отдавать, и это называется слиянием, как сказано: «И слиться с Ним»⁴⁸⁷ – ибо через это Творец передает ему Тору и мудрость. Получается, что он обучил его на одной ноге, – т.е. что через любовь к ближнему он придет к уровню любви к Творцу и тогда удостоится Торы и мудрости.

А когда удостаиваются Торы Творца, т.е. того, что называется Торой из уст Творца, видят, что вся она совершенна, что нет в ней недостатка⁴⁸⁸.

«Синай» – т.е. ненависть ‹синъа› опустилась на народы мира, что это является знаком Торы.

«В руку Твою вкладываю я дух мой»⁴⁸⁹.

«Привяжите праздничную [жертву] ‹хаг›»⁴⁹⁰ – от слова «круг» ‹мехуга›. «Канатами» ‹авотаим› – это «авиют», как сказал мой господин, отец и учитель. «К рогам» – это малхут, «жертвенника» – малхут, т.е. малхут де-малхут. Т.е. человек должен молиться о полном избавлении, а это малхут де-малхут.

«Молитва многих»⁴⁹¹ – т.е. за многих. «Благодаря» – благодаря тому, что человек может молиться за многих.

411. Кто сильнее тот и побеждает

Насо, 5739

Решение суда основывается на реальности. Потому что в то время, когда грешник приходит и спрашивает: «Зачем вам эта работа»? Что говорят ему? – «Притупи зубы»! То есть невозможно дать рассудочный ответ, а всё – выше знания. И об этом сказано: «Кто сильнее, тот и побеждает» – то доброе начало, то злое начало. Ведь на основе разума нет никакой возможности предпочесть добро злу, а только силой.

Поэтому такое решение и принял судивший спорящих в лодке, кому она принадлежит – ведь тело в этом мире подобно лодке в море. И каждый [из двух начал] хочет властвовать над ней и получить на тело права хозяина. И об этом сказано: «Кто сильнее, тот и побеждает».

---

485 См. трактат Шабат, 31:1.
486 Предисловие к ТЭС, где приводится Мидраш Раба, гл. «Ве зот а-браха» (Мидраш Раба, Дварим, 33:6).
487 Дварим, 11:22.
488 Псалмы, 19:8. Тора Творца совершенна.
489 Псалмы, 31:6.
490 Псалмы, 118:27. Всесилен Творец, и Он дал нам свет; привяжите канатами праздничную [жертву] к рогам жертвенника.
491 Завершение благословения на новомесечье – «благодаря молитве многих».

412. Обет назорея посвятить себя в назореи Творцу

2 – 8 июня, 1979[492]

«Обет назорея[493] посвятить себя в назореи Творцу»[494]. И объясняет Раши: «Творцу» – т.е. ради небес. И комментаторы объяснили, что он отделяет себя от вина, не потому что вино вредит его здоровью или приводит к опьянению, и из-за этого он терпит унижения, но дело в том, что он понимает, что благодаря этому он приблизит себя к Творцу. И тут действует закон об осквернении, ибо тогда «прежние дни отпадут»[495], т.е. он возвращается в начало, т.е. должен начинать свою работу заново.

Объяснение состоит в том, что вино указывает на излишества, но на это указывает не обязательно вино, однако с точки зрения морали вино указывает на то, что человек наслаждается больше необходимого минимума. А когда он отделает себя от этого, тут можно говорить о том, по какой причине он хочет отказаться от излишеств и удовлетворяется малым – или потому что надеется на большее вознаграждение, почести и тому подобное, или даже надеется на то, что благодаря этому у него будет вознаграждение в будущем мире.

По всем этим причинам, даже если из-за них человеку трудно отказаться от излишеств, в любом случае, скверна, т.е. падение со ступени, бывает не так уж часто, поскольку оно основано на вознаграждении.

В то же время, [если причина –] «ради небес», скверна, т.е. падение со ступени, бывает чаще. А когда он падает, т.е. оскверняется, скверна иногда проявляется внезапно, как сказано: «А если при нем кто-либо вдруг неожиданно умрет, и осквернит голову его …»[496]

И это частая вещь, поскольку истине тело сопротивляется. Ведь тело не может понять работу не для получения вознаграждения. В этом случае указано, что он должен начать работу сначала, т.е. не считать с того места, где он прервался, ведь это указывает на то, что признание высшей малхут все еще не было таким, как должно. Поэтому он должен начать сначала, т.е. признание высшей малхут [должно начаться] сначала, поэтому сказано: «Прежние дни отпадут»[497].

413. Разница между литературой «мусара» и книгами Бааль Шем Това

24 – 30 мая, 1980[498]

Когда человек хочет купить какую-нибудь вещь, и надо заплатить за нее, нужен посредник между продавцом и покупателем. Этот посредник дает покупателю понять,

---

492   Еврейская дата: глава Насо, 5739.
493   Т.е. обет воздерживаться от вина.
494   Бемидбар, 6:2. Говори сынам Исраэля и скажи им: Если мужчина или женщина даст обет назорея, посвятить себя в назореи Творцу,
495   Бемидбар, 6:12. И [вновь] посвятит он Творцу дни своего назорейства, и принесет агнца по первому году в повинную жертву; а прежние дни отпадут, ибо чистоты лишилось назорейство его.
496   Бемидбар, 6:9.
497   Бемидбар, 6:12.
498   Еврейская дата: глава Насо, 5740.

что эта вещь стоит больше, чем та плата, которую он должен заплатить, т.е. что продавец не требует слишком большой платы за дорогостоящий товар.

Поэтому литература «мусара» дает понять, что человек должен отказаться от материального для того, чтобы достичь духовного. И они учат, что все материальные наслаждения есть лишь иллюзорное наслаждение, у которого нет никакой ценности. Получается, что он не платит слишком большую плату за то, чтобы получить духовное.

А книги Бааль Шем Това помещают центр тяжести в товар, т.е. дают понять величину важности и величия духовного. Поэтому, несмотря на то что у материального есть определенная ценность, от чего-то следует отказаться, – но в сравнении с товаром, называемым «ибо это жизнь наша и т.д.»[499], как сказано «вожделенней золота они и множества чистого золота, и слаще меда»[500].

414. А сброд, который среди них, стал жаждать вожделенного

гл. Баалотха

«А сброд, который среди них, стал жаждать вожделенного… один лишь ман [видят] глаза наши!»[501]

Можно спросить:

1. Что значит просто «стал жаждать вожделенного», ведь следовало сказать: «стал жаждать мяса»?

2. Как связано желание мяса с тем, что [в Египте] они ели рыбу?

3. Что значит выражение «даром»?

4. Ведь они возмутились не по поводу важных для них видов [пищи], а по поводу мяса, почему же для них важны все виды [пищи]?

5. Раши объясняет: «Разве у них не было мяса? …однако они искали повод»[502]. И следует понять, что ищущий повод не станет просить чего-то, что можно дать ему тут же на месте, т.е. мяса, которое у них было.

Чтобы выяснить это всё, рассмотрим вначале различия, которые есть у совершающих преступление[503]. 1. Назло[504] 2. По страсти[505]. И есть среднее между ними, т.е. хотя у него и нет страсти, он ищет лекарство и средство, чтобы у него появилась страсть, и он насладился бы.

Еда «по страсти» называется, когда у него нет возможности подчинить злое начало, из-за того, что страсть сжигает его. А средняя категория – это когда он ищет страсти, для того чтобы насладиться. И это хуже того, у кого уже есть страсть.

---

499 Из вечерней молитвы, «Аравит», в субботу. В молитве говорится о словах Торы и заповедях Творца.
500 Псалмы, 19:11.
501 Бемидбар, 11:4-6. А сброд, который среди них, стал жаждать вожделенного, и вновь заплакали также сыны Исраэля и сказали: Кто накормил бы нас мясом! (5) Мы помним рыбу, которую ели в Египте даром, огурцы и дыни, и зелень, и лук, и чеснок; (6) А ныне душа наша высохла, нет ничего; один лишь ман [видят] глаза наши!
502 Бемидбар, 11:4, комментарий Раши.
503 Рабаш приводит талмудические термины, применяемые к перешедшим в другую религию.
504 Исходя из мести, злого умысла, чтобы рассердить своих соплеменников.
505 Исходя из личной выгоды или страсти.

Вместе с тем «назло» называется, когда даже если у него нет никакой страсти, он делает это назло, как сказали наши мудрецы о царе Амоне, который сошёлся со своей матерью, и она спросила его: Какое наслаждение есть у тебя от того места, из которого ты вышел? А он ответил: «Я делаю это только, чтобы разозлить своего Творца»[506].

И теперь мы поймем, что значат приведенные выше слова «стал жаждать вожделенного» – т.е. они искали вещей, которые принесут им страсть, как указанная выше средняя категория. Несмотря на то, что у них было мясо, у них не было страсти, тогда как в Египте у них были острые приправы, возбуждавшие в них страсть к еде.

Как сказано, что рыба была «даром» – т.е. даже несмотря на то, что она была даром, т.е. даже если ее выбрасывали, потому что она уже была нехорошая, тем не менее, даже и это они могли есть, поскольку благодаря чесноку и луку, у них пробуждалась такая большая страсть, что они могли есть всё [подряд]. Другое дело сейчас, один лишь «ман [видят] глаза наши». («Есод а-Тора»[507], рабби Барух из Косова[508])

415. При возжигании лампад (1)

«При возжигании лампад»[509] – как сказано: «Творец желал ради правды Своей возвеличить Тору и прославить»[510].

«Сказал Творец Моше: Не из-за того, что Мне нужны лампады, предостерег Я тебя по поводу этих лампад, а чтобы очистить вас, как сказано: И свет обитает с Ним[511]. И сказано: «И тьма не затемнит Тебя, и ночь, как день, светит; тьма – как свет»[512]. Это указывает тебе, что Он не нуждается в лампадах смертных... Почему же Он заповедовал вам? Чтобы очистить вас. Поэтому сказано: «При возжигании лампад» – Творец желал ради правды Своей»[513].

И следует понять, неужели в мире найдется глупец, который станет думать, что светильники Храма будут светить Творцу, так что нужно приводить доказательство из Торы, что Он не нуждается в наших светильниках, и только чтобы «очистить вас» дал Он нам заповедь зажигания светильников?

И следует объяснить, что имеется в виду, что человек не должен думать, что Творец не может дать нам всё скрытое благо без работы с нашей стороны, т.е. без усилий. На самом деле, Творец может дать всё Свое благо без всяких усилий, ведь смысл творения – насладить Свои создания, однако, при получении наслаждения человек обрастает авиютом[514] различия по форме.

---

506 Трактат Санедрин, 103:2.
507 Так в рукописи. Точное название книги: «Есод а-эмуна» («Основа веры»).
508 Рабби Барух из Косова (ум. 1782), видный хасидский учитель, ученик магида из Межерича и Менахема-Мендла из Витебска.
509 Бемидбар, 8:2. Говори Аарону и скажи ему: Когда возжигаешь лампады, то к лицу светильника будут светить семь лампад.
510 Йешая, 42:21.
511 Даниэль, 2:22.
512 Псалмы, 139:12.
513 Мидраш Раба, Бемидбар, 8:15.
514 Букв.: толщина, грубость.

Поэтому, чтобы человек не пришел к различию по форме, ему даны Тора и заповеди, чтобы очистить его. И это называется понятием «светильники». Т.е. человек должен приложить усилия. Однако Творец может дать ему и без пробуждения снизу. И только для того, чтобы очистить нас от авиюта Он дал нам заповеди.

417. И сделал так Аарон

31 мая – 6 июня, 1980[515]

«И сделал так Аарон: к лицу светильника возжег он его лампады, как повелел Творец Моше»[516]. И объясняет Раши: «Сказано во славу Аарона, что он не изменил [то, что было заповедано]»[517]. И комментаторы спрашивают: «Что бы мы сказали, если бы он не исполнил повеление Творца?»

«Учили наши мудрецы[518], когда рабби Йоси бен Кисма заболел, рабби Ханина бен Терадион пошел навестить его. Сказал он ему: Ханина, брат мой, разве ты не знаешь, что народ этот [т.е. римлян] поставили править свыше, чтобы разрушил он Храм Его, и сжег чертог Его, и убил праведников Его, и уничтожил цвет Его, и он всё еще существует. А я слышал о тебе, что ты сидишь и занимаешься Торой и публично собираешь народ, и свиток Торы лежит на коленях твоих»[519]. И объясняет Раши: «А они повелели об этом».

«Сказал он ему: свыше проявят милосердие. Отвечал он ему: Я говорю тебе по делу, а ты говоришь мне: "Свыше проявят милосердие". Я сомневаюсь, не сожгут ли тебя и свиток Торы. Сказал он ему: учитель, что я относительно жизни будущего мира? Спросил он его: "Что сделал ты?" Отвечал он: "Пуримские деньги перепутались у меня с милостыней, и я раздал их беднякам". Сказал он ему: "В таком случае, пусть твоя доля будет моей долей, а твоя судьба – моей судьбой"»[520].

И объясняет Раши: «Пуримские деньги – которые были отложены для трапезы Пурима – перепутались у меня, и я раздал их беднякам, а я думал, что это мой кошелек для милостыни, но я не брал денег из кошелька для милостыни»[521].

И действительно трудно понять раби Йоси бен Кисму. Человек, отдающий жизнь за Творца, сидит и занимается Торой и т.д., этого еще не достаточно, чтобы у него был будущий мир. Однако если он совершает действие, которое может сделать любой простолюдин, быть щедрым, раздавая свои деньги, об этом он сказал: «Пусть твоя доля будет моей долей...» Но ведь для того, чтобы сделать такое дело, не нужно жертвовать собой, почему же когда он услышал о поступке с милостыней, он уже сказал: «Пусть твоя доля будет моей долей»?

А дело в том, что согласно учению Бааль Сулама, получается, что главное выйти из собственной выгоды, т.е. что человек может жертвовать собой, тоже опираясь на собственную выгоду.

Поэтому, когда он увидел, что он отказывается от собственной выгоды, раздавая милостыню, он узнал, что всё его самопожертвование основано на фундаменте «ради отдачи», поэтому сказал он: «Пусть твоя доля будет моей долей ...» Имеется в виду

---

515   Еврейская дата: Недельная глава Беаалтоха, 5540.
516   Бемидбар, 8:3.
517   Бемидбар, 8:3, комментарий Раши.
518   Талмудическое выражение, означающее цитату из танаим.
519   Трактат Авода Зара, 18:1.
520   Там же.
521   Там же, комментарий Раши.

не только поступок с милостыней, но и дела, когда он сидит и занимается Торой, и публично собирает народ, так как всё это было на основе «ради отдачи».

И таков смысл [комментария Раши]: «это указывает на то, что Аарон не изменил, [то, что было заповедано]». Ибо строительство светильника – это большая ступень, и наслаждение тут очень велико, а чем больше наслаждение, тем труднее работать ради отдачи. И в этом смысл того, что он «не изменил», и всё было основано на том, «как повелел Творец Моше».

418. Бедность украшает Исраэль

июнь – июль, 1980[522]

Сказано: «Ибо не переведутся нищие на земле»[523]. Также сказали наши мудрецы: «Бедность украшает Исраэль»[524].

И следует понять, что, как известно, нет другого кли для получения наслаждения, кроме свойства устремления, ведь хисарон и устремление к определенному предмету есть показатель того, что он может получить наслаждение от этого предмета. Подобно тому, как сказали мудрецы, что тот, кто пьёт воду для утоления жажды, благословляет за наслаждение, ибо человек не наслаждается едой без аппетита, как сказано: «Сладок сон труженика»[525].

Так же выходит и с нищетой, ибо «нищим можно быть только в разуме»[526]. Получается, что устремление к разуму – это свойство, согласно которому человек чувствует, что у него есть недостаток разума. Согласно этому, следует спросить: когда человек уже удостоился свойства Исраэль и уже чувствует, что у него нет недостатка, и он не нищий, откуда же ему взять кли, называемое устремлением, после того как он уже удостоился свойства Исраэль?

На это Тора говорит: «Ибо не переведутся нищие» – наоборот, Творец изыщет для него хисарон и пустоту, и бедность, ибо есть у Него келим для получения высшего блага. Получается, что «ибо не переведутся нищие» – это гарантия, которую дала Тора Исраэлю в том, что у них всегда будет место для подъема на более высокую ступень. И это смысл слов: «Бедность украшает Исраэль», потому что благодаря этому они всегда будут подниматься по [духовным] ступеням.

Как сказано: «Бедный важен как мертвый[527]»[528]. Если он ощущает свой хисарон, как мертвый, т.е. у него нет жизни без наполнения, которым ему недостает, чтобы его наполнили, это называется «кли устремления», и благодаря этому он получит наполнение своей бедности.

---

522 Еврейская дата: тамуз, 5540.
523 Дварим, 15:11.
524 Трактат Хагига, 9:2. Бедность украшает евреев, как красная уздечка белого коня.
525 Коэлет, 5:11. Сладок сон труженика, мало ли, много ли съел он, но богатому пресыщение не дает спать.
526 Трактат Недарим, 41:1.
527 Идиома, означающая «не имеет значения».
528 Трактат Недарим, 64:2. Четверо важны как мертвый: бедный, прокаженный, слепой и тот, у кого нет сыновей.

420. Пошли от себя

7 – 13 июня, 1980[529]

«Пошли от себя»[530]. И объясняет Раши: «По твоему разумению»[531].

Известно, что посылка разведчиков, чтобы исследовать землю Исраэля, связана с признанием высшей малхут. Ведь у человека есть разведчики, которые всегда смотрят, выгодно ли идти путем Творца по пути истины, который называется «ради небес».

Тора обещает нам, что это земля, текущая молоком и медом. Однако тело, которое послало разведчиков, чтобы исследовать эту землю, видит, что там нет личной выгоды, и в этом случае тело не согласно идти в эту землю, называемую «высшая малхут».

Сказано в книге Зоар[532]: «Как сказано, что Творец говорит им: «Поднимайтесь здесь, на юге»[533] – т.е. усердствуйте в Торе .... «И осмотрите землю, какая она»[534] – т.е. исходя из нее [т.е. Торы] вы увидите тот мир, который является [вашим] наследием и уделом. «И народ, обитающий на ней»[535] – это праведники, обитающие в райском саду...»

И еще сказано там[536]: ««И возвратились они»[537] – т.е. ...отошли от пути истины, сказав: «Что мы получили? До сегодняшнего дня мы не видели ничего хорошего в мире, трудились над Торой, а дом пуст... Кто же способен удостоиться того мира, и кто может войти в него? Не стоило нам так усердствовать»[538]».

421. По поводу разведчиков

16 – 22 июня, 1979[539]

«Мудрец пользуется любовью горожан... за то, что он не увещевает их за [неисполнение] высших дел»[540].

Тело человека, когда оно уважает своего собственного «мудреца», т.е. для него занятие Торой и заповедями важно, потому «что он не увещевает их за [неисполнение] высших дел», т.е. что его мудрец не говорит телу, что нужно работать ради отдачи.

Ибо, когда «мудрец» говорит ему, что все дела его должны быть с намерением не ради собственной выгоды, «горожане», т.е. тело, называемое «небольшим городком»[541], ненавидят этого мудреца. Ведь если он говорит телу, т.е. желанию получать, чтобы оно не работало ради собственной выгоды, то оно сопротивляется.

---

529 Еврейская дата: недельная глава Шлах, 5540.
530 Бемидбар, 13:2. Пошли от себя мужей, чтобы высмотрели землю Кнаана, которую Я даю сынам Исраэля.
531 Бемидбар, 13:2. Комментарий Раши.
532 Зоар, Шлах, 56.
533 Бемидбар, 13:17. И послал их Моше высмотреть землю Кнаана, и сказал он им: Поднимайтесь здесь, на юге, и взойдите на гору.
534 Бемидбар, 13:18.
535 Там же.
536 Зоар, Шлах, 63.
537 Бемидбар, 13:25.
538 Статья не окончена. В оригинале она завершается словами: Но кто может удостоиться? Ноль. [С этого слова начинается следующий стих Зоара, цитирующий Бемидбар, 13:28]
539 Еврейская дата: недельная глава Шлах, 5539.
540 Трактат Ктубот, 105:2.
541 Коэлет, 9:14. Городок небольшой, и людей в нем немного, и подступил к нему великий царь, и обложил его, и воздвиг против него большие осадные укрепления.

Т.е. если его собственное тело согласно на его работу, это признак того, что он не идет путем истины. И тогда, когда он видит, что тело несогласно, восклицая «что это за работа такая у вас!» – на это возникает ответ: «Чего Творец, Всесильный твой, спрашивает с тебя? Только бояться Меня»[542]. И тогда человек начинает нуждаться в Творце, чтобы Он помог ему, чтобы он смог идти по пути истины. И когда он возносит истинную молитву, тогда «пришедшему очиститься помогают»[543]. И Зоар говорит, что тем, что свыше ему дают душу[544], и тогда у него есть силы идти путем истины.

Получается, что благодаря этому у него происходит подготовка келим для того, чтобы он смог удостоиться божественной души, которая засияет внутри его. Ибо только таким образом можно идти этим путем. Получается, что, когда он идет по пути Торы и заповедей, и у него помех со стороны тела, у него нет потребности в том, чтобы удостоиться божественной души свыше.

««Все люди эти»[545] – т.е. все они были праведники и главы Исраэля, но они взяли себе дурной совет, сказав: «Если войдет Исраэль в землю эту, мы не будем больше главами, и Моше назначит новых глав»»[546].

И тут возникает вопрос: если они были праведниками, почему же они взяли себе дурной совет? И согласно тому, как объяснено во многих местах, Исраэль, когда шли по пустыне, ели хлеб с небес, т.е. свойство «покрытых хасадим». А если они главы, они должны действовать на всё общество, чтобы оно шло прямым путем.

Однако земля Исраэля, т.е. свойство малхут, или «открытые хасадим», не способно быть главами. И Моше назначит те главы, которые относятся к «покрытым хасадим». А поскольку «открытые хасадим» получают в получающие келим, он говорит, что у них не будет никакой возможности получать ради отдачи. Поэтому они думали, что это опасный путь, ведущий по пути использования получающих келим.

И это называется «злословие» – т.е. они сказали правду, в чем же заключается их грех? Им нужно было только верить, что, хотя естественным образом и невозможно, чтобы человек был способен получать ради отдачи, однако Творец может помочь им удостоиться этого. Таким образом, внутри знания разведчики сказали правду, однако [им] не хватало [свойства] «выше знания» – что Творец может помочь им удостоиться этого.

Поэтому злословие является таким тяжелым [грехом], несмотря на то, что это правда, – поскольку это происходит от корня разведчиков, ведь вся неспособность человека идти по пути истины происходит от того, что он не способен идти выше знания.

---

542 Дварим, 10:12. И ныне, Исраэль, что Творец, Всесильный твой, спрашивает с тебя? Только бояться Творца, Всесильного твоего, ходить всеми путями Его и любить Его, и служить Творцу, Всесильному твоему, всем сердцем твоим и всею душою твоей;
543 Трактат Шабат, 104:1.
544 Зоар, Ноах, п. 63.
545 Бемидбар, 13:3.
546 Зоар, Шлах, 30.

422. Издалека Творец являлся мне[547]

23 – 29 июня, 1979[548]

Далекий – т.е. когда есть различие по важности между одним и другим.

Поэтому, когда человек не чувствует расстояния между тем, что он говорит с министром или судьей, или же он говорит с Творцом, т.е. у него нет оценки, позволяющей различить, с кем он говорит и чью Тору он исповедует, в этом случае человек не может увидеть Творца, т.е. прийти к истинному осознанию Творца. А когда он чувствует расстояние и важность духовного, тогда он может прийти к ощущению.

423. Три линии (2)

Правая называется «хесед» (милость), свойство «хафец хесед», т.е. свойство довольного своей долей, или удовлетворяющегося малым.

И это называется, как объяснил мой господин, отец и учитель, по поводу стиха: «Который не лицеприятствует и не берет мзды»[549] – что они строго соблюдают всё вплоть до «ке-зайт»[550] и «ке-бейца»[551]. Он сказал: до «ке-зайт» – как сказал голубь: «Лучше, чтобы была моя пища горькой, как маслина, [но находились] в руках Творца»[552].

И до «как яйцо» «ке-бейца» – хотя из яйца и выйдет цыпленок, обладающий жизнью, однако до тех пор, пока оно еще как яйцо, у него нет жизни, и, тем не менее, принято усугублять строгость исполнения – [и это] несмотря на то, что закон гласит: «И будешь есть и насытишься, и благословлять будешь»[553], т.е. еда, включающая в себя насыщение. И это называется «довольный своей долей».

Однако с таким свойством он останется в катнуте, и у него не будет никакой потребности в Торе. Ведь для Торы нужно злое начало, как сказано: «Я создал злое начало и создал Тору в приправу к нему»[554]. Поэтому есть левая сторона, т.е. самоотчет, насколько велика причина, вынуждающая его исполнять Тору и заповеди, и на какое вознаграждение он рассчитывает за эту работу, и сколько понимания в Торе и заповедях есть у него на пути истины.

И тогда он видит только негатив, а не позитив, и этот негатив он должен включить в правую линию и удовлетворяться малым, и быть довольным своей долей, как будто бы у него была сытная трапеза.

Получается, что левая линия всегда несет ему свойство малого, чтобы знать, что внести в правую и удовлетвориться малым. И благодаря им обеим можно прийти к средней линии. И потому называется «отец дает белое» – ибо он всегда в свойстве белого, у которого нет никакого недостатка, потому что он доволен своей долей.

---

547 Йирмия, 31:2.
548 Еврейская дата: недельная глава Корах, 5539.
549 Дварим, 10:17.
550 Букв.: «как маслина» – размером с маслину, минимальная мера в ряде законов.
551 Букв.: «как яйцо» – размером с яйцо. Талмудическая мера, применяемая в законах чистоты.
552 Трактат Эрувин, 18:2.
553 Дварим, 8:10.
554 Трактат Кидушин, 30:2.

А мать дает красное, т.е. он не в порядке, будучи только красным, что является свойством Эсава, который называется красным⁵⁵⁵. И тогда Творец, называемый средней линией, дает душу. И тогда он удостаивается свойства Торы.

424. Спор Кораха и Моше

[Необходимо] выяснить, в чем состоит спор Кораха и Моше. Моше сказал, что всё, что утверждал Корах, было направлено не против Моше, а против Творца. А Корах заявлял, что в Творца он верит, как сказано: «Вся община, все они святы»⁵⁵⁶. И объясняют мудрецы: все они слышали на Синае: «Я Творец, Всесильный твой» — а дело в том, что он не хочет верить в Моше.

Однако до того, как он был затронут лично, т.е. [до того, как] должен был совершить большую уступку, он верил в Моше. Но после того как он увидел, что Элицафан стал главой рода⁵⁵⁷, он понял в своем разуме, что ему полагается быть главой рода, и он должен был поверить Моше в то, что так повелел Творец, в любом случае его вера в Моше уже не была такой большой.

Моше [сказал:] Потому что еще недостаточно того, что ты веришь в Творца и в то, что Тора была дана через меня, и ты должен верить в меня. Ведь умом Тору не понять, так как мнение обывателей противоположно мнению Торы, и тут нужна только вера в мудрецов. Ибо без Торы невозможно знать, что такое мнение Торы и трепет перед небесами. Ведь «невежда не может быть праведником»⁵⁵⁸, как сказано: «Дай бог, чтоб Меня вы оставили, но Тору Мою сохранили»⁵⁵⁹.

Ведь человек не может сказать товарищу, что он верит ему только в малом, но в большом — нет. Ибо если человек не верит товарищу в больших вещах, он без сомнения не верит ему и в малых. А то, что кажется, что он верит ему в малом, это потому, что малая вещь для него не имеет значения, и потому он думает, что даже если, в крайнем случае, в его словах нет истины, в этом нет ничего [страшного].

Поэтому, когда Корах не хотел верить Моше по поводу главенства рода, тут же обнаружилось, что и в остальном у него нет веры. Поэтому он тотчас же спросил Моше о талите, целиком сотканном из голубых нитей, и о доме, полном свитков⁵⁶⁰.

Но дело в том, что надо быть сильным в вере в мудрецов, принижая себя, и быть низким в своих глазах по отношению к праведникам. Ибо свойство принижения раскрывается главным образом, когда человек должен сделать что-то, что вынуждает его сделать товарищ, тогда как его собственное мнение указывает на противоположное мнению товарища, и, тем не менее, он принижает себя. Это называется принижением, т.е. он принижает свое мнение.

---

555   «Адом» – ивр. красный, рыжий.
556   Бемидбар, 16:3.
557   По старшинству главой рода должен был стать Корах, но был назначен его младший двоюродный брат Элицафан. См. Мидраш Танхума, гл. Корах, 1.
558   Трактат Авот, гл. 2, мишна 5.
559   Мидраш Раба, Эйха, Предисловие, п. 2.
560   Согласно Мидраш Раба Корах задал Моше два «каверзных» вопроса. Нужны ли цицит на талите, целиком сотканном из голубой ткани, и нужна ли мезуза на доме, целиком заполненном свитками Торы. Голубая нить символизирует святость, и таким образом, по мнению Кораха, талит, который уже свят, не нуждается в дополнительном символе святости.

И это означает «Датан и Авирам»[561]. «Датан» – т.е. они хотели, чтобы религия 'дат' была в свойстве «желать» 'ави', т.е. желание, как сказано: «И он не пожелал отпустить их»[562]. Поэтому «Ави–рам» – чтобы религия была в свойстве возвышенного 'рам' и соответствовала его разуму.

В то же время Моше дал веру принижения, т.е. такую, которая не соответствует его [т.е. Кораха] разуму, как сказано «талит, целиком сотканный из голубых нитей, [– почему должен он быть лишен цицит?]»[563]. И потому «и спустились они… живыми в преисподнюю»[564] – т.е. несмотря на то, что у них была жизнь, так как все они участвовали в стоянии у горы Синай, однако без Торы, соединенной с верой в мудрецов, они спускаются в преисподнюю. И нет другого пути, кроме веры в мудрецов.

425. И взял Корах

14 – 20 июня, 1980[565]

««И взял Корах»[566] – взял себе дурной совет»[567] – «ибо совет Творца будет стоять вечно»[568].

У людей принято делать то, к чему обязывает их разум, [говоря,] что это будет для них хорошо, и это он может делать. В то же время, то, к чему разум не обязывает, ему делать тяжело. А тем более [тяжело делать] то, что противоречит разуму. Поэтому [Корах] спросил, нуждается ли талит, целиком сотканный из голубых нитей, в цицит, или нуждается ли дом, полный книгами, в мезузе[569] и т.д.

Это называется «дурным советом» – то, что облачено внутрь знания. В то же время, «выше знания» называется «советом Творца», и это «будет стоять вечно».

Как сказал мой господин, отец и учитель, раз Творец выбрал, чтобы творения шли по пути выше знания, Он без сомнения знал, что это самый лучший путь. И это называется «совет Творца». И именно благодаря этому человек может прийти к цели в ее совершенстве.

---

561 Датан и Авирам – сообщники Кораха, поднявшие вместе с ним бунт против Моше.
562 Шмот, 10:27. И укрепил Творец сердце фараона, и он не пожелал отпустить их.
563 Мидраш Раба, 18:3.
564 Бемидбар, 16:33. И сошли они и все, им принадлежащее, живыми в могилу, и покрыла их земля, и пропали они из среды общины.
565 Еврейская дата: гл. Корах, 5540.
566 Бемидбар, 16:1.
567 Зоар, Корах, п. 4.
568 Псалмы, 33:11.
569 Согласно Мидраш Раба Корах задал Моше два «каверзных» вопроса. Нужны ли цицит на талите, целиком сотканном из голубой ткани, и нужна ли мезуза на доме, целиком заполненном свитками Торы.

426. Молитва праведника сына праведника и праведника сына грешника

27 июня – 4 июля, 1981[570]

«Молитва праведника сына праведника не похожа на молитву праведника сына грешника»[571].

Действие, производимое человеком, называется «отец», а намерение, которое он строит на это действие, называется «потомство», т.е. сначала сделаем, а потом услышим.

А в действии следует различать два вида: отдающее действие называется действием праведника, а получающее действие называется грешником. А когда человек собирается молиться, чтобы ему дали силы, чтобы он всегда мог направлять свое действие ради небес, называется «праведник сын праведника». А если он молится, чтобы ему дали сил намереваться ради небес в получающем кли, это называется молитва «праведника сына грешника».

И это смысл того, что молитва праведника сына праведника принимается, тогда как молитва праведника сына грешника принимается не всегда. Как сказали наши мудрецы, «не всякий человек удостаивается двух столов»[572], как сказали мудрецы, что у Рабби[573] «Тора и богатство были в одном месте»[574]. И следует понять – ведь сказано, что нет наслаждения от этого мира ни на мизинец, в таком случае, для какой пользы Творец дал ему Тору и богатство?

Но, как сказано выше, следует объяснить, что значит «не всякий человек удостаивается двух столов». Один стол называется, что он может быть отдающим ради отдачи, и это называется состоянием праведника, и это называется свойством Торы. А «богатством» называется «гадлут» – если он в состоянии праведника сына грешника, когда он получает ради отдачи, и всё его получающее кли, называемое грешником, было не ради собственной выгоды, а ради отдачи.

427. Это закон Торы (1)

8 – 14 марта, 1980[575]

Книга Зоар[576] спрашивает о словах «Это закон Торы»[577] – почему сказано: «И это Тора»[578]? И объясняет: «И это» 'ве-зот' – это общее и частное вместе. «Вав» (и 've') – это свойство Зеир Анпина, т.е. общее, а малхут – это частное.

«Однако «это» ‹зот› без дополнительного «вава» – это закон Торы, т.е. малхут, называемая «законом» и исходящая из Зеир Анпина, называемого Торой, а не сама

---

570 Еврейская дата: гл. Корах, 5541.
571 Трактат Евамот, 64:1.
572 Трактат Дерех-эрец Зута, гл. 4.
573 Рабби Йеуда а-Наси и рав Аши совмещали богатство и почет с величием в Торе.
574 Трактат Гитин, 59:1.
575 Еврейская дата: гл. Ки-тиса, 5540, глава Пара
576 Зоар, Хукат, п. 2.
577 Бемидбар, 19:2. Это закон Торы, которую заповедал Творец так: Говоря сынам Исраэля, чтобы взяли тебе телицу красную без изъяна, у которой нет увечья, на которой не было ярма.
578 Дварим, 4:44.

Тора, т.е. Зеир Анпин, а лишь суд Торы, т.е. запрет Торы, или малхут»[579]. Так объясняется в комментарии Сулам.

И следует понять, почему Зеир Анпин называется общим, а малхут называется частным и почему малхут называется судом и запретом Торы.

А дело в том, что, как известно, главная работа – это вера, т.е. «выше знания», а то, что нужно быть выше знания, вызвано тем, что на малхут, называемую желанием получать, распространился суд [т.е. закон], что нельзя получать ради получения, ибо должно быть слияние, т.е. состояние подобия по форме, а иначе он [т.е. человек] отделен [от святости]. Поэтому всюду, где есть недостаток святости, это происходит, из-за того, что на это место распространяется суд, т.е. запрет получения ради себя.

А когда он принимает на себя ярмо высшей малхут выше знания, там нет места для получения. И это называется «запретом Торы», поскольку получающий не может согласиться работать выше знания. Ведь разум человека вынуждает его не делать ни одного движения без выгоды. А когда он желает идти путем истины, т.е. работать только на отдачу, тело не согласно с этим.

Поэтому нужно принимать на себя работу в этом свойстве только выше знания. И это называется частным, ибо это работа в свойстве праведности, как сказано: «И уверовал в Творца, и Он вменил ему это в праведность»[580].

Однако, после того как он принял на себя эту работу выше знания, он удостаивается свойства Торы. А Тора называется свойством общего, поскольку она включает в себя две вещи, т.е. веру и Тору. Ибо запрещено обучать Торе идолопоклонников, как сказано: «И законов не знают они»[581].

Поэтому первое свойство, которого должен удостоиться человек, это свойство веры, а после этого он приходит к свойству Торы. И это называется единением Зеир Анпина и высш

Ведь когда человек удостаивается получения ярма высшей малхут, он всё еще находится в хисароне. Однако, когда он удостаивается свойства Торы, он называется «захаром», так как Тора передает ему свет Торы, и тогда уже нет суда, поскольку он уже может получать ради отдачи.

И отсюда поймем сказанное там же[582] в книге Зоар, что красной коровой называется малхут в первом состоянии, называемая левой линией бины, т.е. что у нее есть совершенство в отношении хохмы.

И это называется «у которой нет изъяна»[583], и «на которой не было ярма»[584]. И [Зоар] объясняет там, что ярмом называется хесед. И поэтому требуется сжигание коровы, означающее уменьшение луны, и она вновь образуется во втором состоянии, а второе состояние, поскольку в этом всё ее существование…

---

579   Зоар, Хукат, п. 2.
580   Берешит, 15:6.
581   Псалмы, 147:20.
582   Зоар, Хукат, п. 20.
583   Бемидбар, 19:2.
584   Там же

428. Это закон Торы (2)

«Это закон Торы»[585]. И объясняет Раши: «Потому что Сатан и народы мира издеваются над Исраэлем, говоря: «Что это за заповедь, и какая в ней логика?» Поэтому написано о ней «закон» – это запрет, данный Мной, и нет у тебя права сомневаться в нем»[586].

И следует понять – ведь отсюда получается, что о ней [имеется в виду заповедь о красной корове] написано «закон», из-за того, что народы мира спрашивают, в чем ее логика, в то время, как об остальных заповедях Торы, о которых народы мира не спрашивают, [якобы] написано, в чем их логика. Однако же смысл других заповедей не объяснен. И, казалось бы, должно быть наоборот: именно там, где спрашивают, в чем логика чего-либо, следовало бы объяснить логику, – а не там, где не спрашивают.

И, кроме того, следует понять, как это связано с притчей, приводимой Раши. «Притча о сыне рабыни, который запачкал царский дворец. Сказали: «Пусть придет его мать и уберет нечистоты». И так же придет корова, чтобы искупить за тельца»[587]. И отсюда получается, что в этом логика [заповеди] о корове.

Слова «и взяли тебе»[588] Раши объясняет: «Ее всегда будут называть по твоему имени – [заповедь о] корове, которую исполнил Моше в пустыне». И следует понять, почему именно [заповедь о] корове называется по имени Моше, а не другие заповеди. Ведь были и другие заповеди, которые он исполнил в пустыне.

Для того чтобы понять всё вышесказанное, нужно сначала привести цель Торы и заповедей – в чем их смысл. В мидраш Раба Рабби[589] спрашивает о стихе: «то заколи от твоего крупного и мелкого скота»[590] – какая разница Творцу резать [скотину] со стороны горла или с задней стороны шеи? А дело в том, что надо сказать, что Тора и заповеди были даны только лишь для того, чтобы очистить ими Исраэль[591].

И смысл тут в том, что творения были созданы в природе получения, и это называется «грубый», а «очищением» называется отдача. А поскольку против природы идти невозможно, Он дал нам совет, состоящий в том, что с помощью Торы и заповедей мы сможем изменить нашу природу и пойти по путям отдачи. И только тогда мы сможем получить царский подарок без всякого изъяна, т.е. без «хлеба стыда».

А проверка, чтобы человек мог знать, что он получает только в силу заповеди, заключается в том, чувствует ли он сам, что может отказаться от наслаждений. Несмотря на то что у него есть желание и стремление, он всё же отказывается и получает только при условии, что такова воля Творца, и это называется, что он получает только в силу заповеди. И только когда он может отказаться от наслаждений, он может прийти к получению ради отдачи.

И существует правило, что для того, чтобы приучить себя отказываться, нужно приучить себя в маленьких наслаждениях, а потом в бо́льших, ведь мы всегда идем от легкого к тяжелому.

---

585 Бемидбар, 19:2. **Это закон Торы**, которую заповедал Творец так: Говоря сынам Исраэля, чтобы взяли тебе телицу красную без изъяна, у которой нет увечья, на которой не было ярма.
586 Бемидбар, 19:2, комментарий Раши.
587 Там же. Комментарий к словам «телицу красную».
588 Там же.
589 Рабби Йеуда а-Наси (ок. 135 – ок. 220), глава Санедрина, систематизатор и редактор базовой части Талмуда – мишны.
590 Дварим, 12:21.
591 См. мидраш Раба Берешит, 44:1, Ваикра, 13:3.

И у нас принято считать, что самое большое наслаждение в мире – быть в слиянии с Творцом в плане постижения духовного. Поэтому в книге Зоар сказано, что произошло сокращение, и это является исправлением на хлеб стыда.

А сокращение есть скрытие, означающее, что до тех пор, пока человек находится под властью желания получать, он не способен чувствовать никакое духовное постижение, так как наслаждение от духовного постижения так велико, что от него никак невозможно отказаться. Т.е. даже если бы это не было заповедью, он все равно получил бы это наслаждение, а это называется отделением [от Творца], и это называется «ло лишма».

А чтобы у человека появилась возможность делать [действие] в силу заповеди, т.е. чтобы доставить наслаждение своему Создателю, должно было произойти сокращение, смысл которого в скрытии. А во время скрытия возможна работа в Торе и заповедях в свойстве веры, т.е. что он принимает на себя ярмо Торы и заповедей, из-за того, что это запрет, данный Творцом, и это называется свойством «закона».

И существует правило – когда мы чувствуем, что таков закон, а не требование логики? Только когда у человека пробуждается желание и стремление почувствовать логику, и он ее не чувствует. И тогда, если он принимает на себя ярмо Торы и заповедей, он принимает всё это только в плане закона. Тогда как если у него нет требования в отношении логики, откуда ему знать, что тут нет логики, а есть только закон?

И на это указано в стихе «Это закон Торы», ибо законы Торы проявляются как законы, только когда Сатан задает свои вопросы, – т.е. злое начало, – как сказали наши мудрецы: «это Сатан, это злое начало, это ангел смерти»[592].

И порядок таков, что во время вопроса, когда он спрашивает: «Какая в этом логика?» он называется злым началом. А потом он мешает человеку исполнять [заповедь], и тогда он называется Сатан, потому что он стоит перед ним, чтобы сбить ‹лесатен› его с пути.

А потом он [т.е. Сатан] умерщвляет его, и тогда он называется ангелом смерти, ибо он забирает у него всю жизненную силу святости, которая у него была, и вместо нее он дает ему жизненную силу этого мира. Т.е. он находит смысл жизни только лишь в материальных вещах, что является жизненной силой грешников, жизнь которых называется смертью.

Из всего этого следует, что только когда Сатан приходит со своими доводами и спрашивает обо всей этой работе, нужно пересилить этого Сатана и ответить ему: «Это закон Торы», и я исполняю Тору, только исходя из того, что ««закон», это запрет, данный Мной, и нет у тебя права сомневаться в нем»[593].

И так мы получили это от Моше, и мы верим ему в том, что заповедь коровы есть свойство веры, и это свойство закона. И потому эта [заповедь о] корове называется по имени Моше, который зовется «Моше, пастырь верный», ибо он принес веру всему обществу Исраэля.

И потому сказали наши мудрецы, что корова называется по имени Моше. [Заповедь о] корове, которую исполнил Моше в пустыне, а пустыней называется [состояние] до того, как входят в заселенное место земли Исраэля. Как сказано в книгах, что состояние земли Исраэля – это состояние постоянного нахождения Шхины в полном постижении,

---

592 Трактат Бава Батра, 16:1.
593 Бемидбар, 19:2, комментарий Раши.

называемом «мир раскрытия». Тогда как о пустыне сказано, что это состояние «мира покрытия», т.е. свойство закона.

А что такое телец сказано в Предисловии к книге Зоар[594] по поводу стиха «Вознесите ввысь глаза ваши и посмотрите, кто ‹ми› сотворил их ‹эле›»[595]. «Ми» – это свет хасадим, а «эле» – это свет хохма без хасадим.

И состояние «ми» – это когда Сатан является и спрашивает: «Кто ‹ми› этот Творец, чтобы я слушался его?» И тогда нужно принять всё на себя в качестве закона, т.е. хасадим, или отдачи, когда всё только лишь выше знания, что называется «верой», свойством Моше, пастыря верного.

В то же время «эле» называется свойство знания. И об этом свойстве сказано: «Это ‹эле› божества твои, Исраэль»[596], т.е. что грех тельца, называемый хохма (мудрость) и знание, обратен корове, называемой верой. И потому, когда принимают «закон Торы», это является исправлением греха тельца.

И это называется «придет мать и уберет [нечистоты] сына»[597]. И это смысл слов «на которой не было ярма»[598]. И мой господин, отец и учитель объяснил, что веру следует принимать в радости, а не как ярмо, означающее, что он хочет избавиться от этого и ждет удобной возможности, когда он сможет сбросить с себя это ярмо. И как сказано: «За то, что ты не служил Творцу, Всесильному твоему, с радостью»[599].

Из всего этого следует, что главное в вере – чтобы человек мог работать в состоянии выбора. Т.е. даже если он не ощущает блага и наслаждения в Торе и заповедях, он в любом случае исполняет их, потому что верит, что такова воля Творца – чтобы Ему служили в состоянии веры.

А иначе он не желает получать. И он твёрд в своем мнении, как сталь, как сказали наши мудрецы: «Мудрец, который не твёрд, как сталь, – не мудрец»[600].

Отсюда следует, что даже если он знаток Талмуда и законов, но в любом случае не твёрд, как сталь, – он не мудрец. Т.е. он должен быть твёрд, как сталь, отвергая получение наслаждения, как в разуме, так и в сердце, пока в разуме его не установится само, что всё намерение его вызвано волей Творца. И именно он называется мудрецом (букв.: учеником мудреца), ведь Творец называется мудрецом. А Творец только лишь отдает, поэтому если человек работает в свойстве Творца, т.е. он тоже отдает, называется, что он «ученик мудреца», который обучается свойству мудреца, т.е. свойству Творца. И только тогда мы способны получить всё благо и наслаждение, которые задумал для нас Творец.

---

594   Предисловие к книге Зоар, п. 19.
595   Йешая, 40:26.
596   Шмот, 32:4.
597   Бемидбар, 19:2, комментарий Раши.
598   Бемидбар, 19:2. Это закон Торы, которую заповедал Творец так: Говоря сынам Исраэля, чтобы взяли тебе телицу красную без изъяна, у которой нет увечья, **на которой не было ярма**.
599   Дварим, 28:47.
600   Трактат Таанит, 4:1.

429. Чтобы всё было ради отдачи

30 июня – 6 июля, 1979[601]

«Это закон Торы»[602]. И объясняет Раши: «Потому что Сатан и народы мира издеваются над Исраэлем, говоря: "Что это за заповедь, и какой в ней смысл?" Поэтому написано о ней "закон" – это запрет, данный Мной, и нет у тебя права сомневаться в нем»[603].

«"Телицу красную" – притча о сыне рабыни, который запачкал царский дворец. Сказали: "Пусть придет его мать и уберет нечистоты". И так же придет корова, чтобы искупить за тельца»[604]. И имеется в виду, что всё будет ради отдачи.

Выражение «Потому что Сатан и народы мира издеваются …» означает, что для них это закон, т.е. так следует отвечать им, что «это запрет, данный Мной, и нет у тебя права сомневаться в нем». В то же время для Исраэля это не закон. И существует высказывание мудрецов: «для тебя – смысл, а для других – закон»[605].

Вопросы, что это за заповедь, и какой в ней смысл. Согласно внутренней работе это происходит с намерением, которое должно быть построено, чтобы всё было на отдачу. И тогда Сатан и народы мира спрашивают, что это за заповедь. Разве у Творца, не дай Бог, есть недостаток, так, что ему нужно доставлять наслаждение и удовольствие, ведь наоборот – Его желание насладить Свои творения, а не чтобы творения наслаждали Его. И еще они спрашивают: какой в ней смысл[606]?

Какой смысл может быть для человека, если ему говорят, что нельзя работать ради собственной выгоды, что называется получением ради получения? Т.е. человек должен дойти до уровня, когда наслаждение будет не ради наслаждения человека, а только чтобы насладить Творца.

Какой смысл может получить человек от такой работы, которая вынуждает его заниматься Торой и заповедями? Ведь они не видят в этом достаточную причину, заставляющую заниматься Торой и заповедями «всем сердцем твоим и всей душой»[607].

Наоборот он понимает: когда он отказывается от собственной выгоды в материальных вещах, и за это он получит для собственной выгоды бо́льшие наслаждения. Но какой смысл может быть в отдающем кли?

И на это приходит ответ: «Поэтому написано о ней "закон" – это запрет, данный Мной, и нет у тебя права сомневаться в нем»[608]. И это означает, что не нужно давать никакого ответа телу в то время, когда оно задает вопросы Сатана и народов мира, а следует сказать телу, что это так, и это запрет свыше, состоящий в том, что нам запрещено иметь намерение ради получения. И только тогда можно не вступать в спор и тогда можно победить.

Но когда возникает свойство «Исраэль», наоборот – наслаждение и вкус у него есть, только когда он может совершать действия ради отдачи. А когда он не может настроиться ради отдачи, он чувствует себя плохо и ощущает состояние смерти. Ведь

---

601   Еврейская дата: Недельная гл. Хукат, 5739.
602   Бемидбар, 19:2. **Это закон Торы**, которую заповедал Творец так: Говоря сынам Исраэля, чтобы взяли тебе телицу красную без изъяна, у которой нет увечья, на которой не было ярма.
603   Бемидбар, 19:2, комментарий Раши.
604   Там же.
605   Мидраш Танхума, гл. Хукат, 19:8.
606   Ивр.: «таам» – смысл, логика, вкус.
607   Дварим, 6:5.
608   Бемидбар, 19:2, комментарий Раши.

тогда он чувствует, что «грешники при жизни своей называются мертвыми»[609], ибо тогда он удостаивается ощутить вкус слияния с Творцом, и обратное этому, когда он отделяется от Творца.

Таков смысл слов «Потому что Сатан и народы мира издеваются над Исраэлем…» Иначе, когда они становятся свойством Исраэль, выйдя из-под власти народов мира, – тогда наоборот, весь вкус жизни они ощущают именно в «ради отдачи», называемом слиянием.

Таков смыл слов «Пусть придет его мать и уберет нечистоты [сына]». Ведь грех тельца заключался в том, что они упали в свойство получения с намерением получать, и потому корова снимает грех тельца. Т.е. «коровой» называется намерение лишма, являющееся отменой самого себя, что означает сжигание коровы.

А это, как объясняется в комментарии Сулам, является состоянием «иди и уменьши себя», что говорится о луне, когда она вновь становится точкой, и у нее исчезает вся левая линия, называемся свойством хохмы. Но, как бы то ни было, грех тельца снимается, и он [т.е. человек] работает только в намерении ради отдачи.

430. Более высокая душа

«Это закон Торы, который заповедовал Творец говорить»[610]. «Выйди и увидь, когда этот умерший уходит из мира, не оставив сыновей, та благородная дева не забирает этого человека к себе …»[611] Т.е. если желание получать исчезает у него, т.е. у него [больше] нет потребности ради себя, а всё его намерение – только ради небес, и, как бы то ни было, у него нет сыновей, т.е. он всё еще не удостоился понимания[612] Торы, в свойстве «если ты не знаешь, прекраснейшая из женщин»[613].

И объясняется в Зоар Хадаш: Несмотря на то что ты прекраснейшая из женщин, если ты не знаешь тайн Торы, иди отсюда по следам стада и ты можешь научиться тайнам Торы у людей, которых попирают ногами[614]. Таков смысл слов «благородная дева не забирает этого человека к себе».

«И Творец жалеет его и велит его брату, чтобы он спас его»[615] – т.е. душе, которая является братом тела – подобно Эсаву, называемому желанием получать, и Яакову, называемому желанием отдавать, т.е. душой, в свойстве «пришедшему очиститься помогают»[616]. И Зоар объясняет: «святой душой»[617]. Т.е. ему дают более высокую душу, называемую «бо́льшие силы», которые могут победить в войне со злым началом.

---

609 Трактат Брахот, 18:2.
610 Бемидбар, 19:2. **Это закон Торы, которую заповедал Творец так**: Говоря сынам Исраэля, чтобы взяли тебе телицу красную без изъяна, у которой нет увечья, на которой не было ярма.
611 Зоар, Хукат, п. 10. Когда этот умерший уходит из мира, не оставив сыновей, та благородная дева, т.е. Малхут, не забирает этого человека к себе, и он ходит и бродит по миру, не находя [себе] места, и Творец жалеет его и велит его брату, чтобы он спас его – чтобы он вернулся и исправился в другом прахе, т.е. чтобы он совершил еще один кругооборот, как написано: «И человек вернется в прах».
612 Слово «понимание» 'авана' возводится к слову «сыновья» 'баним'.
613 Песнь песней, 1:8. Если ты не знаешь, прекраснейшая из женщин, то пойди по следам овец, и паси козлят твоих у шатров пастушьих.
614 См. Зоар Хадаш, Песнь песней, п. 486.
615 Зоар, Хукат, п. 10.
616 Трактат Шабат, 104:1.
617 Зоар, Ноах, п. 63.

«Чтобы он вернулся и исправился в другом прахе»⁶¹⁸ – т.е. в другом теле. Т.е. посредством кругооборота, когда более высокая душа входит в его тело, и он называется другим в отношении новой души, облаченной в то же тело.

«А если этот избавитель не хочет оживить своего брата»⁶¹⁹ – т.е. если новая душа не может спасти это тело, называемое ее братом. «Не хочет» – т.е. не может.

«Нужно привязать к его ноге сандалию»⁶²⁰ – т.е. нужно прибавить в отношении веры.

«И та женщина – т.е. святая Шхина – должна разуть его и забрать себе эту сандалию»⁶²¹ – т.е. святая Шхина принимает ту сандалию, которую обул для нее тот человек, т.е. она принимает ту работу, которую он сделал, а это свойство экрана, который он сделал на желание получать.

«Чтобы показать, что благодаря этому акту тот умерший снова находится среди живых»⁶²² – и благодаря этому умерший воскресает в родившемся сыне, т.е. благодаря своей работе, когда он делает экран на желание получать, он впоследствии удостаивается сына, т.е. тайн Торы, называемых «сын».

«И это противоположно тому башмаку, который умерший забирает у живых»⁶²³ – ибо тогда этот башмак, который является охраной веры, забирает желание получать, т.е. человек хочет работать внешним разумом.

Тогда как если святая Шхина забирает этот башмак, человек удостаивается внутреннего разума, т.е. сейчас благодаря слиянию у него есть ощущение духовности, потому что Творец дал ему знание и ощущение духовности. Тогда как если мертвый получает башмак, это называется, что он желает знания и получения ради себя. В то же время, в том случае благодаря слиянию он удостаивается всех знаний и ощущений.

И это называется, что Творец дал ему подарок без пробуждения со стороны нижнего. И это называется «дал Я помощь герою»⁶²⁴. Однако человек со своей стороны желает быть работником Творца без каких-либо условий. И это называется, что он получает всё по воле Творца.

---

618 Зоар, Хукат, п. 10.
619 Там же, п. 11. А если этот избавитель не хочет оживить своего брата в этом мире, взяв в жены его жену, чтобы он вновь воскрес в родившемся сыне, нужно привязать к его ноге сандалию, и та женщина должна разуть его и забрать себе эту сандалию. А почему [именно] сандалия? Потому что эта сандалия – для умершего, т.е. считается, что она принадлежит умершему, и он передает ее на ноге живого брата, а его вдова забирает себе эту сандалию, чтобы показать, что благодаря этому акту тот умерший снова находится среди живых. Т.е. сандалия указывает на вдову, т.е. на левиратный брак, связанный с ногой живого брата, чтобы его умерший брат оказался среди живых, т.е. воскрес в родившемся сыне.
620 Там же.
621 Там же.
622 Там же.
623 Там же, п. 12. **И это противоположно тому башмаку, который умерший забирает у живых** во сне, когда, забирая башмак, он переводит живого из этого мира в мир иной – мир умерших...
624 Псалмы, 89:20.

431. Обувь для ноги его

«А тот башмак переносит... И поэтому всё, что умерший дает человеку во сне, это хорошо. Но если он взял [какую-либо] утварь из дома, это плохо, – например, если он взял его башмак, – поскольку это указывает на то, что он перенес его ногу»[625].

И следует объяснить, что под умершим имеется в виду желание получать. Все силы, которые он дает для работы, т.е. для святости, связаны с тем, что желание получать дает силы отдавать. Тогда как если желание получать берет – это «плохо». Ибо есть только две власти – власть отдачи или власть получения. Получение называется смертью, а отдача называется жизнью, поскольку благодаря ей можно соединиться с источником жизни.

Поэтому, если умерший забирает – т.е. берет силы из-под власти отдачи и передает под власть Ситры Ахры, и как он уточняет именно «башмак», потому что башмак 'нааль' происходит от слова «замок» 'мануль' – т.е. место, которое должно быть заперто от внешнего разума. А следует, наоборот, быть в состоянии веры выше знания. И умерший берет этот башмак [замок] и хочет, чтобы он был открыт, чтобы разум мог войти туда и провести свои исследования.

И поэтому обувь надевается именно на ноги, ведь слово «ноги» ‹раглаим› происходит от слова «разведчики» ‹мераглим›. А в этом месте, т.е. в управлении Творца, следует идти в состоянии веры выше знания, т.е. нужно надеть обувь на ногу его, чтобы было нельзя войти посредством разума.

А если желание получать, называемое умершим, забирает это, получается, что человек входит под власть Ситры Ахры. И потому «странного для тебя не требуй»[626], и только так можно соединиться с источником жизни.

«И это смысл того, что умерший забирает его, но, когда живой снимает свою сандалию и отдает другому, чтобы подтвердить покупку, он поступает согласно высшему решению»[627]. Смысл этого, что, если человек снимает свой башмак и хочет знать и понимать своим разумом, не потому что он желает идти путями внешнего разума, а для того чтобы увидеть высшее управление – насколько они скрыто от него и полно противоречий для внешнего разума – он делает это, чтобы упрочить исполнение, т.е. чтобы его вера была устойчивой. И тогда он может сделать всё по высшему решению, т.е. чтобы он смог исполнять Тору и заповеди в плане «закона», означающего «решение Я вынес, и нельзя в нем сомневаться»[628], пытаясь понять его разумом. А следует принять всё в плане веры выше знания, т.е. чтобы он понял, что вера противоречит знанию.

А если у него нет знания, которое бы понимало это иначе, это не называется против знания, а называется тоже «внутри знания». Тогда как, когда он снимает башмак, и шпионит ‹мерагель›, чтобы увидеть, что может сказать разум об этих местах, т.е. в

---

625 Зоар, Хукат, п. 8. **А тот башмак переносит** его в другое место, ведь берущий башмак уводит отдающего его из этого мира, перенося его в мир иной. **И поэтому всё, что умерший дает человеку во сне, это хорошо. Но если он взял [какую-либо] утварь из дома, это плохо, – например, если он взял его башмак, – поскольку это указывает на то, что он перенес его ногу**, т.е. опору человека, из этого мира, и забрал его в мир иной, в то место, где пребывает тот умерший. Ведь обувь указывает на ногу человека, т.е. на его опору, как написано: «Как прекрасны в сандалиях ноги твои, дева благородная!»
626 Трактат Хагига, 13:1.
627 Зоар, Хукат, п. 9.
628 См. Бемидбар, 19:2, комментарий Раши.

местах, где разум заставляет думать иначе, чем говорит вера, – тогда получается, что вера идёт вразрез со знанием.

И только это называется простой верой, и только простая вера заставляет его быть работником Творца – но не разум. Получается, что то, что он снял башмак, это было только, чтобы упрочить поддержку веры, и чтобы быть уверенным, что вся его работа – только потому, что он «поступает согласно высшему решению», называемому «законом», и это дарует ему вечную жизнь.

432. Грех тельца

27 марта – 2 апреля, 1965, кфар Мерон[629]

Тема ритуальной чистоты коровы идет перед началом месяца Нисан, а в Нисан произошло избавление. А корова есть свойство веры. Как объясняет Раши: «Притча о сыне рабыни, который запачкал царский дворец. Сказали: «Пусть придет его мать и уберет нечистоты [сына]». И так же придет корова, чтобы искупить грех тельца»[630].

А телец – это как сказали они «эле»[631], как написано в книге Зоар. А корова есть свойство закона, как объясняет Раши: «это запрет, данный Мной»[632], закон, который я издал. Поэтому избавление нуждается в подготовке, т.е. в принятии веры.

434. Как хороши шатры твои, Яаков (2)

7 – 13 июля, 1979[633]

«Как хороши шатры твои, Яаков, обиталища твои, Исраэль!»[634]

По благословениям этого грешника[635] видно, что было у него на сердце. Имя «Балак» состоит из тех же букв, что и слово «получение»[636], ибо свойство его – получение ради себя. Имя «Билам»[637] состоит из слов «сердце» ‹лев› и «народ» ‹ам› – народ, относящийся к [свойству] каменного сердца.

«И направил он к нему [т.е. послов к Биламу, говоря] ...вот народ вышел из Египта»[638] – т.е. народ Исраэля вышел из египетской клипы, что называется получением ради себя. Поэтому, начиная с сегодняшнего дня, не будет власти у тех, кто пребывает в получении ради себя.

А поскольку Билам – это «народ каменного сердца», он хотел испортить метод [работы] Исраэля, который вышел из-под власти клипы эгоистического получения.

---

629 Еврейская дата, нед. гл. Пара, 5725.
630 Бемидбар, 19:2, комментарий Раши.
631 Шмот, 32:4. Это 'эле' божества твои, Исраэль.
См. ст. 428.
632 Там же.
633 Еврейская дата, нед. гл. Балак, 5739.
634 Бемидбар, 24:5.
635 Имеется в виду Билам.
636 Буквы куф, бет, ламед.
637 Буквы бет, ламед, аин, мем.
638 Бемидбар, 22:5. **И направил он послов** к Биламу, сыну Беора, в Петор, который на реке, на земле сынов его народа, чтобы призвать его, говоря: **Вот народ вышел из Египта**; вот он покрыл, [сколько] видна земля, и расположился он против меня;

И потому он должен был благословить [их], как сказали наши мудрецы: «Злой ангел поневоле ответит: "Амен"»[639].

Потому сказал он: «Как хороши шатры твои, Яаков». А шатер – это свойство Торы, называемое катнут, свойство Яакова. А потом удостаиваются состояния «обиталища твои ‹мишкенот›, Исраэль», благодаря которому происходит строительство Скинии ‹мишкан› всего Исраэля.

И всякий раз существует катнут и гадлут. Как сказал мой господин, отец и учитель: «И было, при движении ковчега, говорил Моше: Встань же… А при остановке, говорил: Вернись»[640] – т.е. во время работы есть состояние «стоя», а при остановке – «вернись» ‹шува›, т.е. «сидя» ‹ешива›.

Ведь, с одной стороны, Тора – это катнут, поскольку, когда мы ощущаем хисарон, мы учим Тору, и благодаря хисаронам приходим к наполнениям. Ибо там, где нет хисарона, нечего и наполнять.

Однако, когда человек наполнился в шатре Торы, он переходит к «обиталищам твоим, Исраэль». Но когда он сидит в Скинии, в это время называется «А при остановке, говорил: Вернись», т.е. тут нет подъема на другой уровень, ибо «движением» называется, когда он идет от одного уровня к другому.

Поэтому, когда он приходит к совершенству, нужно сразу же постараться найти хисарон. И тогда он переходит к свойству «Как хороши шатры твои, Яаков», являющемуся шатром Торы. И тогда он находится на ступени Яакова, т.е. в катнуте, а когда он завершил наполнение с помощью Торы, он переходит к совершенству, т.е. к свойству Скинии. И так по кругу, пока он не приходит к окончательному совершенству. А начало выхода начинается с выхода из Египта.

А выход начинается не тогда, когда он уже вышел, а когда он только хочет выйти из Египта, или даже когда он хочет выйти, но не может, и у него есть силы молиться Творцу, чтобы Он вывел его из Египта. Уже тогда он начинает идти по истинному пути.

435. Когда Балак посоветовался

15 – 21 июля, 1978[641]

«Когда Балак посоветовался, он сказал: "И изгоню я его [т.е. народ Исраэля] из земли"»[642]. Сказал он: «Та ступень, за которую держится Исраэль, вне сомнения, происходит от земли, от малхут, которая называется землей. Нет сомнения, что он сильнее меня, кто же может воевать и выстоять против Исраэля – ведь их ступень сильнее, чем моя. Поэтому изгоню я его из земли, т.е. с их ступени, малхут. И если я изгоню его из той земли, т.е. смогу ввести их в грех, то я смогу сделать с ними все, что захочу»[643].

И следует объяснить, почему он сказал, что ступень малхут сильнее его ступени. Потому что малхут называется «выше знания», что означает, как сказали наши

---

639 Трактат Шабат, 119:2.
640 Бемидбар, 10:35-36. **И было, когда в путь выступал ковчег, говорил Моше: Встань же**, Творец, и рассеются враги Твои, и обратятся в бегство ненавистники Твои от лица Твоего. (36) **А когда останавливался, говорил: Вернись**, Творец, к мириадам тысяч Исраэля.
641 Еврейская дата, нед. гл. Балак, 5738.
642 Бемидбар, 22:6. И ныне пойди же, прокляни для меня этот народ, ибо он сильнее меня; быть может, я одолею, и мы нанесем ему удар, и изгоню я его из земли, ибо я знаю, кого ты благословишь, благословен, а кого проклянешь, проклят.
643 Зоар, Балак, п. 264.

мудрецы: «Пусть не говорит человек: "Я не хочу свинины", а пусть скажет: "Я хочу, но Тора запрещает"»»[644].

И это называется выше знания, т.е. знание творения не может согласиться идти против желания получать, ибо природа человека такова, что, если он должен отказаться от наслаждения, он должен знать и понимать почему, т.е. зачем я отказываюсь, чем мое тело выигрывает больше из-за того, что я отказываю себе в наслаждении.

И тут нужно ответить ему: или из страха – т.е. благодаря тому, что он откажется от наслаждения, он избежит адских страданий – т.е., если он взвешивает вкус наслаждения, – какова его ценность, – и вкус страданий, которые он будет испытывать за это наслаждение, он видит, что это не выгодно, поскольку страданий гораздо больше и не стоит терпеть множество страданий за кратковременное наслаждение, а муки в аду будут вечными.

Или из любви – т.е. за то, что он откажется от краткого мига вкушения наслаждений, он получит большее наслаждение, длящееся долго, и это [будут] наслаждения будущего мира.

И по этим двум причинам, если человек взвешивает заповедь против прегрешения, у него есть силы для преодоления наслаждения. Однако тогда в этом состоянии, хоть телу это и понятно, может прийти злое начало и спутать все его расчеты. Поскольку всё основывается на расчете в желании получать, у злого начала есть силы запутать его, затуманив образы рая и ада.

Однако, когда человек удостоился того, что вся сила его сдерживания действует благодаря высшей малхут, т.е. он удостоился того, что для самого себя ему не нужно ничего, и всё [направлено] только на отдачу, в таком случае злое начало не может спорить с ним, потому что ему нечего дать ему.

Как сказано: «И изгоню я его из земли» – т.е. со ступени высшей малхут, тогда смогу я ввести их в грех. В то же время «земля», т.е. высшая малхут, сильнее его, и когда они [т.е. Исраэль] обладают этим уровнем, нет никакой возможности ввести их в грех. И это – в отношении сердца ‹либа›.

Аналогично и в отношении разума ‹моха›, – т.е. он должен верить, что Творец слышит молитвы. Иначе говоря, если человек во всем сдерживает себя и желает слиться с Творцом, Творец соединяется с ним и приближает его к Себе, как сказано: «Пришедшему очиститься помогают»[645]. И как сказано в книге Зоар: «святой душой»[646]. Т.е. Творец раскрывается ему, и тогда он автоматически забывает обо всем мире, и помнит одного лишь только Творца.

«Приди и увидь, сказано: "Творец, когда Ты выходил из Сеира, шел с поля Эдома, земля содрогалась"[647]. Когда Творец пожелал дать Тору Исраэлю, Он пошел и позвал сначала сынов Эсава, но они не приняли ее. Как сказано: "Творец от Синая пришел и светил от Сеира для них"[648] – ибо они не пожелали принять ее. Пошел Он к сынам Ишмаэля, но они не пожелали принять ее. Как сказано: "Явился от горы Паран"[649]. После того как они не пожелали, вернулся Он к Исраэлю»[650].

---

644   Сафра на Ваикра, 20:26.
645   Трактат Шабат, 104:1.
646   Зоар, Ноах, п. 63.
647   Шофтим, 5:4.
648   Дварим, 33:2. Творец от Синая пришел и светил от Сеира для них, явился от горы Паран.
649   Там же.
650   Зоар, Балак, п. 138.

И следует понять, почему Он сначала пошел к сыновьям Сеира и Ишмаэля, а не пошел сразу к Исраэлю. Если Исраэль примут Тору, потом пошел бы к сынам Эсава и Ишмаэля, чтобы и они приняли Тору. И почему если Исраэль примут Тору, уже нет возможности, чтобы и сыны Эсава и Ишмаэля приняли Тору?

И следует объяснить это по пути истины – согласно порядку получения Торы, исходя из того, что «Я создал злое начало и создал Тору в приправу к нему»[651]. Ибо благодаря этому удостаиваются Торы Творца – т.е. в том плане, что Тора является именами Творца, другими словами, что Тора не связана с выяснением чистоты и скверны, а вся Тора является именами Творца.

Когда начинают исполнять Тору и заповеди, человек думает, что Творец пригласил также и сынов Сеира, т.е. он думает, что сможет исполнять Тору вместе с сынами Эсава. Ведь человек включает в себя все 70 народов, а Эсав и Ишмаэль являются корнями народов мира, поскольку клипа Эсава – это свойство левой линии, соответствующее разуму ‹моха›, а клипа Ишмаэля есть свойство правой линии, соответствующее сердцу ‹либа›. А все остальные являются их ветвями.

Поэтому человек согласен исполнять Тору и заповеди, но не хочет отказаться от свойства сынов Эсава. А затем он видит, что они не согласны принять Тору, если он не откажется от них. Поэтому человек приходит к осознанию, что с сынами Эсава это не выйдет должным образом. И это называется, что они не пожелали принять ее, т.е. человек видит, что с ними он никогда не придет к истинной Торе.

А после этого он думает, что, быть может, вместе с сынами Ишмаэля у него будет возможность исполнять истинную Тору. И тогда он видит, что, если он не откажется от сынов Ишмаэля, он никогда не придет к истинной Торе.

И это называется, что человек думает, что Творец дал Тору сынам Ишмаэля, ибо, даже если он не отказался от них, у Творца была мысль дать им Тору – т.е. с ними вместе. А когда он приходит к истинному пониманию, он видит, что и с ними тоже Он не дал Тору. Получается, что это называется «не приняли ее», т.е. что они не согласны.

А после того, как человек приходит к окончательному выводу, что сыны Эсава и сыны Ишмаэля не хотят Торы, называется, что человек пришел к осознанию зла. И тогда человек возвращается к свойству Исраэль, которое называется «прямо к Творцу» ‹Яшар-Эль›, когда всё, что он делает, обязано быть напрямую только ради Творца, что означает «прямо к Творцу».

И тогда он стоит перед выбором: или отказаться от всего и принять на себя только лишь свойство «Яшар-Эль», или остаться, как есть, т.е. исполнять Тору и заповеди с тем намерением, которое было у него во дни его детства – или принять выше знания, что называется состоянием «сделаем прежде, чем услышим», т.е. [не верить ни в каких богов] кроме Творца одного.

И поэтому сказано: «А потом вернулся Он к Исраэлю» – т.е. потом человек возвращается к Исраэлю, ибо Тора была дана только свойству народа Исраэля. И это называется «который избрал нас из всех народов»[652], ибо только когда человек приходит к свойству «Яшар-Эль», он готов к получению Торы. Выходит, что истинная Тора дается человеку, только когда он относится к свойству Исраэль.

В то же время до этого он может исполнять Тору в плане действия, но не в плане намерения, которое должно быть ради доставления наслаждения своему Создателю. И тогда он принимает Тору в качестве средства, т.е. «Я создал злое начало и создал Тору

---

651   Трактат Бава Батра, 16:1. См. также: Трактат Кидушин, 30:2.
652   Из благословения на чтение Торы.

в приправу ему». А потом, когда он становится Исраэлем, он удостаивается внутренней Торы, которая называется именами Творца.

436. Три молитвы

15 – 21 июля, 1978[653]

«Однако [только] три [вида обращения] называются молитвой: «молитва Моше, человека божьего»[654], это молитва, подобной которой нет ни у какого другого человека; «молитва Давида»[655], подобной которой нет ни у какого другого царя; молитва нищего, которая и является молитвой. Из всех этих трех молитв – какая является самой важной? Следует сказать: молитва нищего. Эта молитва [принимается] прежде молитвы Моше и молитвы Давида, и принимается прежде всех остальных молитв мира»[656].

«[Зоар] спрашивает: почему это так? [И отвечает:] потому что нищий сокрушен сердцем. Как сказано: «Близок Творец к сокрушенным сердцем»[657]. И нищий всегда ведет спор с Творцом, а Творец слушает и слышит его слова. Когда нищий возносит свою молитву, он открывает все окна небесные. А все остальные молитвы, поднимающиеся наверх, этот нищий, сокрушенный сердцем, задерживает. Как сказано: «Молитва нищего, когда обессиливает он 'ки йаатоф'»[658]. Следовало сказать: «Когда падает без сил» 'ки йитатеф'. Почему же сказано: 'ки йаатоф'? А дело в том, что он создает задержку, т.е. задерживает все молитвы в мире, которые не входят до тех пор, пола не вошла его молитва. 'Атуфа' означает «задержка», как сказано: «а поздние 'атуфим' – Лавану»[659]»[660].

Итак, у нас есть молитвы Моше, Давида, остальные молитвы и молитва нищего. В чем же разница между ними? В чем важность того, что нищий ведет спор с Творцом? Что означает «задерживает»? Как будто есть очередь, и один идет за другим.

И следует понять: 1) разницу между молитвами Моше, Давида, остальными молитвами и молитвой нищего.

2) Каково отношение к нищему как результат того, что он ведет спор с Творцом.

3) Что значит, что он задерживает все молитвы, пока его молитва не будет принята, как будто, когда молится нищий, следует заниматься только лишь им, и невозможно одновременно с этим отвечать на молитвы всех остальных людей?

Молитвой называется работа в сердце, т.е. хисарон – то, что сердце чувствует, что ему недостает. Иногда бывает, что человек чувствует, что ему недостает Торы, являющейся свойством Моше. А иногда бывает, что человек чувствует, что ему недостает свойства Машиаха, т.е. он заботится о том, почему избавление для Исраэля в целом всё еще не

---

653 Еврейская дата, нед. гл. Балак, 5738.
654 Псалмы, 90:1.
655 Псалмы, 86:1. Молитва Давида. Приклони, Творец, ухо Свое, ответь мне, ведь беден и неимущ я.
656 Зоар, Балак, 187.
657 Псалмы, 34:19.
658 Псалмы, 102:1. Молитва нищего, когда ослабевает он и пред Господом изливает [душу] в жалобе своей.
659 Берешит, 30:42. А когда запаздывал скот, то не ставил. И были поздние Лавану, а ранние Яакову.
660 Зоар, Балак, 188.

наступило, и это называется свойством Давида, царя-машиаха. И так же с остальными молитвами – каждый согласно тому, как он ощущает.

А бывает молитва, когда человек чувствует, что у него ничего нет, и он просто похож на животное, нет у него ни веры, ни трепета перед небесами, что является всей основой иудаизма. Поэтому он вступает в спор с Творцом, зачем Он создал его человеком <в то время как разум у него как у животного>. Т.е. [когда] он делает самоотчет, он видит, что он очень озабочен тем, что у него нет никакого хисарона, кроме собственной выгоды, и ощущение ближнего у него отсутствует, иначе как в том, что касается его собственной выгоды.

И за это он сердится на Творца, почему Он создал его человеком, с разумом и сердцем, которые должны принести миру какую-нибудь пользу. И оба они, т.е. и разум, и сердце, заняты только собственной выгодой. А если Он создал его человеком, почему же он не чувствует существования Творца?

Он хочет верить, но сердце его глупо, а вера его не приносит ему никакого ощущения, чтобы он мог знать и чувствовать, подобно тому, как сказали мудрецы: «Знай перед кем ты стоишь»[661]. И когда он говорит с людьми, даже со скотом, животными и птицами, он чувствует, что он говорит с кем-то. А когда он говорит с Творцом и когда учит Тору Творца, он не чувствует существование Творца.

Получается, что нет у него ничего, ведь у него отсутствует главная основа, а именно вера в Творца. И само собой, что он не может настраиваться ради отдачи, ведь он не чувствует величия Творца, чтобы ему было выгодно отменить себя и все достояние свое перед Творцом.

И он всё время злится и негодует, почему Творец скрывает Себя от него, чтобы он не мог почувствовать Его. И он всё время негодует, почему Творец покинул его, т.е. почему Творец дает ему возможность сказать, как будто Он создал его, а потом, когда он пришел к состоянию рождения, т.е. пришел к собственной власти, т.е. когда человек чувствует в мире, что он является реальностью, отделенной от Творца, обладающей собственной властью, и должен верить, что Творец находится близко, но на него эта вера не распространяется, тогда у него есть претензии, почему Творец сделал так, чтобы у него не было силы верить, чтобы он мог поверить, что Творец находится с ним рядом, как сказано: «Но близко к тебе это слово очень, чтобы устами твоими и сердцем твоим исполнять его»[662].

Поэтому, прежде чем человек получит ответ на эту молитву нищего, нельзя говорить о том, что Творец ответит ему на молитву Моше, являющегося свойством Торы, до того, как у него есть вера, т.е. первооснова. И также, когда он молится об избавлении, ему тоже не может быть ответа, и то же самое и с остальными молитвами – до того, как у него есть основа, чтобы Творец вообще мог услышать молитву. И поэтому никакая молитва не может быть принята, до того, как он получил ответ на молитву нищего.

И это называется, что все молитвы задерживаются. И имеется в виду лишь одно – что ни одна молитва не будет принята, до того, как была принята его молитва [т.е. молитва нищего], которая является первоосновой. А потом он может получить избавление во всех остальных вещах.

---

661   Трактат Авот, 3:1. Неточная цитата
662   Дварим, 30:14.

437. Первосвященство

18 – 24 июля, 1981[663]

Книга Зоар объясняет то, что должно было быть указанием о первосвященстве. Как сказано: «За то, что возревновал он за Всесильного своего»[664]. Ибо «Любой коэн, убивший душу человека, навсегда лишается священства, потому что он сделал негодной свою ступень по отношению к нему»[665].

И [Бааль Сулам] объясняет в комментарии Сулам, что «священство – это хесед (милосердие), а убийство души человека противоречит этому. И Пинхас, после того как он убил Зимри и Козби, по закону больше не может быть коэном. Но поскольку он возревновал за Творца, нужно было заново дать ему «священство вечное»[666] «ему и потомству его после него»[667]»[668]

И следует понять: если коэн – это ступень хесед, ведь он должен заниматься жертвоприношениями, приносить искупление за каждого из Исраэля, ибо все грехи исходят из свойства получающего кли, и потому коэн, т.е. свойство хесед, целиком направленное на отдачу, обладает силой вносить свойство приближения[669], называетмое подобием по форме, чтобы согрешивший обрел свойство хесед благодаря совершению жертвоприношения. Иначе, когда коэн убивает душу. Ведь любое убийство происходит, именно когда человек хочет получить компенсацию от того, кто заставил его страдать.

А, кроме того, смерть противоположна жизни, ведь святость называется жизнью. А когда он совершает действие обратное жизни, он соединяется с клипой. И как же тогда он может приблизить грешника к святости, которая является свойством жизни?

И поскольку всё искупление, которое человек приносит, направлено только на то, чтобы соединиться с источником жизни, что называется подобием по форме, следует спросить, почему после этого ему дается священство по тпй причине того, что он возревновал за Творца, но свойство хесед у него было нарушено.

И следует объяснить, что здесь [значит] «возревновал за Творца», ведь он знал, что он должен быть коэном, потому что он сын Элиэзера сына Аарона-коэна. А значение коэна является очень большим, ведь одну вещь мы видим [ясно] – что коэн может настраивать намерение на имя Творца в Святая Святых, чего не может никакой другой человек.

И в этом единство категории «Ашан»[670] – мир, год, душа. Как известно, «мир» – это свойства места, и это именно в месте Святая Святых. «Год» – это время и это именно в Йом Кипур, а «душа» – это первосвященник. И именно благодаря этому единению мира, года, души он мог настраивать намерение на полное имя Творца, и ещё во многих вещах у первосвященника есть преимущество.

А Пинхас, когда он увидел, что происходит в Исраэле, пошёл и сделал согласно свойству хесед, т.е. свойству коэна, и всё намерение его было только на отдачу,

---

663 Еврейская дата, нед. гл. Пинхас, 5741.
664 Бемидбар, 25:13. И будет он ему и потомству его после него союзом священства вечного, за то, что возревновал он за Всесильного своего и искупил сынов Исраэля.
665 Зоар, Пинхас, 21.
666 Бемидбар, 25:13.
667 Там же.
668 Зоар, Пинхас, 21.
669 Приближение 'иткарвут' и жертвоприношение 'курбан' возводится к одному корню.
670 Аббревиатура по первым буквам слов «мир» 'олам', «год» 'шана', «душа' 'нефеш'.

несмотря на то что он знал, что потеряет свое священство. И его материальная жизнь тоже была в опасности. Но он сделал действие по отдаче ради блага всего общества, для того чтобы общество было спасено от той опасности, которая тогда ему угрожала.

Согласно этому выходит, что он занимался именно действиями по отдаче, а не получением. Поэтому ему было возвращено [священство], поскольку это убийство не было действием, противоречащим источнику жизни. А, наоборот, благодаря этому [его] действию в свойстве хесед, все смогут увидеть и научиться у него быть соединенными с источником жизни. И в этом смысл слов «что возревновал он за Творца».

438. Спаси, Всесильный мой, Ты раба Твоего

18 – 24 июля, 1981[671]

««Спаси, Всесильный мой, Ты раба Твоего»[672]. «Обрадуй душу раба Твоего»[673]. «Дай силу Твою рабу Твоему»[674]. В этом псалме Давид трижды становится рабом, и это соответствует [порядку], установленному авторами Мишны, согласно которому человек во время молитвы должен трижды становиться рабом.

В первых благословениях он должен быть как раб, который воздает хвалу своему господину. В средних – как раб, который просит у своего господина подарок. В последних благословениях – как раб, благодарящий своего господина за тот подарок, который он получил от него, и уходит»[675].

Итак, тут приведен порядок работы человека, потому что вначале человек должен верить в Творца выше знания и воздавать хвалу своему Господину, что означает, что он должен ощущать себя в полном совершенстве.

Ведь, как известно, насколько человек чувствует, что товарищ дает ему подарки, в этой мере он и восхваляет его. И также, в той мере, в которой он чувствует величие товарища, он может воздавать ему хвалу. То есть, если он чувствует, что ему чего-то недостает, а товарищ может наполнить это, у него тут же иссякают силы, позволяющие восславлять и восхвалять товарища.

Поэтому, когда человек начинает работать, он обязан идти верой выше знания, как будто у него нет ни в чём недостатка, а, наоборот, его Господин наполнил ему все его желания. И тогда он называется совершенным, и тогда совершенный может соединиться с Совершенным. Тогда как если у него есть недостаток, несовершенный не может соединиться с Совершенным.

А потом он может выстроить свои хисароны, как раб, который просит подарок у своего господина, ведь тогда он просит о своих нуждах, т.е. «нет у судьи больше, чем видят его глаза»[676], и нельзя пропускать ни одного хисарона, который есть у него, а наоборот именно в мере ощущения своего хисарона он может молиться о том, чтобы его Господин наполнил его желания. И тогда чем больше ученик спрашивает, тем лучше.

А потом в конце нельзя оставаться в хисароне, и он снова должен идти верой выше знания, находясь в полном совершенстве. Как сказано, «как раб, благодарящий своего

---

671 Еврейская дата, нед. гл. Пинхас, 5741.
672 Псалмы, 86:2.
673 Псалмы, 86:4.
674 Псалмы, 86:16.
675 Зоар, Пинхас, 180.
676 Трактат Бава Батра, 131:1

господина за тот подарок, который он получил от него, и уходит»⁶⁷⁷. Т.е., он должен верить выше знания, что уже получил [наполнение] на все свои желания, и это называется «подарок».

И он благодарит за это своего Господина, ведь нельзя человеку пребывать в разделении, т.е. когда у него есть претензии к своему Господину, что Он не дает ему то, что он просит. Поэтому нельзя, чтобы человек находился в хисароне, и он всегда должен быть в радости. Но для того чтобы у него были получающие келим, он должен пробуждать хисароны.

И в плане жертвы это называется, что она растет и уменьшается, – знания в начале и знания в конце, и отсутствие [знания] посередине. Т.е. между двумя знаниями можно видеть его отсутствие. Т.е. у него нет никакого раскрытия в смысле истины так, чтобы он ощущал, что его работа желанна его Господину.

Отсюда вытекает, что нельзя раскрывать никакого хисарона в Торе и работе себе самому, а наоборот, он всегда должен идти выше смысла и знания, будучи в полном совершенстве. А посередине он может просить о своих желаниях, как это видят его глаза, как будто у него есть только хисароны. Но после этого он должен поверить, как будто он уже получил [наполнение] всех своих желаний и благодарит за это своего Господина.

И тогда он может пребывать в радости, от того что он совершенен. Получается, что всё совершенство построено на вере, а его хисароны строятся на знании, потому что «нет у судьи больше, чем видят его глаза».

439. Почему Пинхас удостоился священства

18 – 24 июля, 1981⁶⁷⁸

Злое начало и доброе начало – это вопрос не разума, а ощущения. Если, когда он занимается Торой и заповедями, и не видит никакой оплаты для собственной выгоды, он чувствует себя плохо, это называется злым началом. А величина злого начала зависит от меры плохого ощущения – сожалеет ли он, что не видит ничего приятного в работе, или не видит, чтобы у него вышло из этого что-нибудь для собственной выгоды.

В мере ощущение страдания от такого низкого состояния, называется, что у него есть большое зло. В тоже время, если он понимает разумом, что у него не всё в порядке в духовных делах, но ему от этого не больно, это не называется, что у него есть злое начало, потому что ему не плохо.

Как сказано: «Если обидел тебя этот негодяй, тащи его в дом учения»⁶⁷⁹. Ибо именно тогда, когда он хочет тащить его в дом учения, он видит, что это негодяй. Но совет, как избавиться от него, заключается в том, чтобы [идти] именно верой выше знания и молитвой выше знания.

---

677   Зоар, Пинхас, 180.

678   Еврейская дата, нед. гл. Пинхас, 5741.

679   Трактат Кидушин, 30:2.

440. И увидел Пинхас

14 – 20 июля, 1979[680]

«Потому скажи. Вот Я даю ему Мой союз мира»[681].

И следует понять это как указание на то, что такое союз мира – что особенного есть в этом союзе, который называется союзом мира.

В конце главы Балак сказано: «И увидел Пинхас»[682]. И объясняет Раши: «Увидел происходящее и вспомнил закон. Сказал он Моше: «От тебя я усвоил [закон]: Того, кто сошёлся с арамеянкой [т.е. язычницей], поражают ревнители»»[683]. Т.е. суд не предписывает ему делать это[684]. Отсюда получается, что смысл того, что он «увидел происходящее» в том, что тут есть только действие, и он «вспомнил закон», т.е. закон состоит в том, что суд не предписывает ему действовать.

А если следовать намекам, суд – это, как сказали наши мудрецы, что «бедствия приходят в мир только для судей Исраэля»[685], что означает, что для каждого из Исраэля существует суд, т.е. что внутри человека существует разум, который судит всё подряд с точки зрения делать это или нет. И это называется судом каждого.

Получается, что если судья его – недостойный, он как будто поклоняется идолам. И до того, как человек удостоился возвращения, суд его – это судьи, недостойные устанавливать закон в Исраэле.

Поэтому: «увидел происходящее», т.е. служащий Творцу, который хочет идти путем истины, может видеть только действия, но не закон. А закон – это то, что должен определить его разум, а разум никогда не будет понуждать его делать ради отдачи, поскольку это против его желания. Поэтому его суд не согласится, чтобы он действовал и строил намерение ради отдачи, если только он не пересилит и не скажет: «Я – ревнитель», т.е. несмотря на то что его суд не указывает ему так, я буду делать действия без разума, что называется выше знания.

А в отношении действия всегда нужно быть в преодолении. Это называется, что он постоянно находится в состоянии войны, как сказали наши мудрецы: «Всегда будет человек гневить доброе начало на злое начало»[686], и объясняет Раши: «Чтобы оно воевало с ним».

А если человек всегда идёт в свойстве выше знания, Творец говорит: «Вот я даю ему мой союз мира»[687]. Как сказано: «Услышу, что скажет Всесильный, Творец, ибо мир обещает Он народу Своему и праведникам Своим, и пусть не возвращаются они к глупости»[688].

Это означает, что после того как Творец заключает с человеком союз мира, у него больше нет войн, как сказано: «Если Творец благоволит к путям человека, то и врагов его примирит с ним»[689].

---

680 Еврейская дата, нед. гл. Пинхас, 5739.
681 Бемидбар, 25:12.
682 Бемидбар, 25:7. И увидел Пинхас, сын Элазара, сына Аарона-священнослужителя, и встал он из среды общины, и взял он копье в руку свою.
683 Комментарий Раши к гл. Балак.
684 Закон о ревнителях рассматривается в Талмуде, у Рамбама и в Шульхан Арух. В Шульхан Арух сказано, что, если спросить суд, суд не предписывает убивать грешника.
685 Трактат Шабат, 139:1.
686 Трактат Брахот, 5:1.
687 Бемидбар, 25:12.
688 Псалмы, 85:9.
689 Притчи, 16:7.

441. Соверши возмездие за сынов Исраэля

21 – 27 июля, 1979[690]

«И говорил Творец Моше... Соверши возмездие за сынов Исраэля над мидьянами... И говорил Моше народу... чтобы совершить возмездие Творца над Мидьяном»[691].

И комментаторы спрашивают, почему Моше изменил слова Творца, сказав народу «возмездие Творца», а не «возмездие за сынов Исраэля», как сказал ему Творец. И ещё они спрашивают об изменении фразы, ведь Творец сказал «возмездие над мидьянами» – во множественном числе, а Моше сказал «над Мидьяном» – в единственном числе.

И следует объяснить: известно, что цель творения со стороны Творца – насладить Свои создания. Получается, что Творец сказал, что все войны, которые мы должны вести, – это для того, чтобы прийти ко благу и наслаждению – чтобы творение смогло получить их.

А Моше, когда он говорил с Исраэлем, [понял, что] если он скажет им, что их война будет ради собственной выгоды, получается, что они упадут в эгоистическую любовь, которая называется получением ради получения. А на это произошло сокращение. И таким образом они никогда не достигнут цели.

Поэтому он сказал им: «Чтобы совершить возмездие Творца» – т.е. они должны настраивать намерение на то, что война со злым началом – ради пользы Творца, а не ради собственной выгоды. И благодаря этому они достигнут цели творения, состоящей том, чтобы насладить Свои создания.

И по правде говоря, есть много свойств, с которыми нужно воевать. Поэтому, когда Творец сказал Моше: «Соверши возмездие за сынов Исраэля над мидьянами», [Он имел в виду], что есть много судов, которые нужно победить. Поэтому сказано во множественном числе – ибо это то, что должно произойти, т.е. нужно победить много мидьян, которые называются судами[692], ибо они есть то, что мешает достичь цели творения.

А когда Моше сказал народу: «Соверши возмездие Творца над Мидьяном», это указывает на то, что если они пойдут путём, на котором нужно только одно исправление, т.е. «возмездие Творца», в этом плане есть только один суд, включающий в себя много судов, т.е. человек не должен бороться со всеми судами, или со всеми плохими свойствами, а если он пойдет по пути, на котором все действия нужно направлять на Творца, т.е. ради небес, – если в этом будет всё его намерение, – все [плохие] свойства автоматически отменятся сами, и не надо посвящать особую работу каждому свойству.

Ибо в той мере, в которой намерение – ради небес, если он удостоился этого, т.е. победы в этой войне, чтобы всё было ради отдачи Творцу, все [плохие] свойства автоматически отменяются и упраздняются. Поэтому он сказал в единственном числе: «Соверши возмездие Творца над Мидьяном».

---

690   Еврейская дата, нед. гл. Матот, 5739.

691   Бемидбар, 31:1-3. И говорил Творец Моше так: (2) Соверши возмездие за сынов Исраэля над мидьянами; затем приобщишься к народу твоему (3) И говорил Моше народу так: Пусть снарядятся из вас мужи в войско, и будут они против Мидьяна, чтобы совершить возмездие Творца над Мидьяном.

692   Написание слова «мидьяне» 'мидьяним' отличается от написания слова «суды» 'диним' одной буквой.

443. Письмо совершается усилием

«В чем твое ремесло?.. но [я предусмотрел] даже опасность того, что придет муха и сядет на коронку буквы далет, стерев ее и превратив в рейш»[693].

«Муха» означает посторонние мысли. «Далет» – смотри в Предисловие к книге Зоар, в начале, что «далет» – в святости, а «рейш» – в Ситре Ахре. «Напишет, но можно стереть»[694], это вера. Канкантум – это 150[695] смыслов, т.е. свойство знания. Писец 'лавлар'[696] означает «Напиши их на скрижалях сердца своего»[697]. «Пропускает и добавляет» – это хисарон правой линии или левой.

«Канкантум» – это дважды «кан», т.е. чистый «кан» и нечистый «кан». Когда они одинаковы, получается, что у него есть место для веры.

«В чернила» – т.е. чернота, или состояние работы, ибо письмо совершается главным образом усилием. А когда он пишет, у него уже есть два состояния, которые называются «кан–кан–тум», ибо именно тогда у него есть возможность узнать, что с помощью этого он пишет.

444. Тьма предшествует свету

«Если рав похож на ангела…»[698]. «Кто называется богатым? Тот, кто доволен своей долей»[699]. Человек становится более приземленным из-за еды.

У пищи нет вкуса, если она не проходит через язык и нёбо. Аналогично и с духовной пищей – если Тора и заповеди не прошли через веру в Творца, в них нет вкуса, подобно материальной пище.

Существует цель творения и исправление творения. Если [есть пищу] не так как ее едят, наслаждения не будет. И это нёбо и язык. А с Торой и заповедями – это «ради небес» и «ло лишма». Ночь наступает после дня, потому что всякий свет пребывает на соответствующей ему тьме. Подобно тому, как всякое объяснение пребывает на относящейся к нему проблеме. Поэтому не может быть света или дня прежде тьмы и ночи.

---

693 Трактат Эрувин, 13:1. Разве р. Иуда от имени Шмуэля не передал слова р. Меира: когда я учился у р. Акивы, я добавлял в чернила канкантум [витриол, сульфат железа], и он ничего не говорил мне, но когда я пришел к р. Ишмаэлю, он сказал мне: Сын мой, каково ремесло твое? Я сказал: Я писец. Сказал он мне: Будь осторожен в своей работе, ибо ремесло твое свято, если ты пропустишь или добавишь одну букву, ты этим разрушишь весь мир. Сказал я ему: есть у меня одно вещество, которое называется «канкантум», и я добавляю его в чернила. Сказал он мне: Разве можно добавлять канкантум в чернила? Раве не сказано в Торе: «И напишет», «и сотрет» – т.е. письмо должно быть таким, чтобы его можно было стереть? Какая связь между вопросом одного и ответом второго? Может быть, последний имел в виду: нет нужды говорить о пропусках или добавках [ибо я не ошибаюсь], так как знаю [предмет], но [я предусмотрел] даже опасность того, что придет муха и сядет на коронку буквы далет, стерев ее и превратив в рейш, ибо у меня есть одно вещество, называемое «канкантум», которое я добавляю в чернила.
694 Бемидбар, 5:23.
695 «Кан», куф–нун, числовое значение 150.
696 Слово «писец» 'лавлар' возводится к слову «сердце» 'лев'.
697 Притчи, 3:3. Милость и истина пусть не оставят тебя; повяжи их на шею себе, напиши их на скрижалях сердца своего;
698 Трактат Моед Катан, 17:1. Если рав похож на ангела Творца, нужно искать Тору из уст его, а если нет – не следует искать Тору из уст его
699 Трактат Авот, ч. 4, мишна 1.

445. Нет экрана в кетере

Наши мудрецы в нескольких местах говорят о том, что в свойстве кетер нет никакого экрана, который позволял бы совершать зивуг. Т.е. оно совершенно очищено. В таком случае, как же он [т.е. Бааль Сулам] написал, что в парцуфе «новый МА» есть экран бхины хэй, которая называется «кетер» (см. Паним Меирот у-Масбирот, с. 221, со слов «и смысл»).

«А потом вышел...» – а в бхине бет – мелех гвура, уровень десяти сфирот которого, [доходит] до хохмы де-бина (стр. 162, со слов «а потом»). И, казалось бы, следовало написать «только до бины».

Когда келим «охель месаперет»[700] упали из рош, тогда ниже келим «бедек хая»[701] кетеры стоят в двух линиях, правой и левой, Зеир Анпин в хеседе и гвуре, кроме остальных бхинот, которые стоят в хеседе и нецахе. Рав [т.е. Бааль Сулам] пишет ясно, что даже кетеры стоят в хеседе и нецахе[702].

446. Что такое суша

А теперь выясним что такое суша, где нет опасности, а наоборот большое подслащение, однако это подобно входу без выхода, поскольку она не может порождать пищу и провизию, а то, что падает на нее, сгорает и пропадает от ее жара и сухости, как сказано «Пекло солнце и он [т.е. ман] таял»[703].

И потому: «И пар поднялся с земли и напитал всю поверхность ‹паним› земли»[704]. Ибо главная сила земли – это паним, от которых исходят все ее подслащения. А слово «пар» 'эд' происходит от слов «беда и несчастье» 'эд ва-шевер', которое противоположно желанию 'рацон' и земле 'арец'.

Однако же знай, что эта беда ‹эд› берет от свойства водной бездны, но не в виде «бурного ветра», а в виде «облачных столпов», и это свойство земли и суши, которая абсолютная закрыта от солнечного света и покрывает солнце. И она несет тьму и туман жителям земли. А сами эти облака, т.е. «беда и несчастье», окунаются в воды моря и черпают из смешения морских вод и небес, и подслащают эти воды облаками, и они-то и напитывают землю.

А у земли «есть выход», ибо суша твердеет в сосуде бездны, и пойми это как следует. И тогда она порождает плоды. И потому сказано о ней дважды «что хорошо»[705], что означает: как в отношении большой бездны, которая в воде, так и в отношении малой бездны. И это – благодаря тому, что прежде всего воды стеклись в одно место[706] –

---

700 Буквы алеф,вав,каф,ламед и мем,самех,пей,рейш,тав, особенность которых в том, что при письме над ними нет ни одной коронке.
701 Буквы бет,далет,куф и хет,йуд,хэй пишутся с одной коронкой. См. «Эц Хаим», врата 8, гл. 6
702 Паним Меирот у-Масбирот, стр. 253, со слов «и отсюда пойми».
703 Шмот, 16:21.
704 Берешит, 2:6.
705 Берешит, 1:10. И назвал Всесильный сушу землей, а стечение вод назвал Он морями. И видел Всесильный, **что хорошо**. Берешит, 1:12. И породила земля поросль, траву семяносную по виду ее, и дерево, дающее плод, в котором семя его, по виду его. И видел Всесильный, **что хорошо**.
706 Берешит, 1:9.

вызвало свойство милосердия и жизни, и потому исцелились они, как один, как сказано: «И возрадовались они, что смолкли»[707].

День третий. И вот видишь ты, что свет первого дня, это свойство кетер. А второго дня – АБ, а третьего дня – САГ, где этот САГ включает в себя Гальгальту и АБ и разрешает их противоречие, как в свойстве вод моря, так и в свойстве плодов, порождаемых землей.

И не говори, что и про первый день сказано «вечер[708] ‹эрев› и утро», ведь ‹эрев› указывает на сочетание, и как же он говорит, что тут это бхина далет без сочетания?

Однако Тора говорит только о сотворении, «И «В начале» – это тоже речение»[709]. И «В начале» – это речение, сочетающее свойство милосердия с корнем буквы «бет» слова «в начале» 'берешит', но дело в том, что начинают от Бесконечности к 9-ти речениям, что означает «и был день один», бхина далет [нрзбр.] а творение начинается со второго дня.

Удвоение слов «что хорошо». Из того, что все воды собрались в одно место в свойстве милосердия, малхут бины, нуква великой бездны, связала свою неисправность с высшим. И также поэтому они исцелились, как один, в свойстве суши, которая раскрылась, и две бездны стали годными для питья и для порождения плодов. Как сказано «и покажется суша»[710]. А потом возникло чудесное свойство (сгула) порождающего хлеб и плоды из земли.

Буква «бет» слова «берешит» означает Радла. «Один день» означает бхину далет без сочетания. «День второй» означает малхут де-АБ до суши. «День третий» – это малхут де-САГ, в которой есть суша.

447. Мир с Творцом

«Услышал я весть Твою и испугался я»[711]. И объяснили [наши мудрецы] – от того, что произошло с ним, он привлекает свойство трепета, несмотря на то что сейчас он в полном совершенстве, к которому нечего добавить. Но – от того, что произошло с ним, т.е. от времени катнута, когда вся его работа была в состоянии несовершенства. Получается, что было долгое время, когда он, не дай бог, не пребывал в мире с Творцом.

На это сейчас он хочет произвести исправление, ибо он не может успокоиться, как же он когда-то мог пребывать в таком состоянии. И этого он стыдится, и привлекает сейчас трепет и стыд.

«Ты дал боящимся Тебя знамя ‹нес›, чтобы реяло оно ради истины ‹кошет›. Сэла!»[712] «Истина» ‹кошет› – в смысле украшения ‹кишут› в точке желания. Ибо благодаря тому, что человек хочет идти путем отдачи, он удостаивается состояния чуда ‹нес›, так как это против природы и разума. И это не в возможностях человека, и мы нуждаемся в чуде с небес. А в мере чуда мы удостаиваемся свойства трепета. Получается, что именно боящиеся имени Его удостаиваются этого чуда.

---

707 Псалмы, 107:30.
708 Слово «эрев» означает, как «вечер», так «смешивание».
709 Трактат Авот, гл. 5, мишна 1. Комментарий Раши. «Десятью речениями был создан мир» – это девять «И сказал», **и «В начале» – это тоже речение**.
710 Берешит, 1:9. И сказал Всесильный: Да стекутся воды под небесами в одно место, и покажется суша! И было так.
711 Хавакук, 3:2.
712 Псалмы, 60:6.

И это «чудо, чтобы реяло оно». И это именно для того, кто хочет идти путем «украшения» в точке желания получать. В то же время тот, кто не идет в свойстве «украшения», а вся его работа в свойстве желания получать, будь то материальное или духовное, не находится на пути святости и чуда. И потому сказали наши мудрецы: «Не каждый день случается чудо»[713].

Это означает, что не всё, что называется «день», т.е. когда он учится и молится, и у него есть воодушевление, и он находится в приподнятом настроении, является состоянием чуда. Ведь всё его здание относится к свойству получения, как в сердце, так и в разуме, но именно работа, основанная на «украшении», относится к свойству чуда, а не то, что внутри разума.

«К лицу светильника будут светить семь лампад»[714]. И объясняет Раши: «Чтобы не сказали, что свет его [светильника] нужен Ему»[715].

И следует спросить: разве придет в голову говорить такое о предполагаемом? И еще более непонятно сказанное мудрецами в трактате Шабат: «Неужели свет его [светильника] нужен Ему? Ведь все сорок лет, которые сыны Исраэля были в пустыне, они шли только благодаря Его свету. Но дело в том, что для живущих в мире это свидетельство того, что Шхина пребывает в Исраэле. В чем заключается это свидетельство? Сказал Рав: это западная лампада, в которую наливают столько же масла, сколько и в другие, но от нее он зажигал, и ею заканчивал»[716].

«Светом Его» называются света хасадим, относящиеся к отдающим келим. А «нужен» – т.е. Творцу нужно управлять ими таким образом, чтобы они шли путем Творца, а иначе они не будут продолжать свою святую работу. «Неужели свет его» – т.е. Творец хочет и нуждается, и у Него нет другого пути, если есть высшая воля, чтобы они пошли путем Творца только с помощью света хохма, принимаемого в получающие келим, который называются светом нижних, принимаемым в получающие келим.

И на это они привели свидетельство – «ведь сорок лет, которые Исраэль были в пустыне, они шли только благодаря Его свету», т.е. состояние скрытого мира ‹альма де-эткасия›, который от хазе и выше, и называется светом, облаченным в отдающие келим, которые есть только у Создателя.

Но дело в том, что, хотя свет светильника и светил вниз, поскольку масло – это свойство хохмы, которая светит в келим нижнего, в любом случае, «к лицу светильника». Т.е. все: как правая сторона, так и левая, – все они обращаются к средней линии.

448. Ощущение совершенства

«Спрашивается о стихе «непрестанно глаза Творца, Всесильного твоего, на ней»[717] временами к добру, временами – ко злу. Временами к добру – это как? Если Исраэль были законченными грешниками в Рош аШана, и им были определены [свыше] незначительные дожди, а в конце они раскаялись, – добавить невозможно, ибо решение уже принято, но Творец посылает их [т.е. дожди] на землю в те времена, когда она нуждается в них. Всё согласно земле.

---

713   Трактат Псахим, 50:2.
714   Бемидбар, 8:2.
715   Бемидбар, 8:2. Комментарий Раши.
716   Трактат Шабат, 22:2.
717   Дварим, 11:12. Земля, которую Творец, Всесильный твой, взыскивает; **непрестанно глаза Творца, Всесильного твоего, на ней** от начала года и до конца года.

Временами ко злу – это как? Если Исраэль были полными праведниками в Рош аШана, и им были определены обильные дожди, а в конце они испортились, уменьшить их [т.е. дожди] невозможно, ибо решение для них уже принято, но Творец посылает их не вовремя на землю, которая не нуждается в них. [К добру] в любом случае, можно было бы отменить постановление и добавить им [дождей]? Там иное, а тут достаточно и этого»[718].

Т.е. если человек не удостоился, в момент еды он чувствует себя в совершенстве, а во время Торы и заповедей он чувствует себя в недостатке и низости. Но на самом деле, должно быть наоборот: когда он занят материальным, он должен быть в хисароне, а во время Торы и заповедей он должен быть в совершенстве, и тогда он будет доволен своей долей.

449. Объявляют о капле

В Рош аШана, в то время, когда Исраэль были достойны… в подобающем месте[719]. И объясняет Раши: «В леса и пустыни». Когда объявляют о капле, что это будет капля и т.д. и он удостаивается[720] – что делать? Ему дают силы в том месте, где будут результаты. Т.е. он учится по книгам, которые приведут к «лишма» и в окружении, в котором работают «лишма». А если нет – наоборот.

451. Чистый глазами

Творец называется «чистый глазами»[721] по названию действия, как «излечивающий больных»[722], «освобождающий узников»[723] – потому что он очищает глаза человека, аналогично тому, как нижнее хэй опускается с глаз ‹эйнаим› вниз. Когда Творец снимает получающее кли с глаз человека, человек удостаивается увидеть добро.

452. Как я пляшу перед Тобой

4 – 10 августа, 1979[724]

«Как я пляшу перед тобой, но не могу коснуться тебя, так же не смогут все враги мои коснуться меня, причиняя зло»[725]. «Да будет воля [Твоя]… восполнить ущербность

---

718 Трактат Рош аШана, 17:2.
719 Трактат Рош аШана, 17:2. Если Исраэль были полными праведниками в Рош аШана, и им были определены обильные дожди, а в конце они испортились, уменьшить их [т.е. дожди] невозможно, ибо решение для них уже принято, но Творец посылает их не вовремя на землю, которая не нуждается в них.
720 Трактат Нида, 16:2. Ведь объясняет р. Ханина бар Папа: тот ангел, который отвечает за беременность и имя которому «Ночь», берет каплю и приносит ее к Творцу, говоря перед Ним: «Властелин мира! Капля эта, что станет с ней? Сильный или слабый? Умный или глупый? Богатый или бедный?» Но будет ли она грешником или праведником не спрашивает.
721 Хавакук, 1:13. Чист глазами Ты, чтобы видеть зло, и смотреть на беззаконие не можешь Ты. Зачем смотришь Ты на изменников молча, когда грешник истребляет [того, кто] праведнее его?
722 Из молитвы «18 благословений».
723 Из утренних благословений.
724 Еврейская дата: гл. Ваэтханан, 5739.
725 Благословение луны.

луны и не будет у нее никакого уменьшения ... как была она до своего уменьшения»[726]. И следует понять, какая разница человеку, что у луны есть ущерб? Что он теряет от этого?

Луна указывает на малхут. А малхут понимается как высшая власть, означающая, что мы должны построить намерение, чтобы все поступки [наши] были ради доставления наслаждения Творцу, а не ради получения для себя. А у Ситры Ахры есть два действия:

Называется «присоединение клипот»;

«Вскармливание клипот».

Ведь когда человек не чувствует вкуса в работе и делает всё по принуждению, клипа показывает ему ущербность духовного, т.е. что у духовного нет никакого вкуса. И благодаря этому у нее есть «присоединение», т.е. она не дает человеку заниматься Торой и заповедями, поскольку духовное находится в принижении. И это называется «Шхина во прахе».

А когда человек усиливается в Торе и заповедях и удостаивается достичь определенного вкуса в этой работе, является клипа, которая хочет кормиться от святости, т.е. она дает человеку понять, что он должен заниматься Торой и заповедями не из-за того, что так заповедано, а для самонаслаждения, ведь сейчас он испытывает наслаждение. Таким образом, весь вкус и наслаждение переходят к Ситре Ахре, а не к святости, что и называется «вскармливанием клипот».

Поэтому, чтобы не происходило вскармливание клипот, луна уменьшилась. Т.е. вкус и наслаждение, заключенные в святости, уменьшились, и из-за этого ей [т.е. клипе] нечем кормиться. Однако, зато появилось место для пляски. Ведь «пляска» означает, что человек то поднимается вверх, то опускается вниз, и то падает вперед, то – назад.

Поэтому во время отсутствия света, когда человек должен преодолевать верой выше знания, можно говорить о пляске, что означает духовные подъемы и духовные падения. И об этом времени сказано: «Но не могу коснуться тебя», т.е. кормиться нечем, «так же не смогут все враги мои коснуться меня, причиняя зло». Во время полноты – и тогда молятся о восполнении ущерба луны, чтобы у нее не было никакого уменьшения, т.е. чтобы она была в полноте, и молитва – о том, чтобы и тогда враги не смогли коснуться ее, причиняя зло, то есть кормиться от нее.

И об этом молитва: как во время уменьшения нет места для вскармливания, так же и во время полноты луны у врагов не будет возможности кормиться от нее.

Поэтому молятся о том, чтобы восполнить ущерб луны, т.е. чтобы раскрылись свет и наслаждение. А потом молятся о том, чтобы у нее не было никакого уменьшения, т.е. чтобы Ситра Ахра не могла прийти и начать кормиться от нее, ибо из-за вскармливания возникает уменьшение. Поэтому говорят: «И не будет у нее никакого уменьшения».

---

[726] Освящение луны. **Да будет воля [Твоя]** Творец Всесильный мой и Всесильный отцов моих **восполнить ущербность луны и не будет у нее никакого уменьшения**. И да будет свет луны подобен свету солнца, и как свет семи дней творения, **как была она до своего уменьшения**.

453. И открылись глаза у обоих

31 июля – 7 августа, 1982[727]

В Книге Зоар сказано о стихе «И открылись глаза у обоих»[728]: «О грядущем будущем сказано: «И поведу Я слепых дорогой, которой не знали они...»[729] – ибо в будущем Творец откроет глаза, которые не были мудрыми, чтобы они могли взирать на высшую мудрость и постигать то, чего не постигали в этом мире, чтобы узнали они Господина своего»[730].

У Ишаяу сказано: «Глухие, слушайте, и слепые, смотрите, чтобы видеть. Кто слеп, если не раб Мой, и глух, если не ангел Мой, которого Я посылаю? Кто слеп, как безупречный, и слеп, как раб Творца?»[731]

И следует понять: неужели у Творца нет рабов, кроме слепых, и ангелов, кроме глухих, неужели Он не мог выбрать людей без изъянов?

Но дело в том, что на пути работы Творца, на пути истины, всегда есть две противоположности, как это выясняется во многих местах в комментарии Сулам. Так же и здесь следует объяснить, кто может быть ангелом Творца. Именно тот, кто «глух», поскольку не желает слышать злословия. Ведь когда человек желает работать в «лишма», тело сопротивляются ему с разного рода аргументами, а он делает вид, как будто не слышит, что тело говорит ему.

Получается, что он всегда может оставаться в совершенстве. Ведь то, что человек падает со своей ступени, вызвано только тем, что он слышит злословие своего тела по поводу работы не для получения вознаграждения. Выходит, что он всегда мог оставаться в совершенстве.

Но, с другой стороны, он должен видеть, что он «слеп», т.е. что у него нет раскрытия глаз в Торе. Ведь вся Тора – это имена Творца, а он не видит [этого].

И тогда у него есть келим, которые называются хисаронами, на свет Торы, ведь у него есть недостаток, так как вся Тора скрыта от него, и он чувствует себя слепым. Именно он может быть рабом Творца, что означает, что Творец осветит глаза его Торы Своей, как сказано: «И освети глаза наши Торой Своей»[732].

Однако мы видим, что есть много людей, которые слепы, т.е. закрыты глаза их для света Торы, и не каждый удостаивается раскрытия глаз. Об этом сказали наши мудрецы: слепой важен как мертвый[733]; бедный важен как мертвый; тот, у кого нет сыновей, важен как мертвый[734].

Это означает: когда он чувствует, что он слеп, и это для него считается «как мертвый», т.е. он при этом чувствует, что он беден знанием, т.е. у него нет понимания в Торе, а это называется, что «у него нет сыновей»[735], он сам важен, как будто бы он был мертв,

---

727 Еврейская дата: гл. Ваэтханан, 5742.
728 Берешит, 3:7. **И открылись глаза у обоих**, и они узнали, что наги они. И сшили они листья смоковницы и сделали себе опоясания.
729 Йешаяу, 42:16. **И поведу слепых дорогой, которой не знали они**; по путям, неведомым им, вести буду их; обращу мрак перед ними в свет и кривые дороги – в равнину. Эти дела – сделаю Я их и не оставлю их.
730 Зоар, Ваэтханан, п. 35.
731 Йешаяу, 42:18-19.
732 Из благословения, читаемого во время утренней молитвы.
733 Идиома, означающая «не имеет значения».
734 Трактат Недарим, 64:2. Четверо важны как мертвый: бедный, прокаженный, слепой и тот, у кого нет сыновей.
735 Слово «понимание» 'авана' возводится к слову «сыновья» 'баним'.

т.е. у него нет никакого вкуса к жизни, из-за того, что глаза его закрыты для Торы, – он называется рабом Творца, как сказано: «и слеп, как раб Творца»[736], который удостаивается раскрытия глаз в Торе.

Поэтому сказано: «Глухие, слушайте», т.е. впоследствии, когда он удостаивается света Торы, из-за того, что до этого он был глух, ибо не желал слушать, как тело злословит о работе ради отдачи, – впоследствии он уже слышит. Ибо исполнится: «Возлюби Творца Всесильного своего всем сердцем своим [букв.: всеми сердцами своими]»[737], т.е. двумя желаниями, ибо «если Творец благоволит к путям человека, то и врагов его примирит с ним»[738]. И тогда и тело тоже согласно с работой Творца.

455. За то, что будете слушать

26 августа – 1 сентября, 1978 г.[739]

«И будет: за то, что будете слушать правопорядки эти и соблюдать, и исполнять их, хранить будет Творец, Всесильный твой, для тебя завет и милость, о чем Он клялся отцам твоим»[740].

И объясняет Раши: «Если легкие заповеди, которые человек попирает своими пятами[741], будете слушать, "хранить будет Творец, Всесильный твой" – Он будет хранить для тебя Свое обещание»[742].

И следует понимать слова «легкие заповеди», как презрительное отношение, т.е. намерение отдавать Творцу, которое презирается телом. А если человек будет соблюдать [их], Творец исполнит Свое обещание. А иначе на действия человека распространяется сокращение, т.е. на них не может пребывать свет Творца.

456. Маленькие способности

По поводу выбора. Если человек создан с маленькими способностями, как можно говорить о нем, что он станет мудрецом? Ведь разум его мал, для того чтобы понять слова Торы.

Об этом говорит Мидраш Раба: «Сказал Творец Исраэлю: клянусь вам, вся мудрость и вся Тора есть [одна] простая вещь! Всякий трепещущий предо Мной и исполняющий слова Торы – вся мудрость и вся Тора в сердце его»[743].

И [Бааль Сулам] объясняет это в Предисловии к ТЭС: «Ведь тут не нужно никаких предварительных способностей, а, наоборот, только благодаря трепету перед Творцом и исполнению Торы и заповедей удостаиваются мудрости Торы»[744]. Как сказано: «Всё в

---

736 Йешаяу, 42:19.
737 Дварим, 6:5.
738 Притчи, 16:7.
739 Еврейская дата: недельная гл Экев, 5738 г.
740 Дварим, 7:12.
741 Слово «пята» 'экев' звучит, как слово «за то» 'экев'.
742 Дварим, 7:12, комментарий Раши.
743 Предисловие к ТЭС, п. 31, где приводится Мидраш Раба, гл. «Ве зот а-браха» (Мидраш Раба, Дварим, 33:6)
744 Предисловие к ТЭС, п. 31.

руках небес, кроме трепета перед небесами»⁷⁴⁵. Ибо только в отношении трепета перед небесами должен быть выбор, а остальное дает Творец.

457. Совет Творца стоять будет вечно

По поводу стиха: «Совет Творца стоять будет вечно»⁷⁴⁶. И следует понять: есть правило, что для того чтобы достичь чего-либо человек пользуется неким советом, однако после того как он достиг это, он уже не пользуется этим советом. В таком случае, что же значит «стоять будет вечно»?

И следует спросить: из-за того, что человек был создан после сокращения, на него распространяется скрытие, – но как же [тогда] он может удостоиться цели, называемой «насладить Свои творения»? И потому Творец дал совет – строить намерение на отдачу. И совет этот «стоять будет вечно», т.е. нельзя будет получить никакого высшего блага, если он не будет пользоваться советом «ради отдачи». А когда он не сможет пользоваться этим намерением, у него пропадет всё, чего он достиг.

«Порадуй их совершенным зданием»⁷⁴⁷. В чем заключается совершенство? [Это] когда есть две вещи: 1 – высшее благо, 2 – получение высшего блага, которое произойдет у него. Если он не может выдать намерение ради отдачи, тогда совершенства нет, поскольку высшее благо уйдет от него.

Или можно понимать «совершенное здание» как хохму и хасадим – что только благодаря им обоим у него может произойти получение высшего блага.

458. И будет: за то, что будете слушать

11 – 17 августа, 1979 г.⁷⁴⁸

«И будет: за то, что будете слушать»⁷⁴⁹, и объясняет Раши: «Если легкие заповеди, которые человек попирает своими пятами⁷⁵⁰»⁷⁵¹. И также сказали [мудрецы]: «Остерегайся [нарушить] легкую заповедь, так же как и строгую»⁷⁵².

С заповедями, к которым человек приучен вследствие воспитания, он знает, что нужно остерегаться их [нарушения]. Однако вещи, которых у него нет вследствие воспитания, ему исполнять тяжело, так как он не знает серьезности этого, ведь он не приучен к ним и не знает, что нужно остерегаться их [нарушения].

Поэтому в исполнении заповедей, если человек получил их вследствие воспитания, они называются у него строгими. Потому он следит за собой со всей осторожностью,

---

745   Трактат Брахот, 33:1.
746   Псалмы, 33:11.
747   Из средневекового субботнего гимна.
748   Еврейская дата: недельная гл Экев, 5739 г.
749   Дварим, 7:12. И будет: за то, что будете слушать правопорядки эти и соблюдать, и исполнять их, хранить будет Творец, Всесильный твой, для тебя завет и милость, о чем Он клялся отцам твоим.
750   Слово «пята» 'экев' звучит, как слово «за то» 'экев'.
751   Дварим, 7:12, комментарий Раши. Если легкие заповеди, которые человек попирает своими пятами, будете слушать, «хранить будет Творец, Всесильный твой» – Он будет хранить для тебя Свое обещание.
752   Трактат Авот, гл. 2, мишна 1.

насколько это возможно. Иначе – в том, что касается намерения, которое невозможно дать человеку в начале его работы. Поэтому, когда он вырастает и ему говорят, что нужно строить намерение ради небес, эта работа для него не настолько важна, ведь у него нет этого вследствие воспитания.

Поэтому он «попирает их своими пятами», т.е. не обращает на них внимания, ибо это легкая [заповедь], а не важная. В то же время в отношении практических заповедей он знает, что их стоит соблюдать и еще прибавлять строгости больше, чем этого требуют от него галаха и закон.

В то же время на намерение он внимания не обращает, поскольку не приучен к этому. Поэтому человек может исполнять Тору и заповеди, не зная причины, которая его обязывает, так как само воспитание является достаточной причиной, по которой стоит исполнять Тору и заповеди.

Однако главное после того как человек повзрослел – что нужно познать ту причину, по которой он исполняет Тору и заповеди, т.е. для какой цели он старается. Ведь конечная цель человека – прийти к слиянию с Творцом, которое называется состоянием возвращения.

На это и указывает: «За то, что будете слушать» – т.е. за то, что человек «попирает своими пятами», не обращая на него внимания. И в этом смысл [указания] «Остерегайся [нарушить] легкую заповедь, так же как и строгую»[753] – т.е. имеется в виду, что если он не может построить намерение ради небес, это должно быть в его глазах, как будто он совершил серьезное прегрешение. И тогда человек сможет прийти к тому совершенству, которое от него требуется.

«Легкая» ‹кала› – от слова презрение ‹калон› и неуважение.

459. За смирение – трепет перед Творцом

22 – 28 августа, 1981 г.[754]

«И будет: за то, что будете слушать правопорядки эти и соблюдать, и исполнять их, хранить будет Творец, Всесильный твой, для тебя завет и милость, о чем Он клялся отцам твоим»[755]. И сказано: «За смирение – трепет перед Творцом»[756].

Когда человек идет путем Творца, он чувствует, что каждый день он обретает определенную меру Торы и заповедей. И всякий раз он прибавляет – то меньше, то больше, однако на протяжении недели он накопил определенный капитал Торы и заповедей. И когда наступает суббота, у него есть то, что он обеспечил себе в канун субботы[757]. И он уже чувствует, что ест в субботу из того, что он обеспечил себе в течение всех дней недели, называемых шестью днями работы.

И тогда он знает, что нуждается в принижении, и сам ищет какой-нибудь недостаток, чтобы можно было сказать, что он всё еще находится в принижении. В Писании

---

753 Трактат Авот, гл. 2, мишна 1.
754 Еврейская дата: недельная гл.Экев, 5741 г.
755 Дварим, 7:12. И будет: за то, что будете слушать правопорядки эти и соблюдать, и исполнять их, хранить будет Творец, Всесильный твой, для тебя завет и милость, о чем Он клялся отцам твоим.
756 Притчи, 22:4. За смирение – трепет перед Творцом, богатство, почет и жизнь.
757 Трактат Авода Зара, 3:1. Трудившийся в канун субботы, будет есть в субботу. Тот, кто не трудился в канун субботы, откуда будет он есть в субботу?

сказано: «И не вноси мерзости в твой дом»[758]. И сказано: «Мерзость для Творца всякий высокомерный»[759]. И об этом сказал рабби Йоханан со слов Рашби: «Тот, в ком есть высокомерие, подобен идолопоклоннику»[760].

И следует понять, почему «тот, в ком есть высокомерие, подобен идолопоклоннику». Дело в том, что «за смирение [– трепет перед Творцом]» означает, что смирение заканчивается трепетом перед Творцом. И следует понять, что такое смирение.

Дело в том, что когда человек ощущает, что у него нет никакой Торы и добрых дел, и чувствует, что он хуже всех, это означает, что он видит, что все занимаются Торой и заповедями и у них есть удовлетворение от такой жизни, а он живет без удовлетворения в Торе и заповедях.

Ведь всё общество (кляль) строится на свойстве «окружающего [света]», и существует разница между всем обществом Исраэля (кляль) и частной работой (прат), ибо всему Исраэлю светит свойство окружающих светов – подобно тому как в общем каждый отдельный член общины может оплакивать разрушение Храма и ждать раскрытия Элияу и полного Избавления и скорейшего прихода Машиаха в наши дни, амен, – ибо в плане окружающего [света] каждый испытывает определенное ощущение от этих слов об изгнании и избавлении.

Но в частном отношении, если человек задаст себе вопрос и произведет [честный] самоотчет, он увидит, что не имеет ни малейшего понятия об этих вещах. И в этом разница между общим (кляль) и частным (прат). Т.е. частным образом человек должен постичь внутренний свет, но он не может ничего постичь, до того, как удостоился возвращения.

Поэтому, когда человек хочет идти путем Творца в частном отношении (прат), т.е. не за счет всего общества, занимаясь Торой и заповедями так, как всё общество занимается ими, а за свой счет, тогда он видит, что у него ничего нет, а наоборот, каждый день становится у него всё хуже и хуже. Ибо чем больше он занимается Торой и заповедями на пути истины, тем лучше он видит, что далек от истины.

И тогда он приходит к смирению, т.е. он чувствует, что он хуже всех. Ведь у всех, как бы то ни было, есть свечение в плане окружающего [света], а у него, из-за того, что он уже начал работать в частном виде (прат), нет ничего в плане общего (кляль). И он должен прийти со своим смирением – от страданий из-за того, что у него нет никакого капитала и он пуст во всех отношениях, – к тому, чтобы вознести истинную молитву, чтобы Творец дал ему трепет перед Творцом. И это называется: «Хранить будет Творец, Всесильный твой, для тебя завет и милость»[761], т.е. Творец приблизит его к Себе.

В то же время тот, в ком есть высокомерие и он думает, что у него есть капитал больше, чем у всех остальных, никогда не сможет прийти к трепету перед Творцом. Поэтому называется, что он «подобен идолопоклоннику», так как он не нуждается в том, чтобы Творец приблизил его к Себе.

758	Дварим, 7:26.
759	Притчи, 16:5.
760	Трактат Сота, 4:2.
761	Дварим, 7:12.

460. Он будет хранить для тебя Свое обещание

7 – 13 августа, 1982 г.[762]

«И будет: за то, что будете слушать …, хранить будет Творец, Всесильный твой, для тебя завет и милость, о чем Он клялся отцам твоим»[763].

И объясняет Раши: «Если [легкие] заповеди, которые человек попирает своими пятами[764], будете слушать, «хранить будет Творец, Всесильный твой» – Он будет хранить для тебя Свое обещание»[765].

И следует понять, что в этом нового, – ведь получается, что если он будет соблюдать даже легкие заповеди, Творец исполнит то, что Он обещал. Поскольку известно, что тот, кто не исполняет хотя бы одну заповедь, называется грешником, и даже преступивший легкий запрет, установленный мудрецами, называется грешником, как сказано во 2-ой главе трактата Евамот.

В таком случае, что же нового словах «если он будет исполнять легкие [заповеди]», ведь есть условие, что грешник не получит вознаграждения, которое Творец обещал и так далее?

И можно объяснить, что имеется в виду, что поскольку, как сказали мудрецы, цель творения в наслаждении Своих созданий, а чтобы получить благо Творца, нужно уподобиться [Ему] по форме, что называется, что нужно чтобы всё, что он делает, было ради отдачи. И это называется «легкими заповедями», ибо человек не придает значения тому, чтобы заповеди были с намерением ради отдачи. И это называется «которые человек попирает своими пятами».

Ведь когда человек совершает какое-либо действие и не видит в нем, что из него произрастет какая-то выгода для него самого, а всё это будет только ради отдачи, тело отвергает такую работу. Ведь все оценки человека основаны на том, сколько от этого будет личной выгоды. Поэтому намерение ради отдачи – заповеди, которые он совершает, не видя собственной выгоды, – называется «легкими» [заповедями], «которые он попирает своими пятами».

И об этом сообщает нам Писание, что именно за заповеди, которые он совершает, не видя собственной выгоды, а делая это, наоборот, с намерением ради отдачи, «будет Творец хранить обещание Свое». Т.е. благодаря этому он придет к подобию по форме, называемому слиянием. И тогда человек станет способен получать благо и наслаждение.

---

762   Еврейская дата: недельная гл.Экев, 5742 г.
763   Дварим, 7:12. **И будет: за то, что будете слушать** правопорядки эти и соблюдать и исполнять их, **хранить будет Творец, Всесильный твой, для тебя завет и милость, о чем Он клялся отцам твоим.**
764   Слово «пята» 'экев' звучит, как слово «за то» 'экев'.
765   Дварим, 7:12, комментарий Раши.

461. «Смотри» – это единственное число

2 – 8 сентября, 1978 г.[766]

«Смотри»[767] – это единственное число. «Пред вами» – множественное. «Благословение – что вы будете слушать»[768], но почему же не сказано «если будете слушать», т.е. что благословение связано с условием? См. «Ор Хаим»[769]. И объясняет [р. Хаим Бен Атар], что «смотри» относится к каждому, т.е. в отношении видения все равны[770].

И следует спросить: согласно его объяснению получается, что всё общество целиком должно прийти к свойству зрения, т.е. «смотри, я [т.е. Моше] даю пред вами», – чтобы Творец дал благословение. А в чем состоит благословение? Тора говорит: «что вы будете слушать» – это и есть всё благословение.

Однако согласно этому следует спросить: если Творец дает благословение, и это не в возможностях человека, в таком случае, в чем же состоит благословение, чтобы можно было бы сказать, что этому Он дает благословение, а другому – нет. И это выясняется в конце недельной главы «Экев», как сказано: «Ибо если слушать будете всю эту заповедь, которую Я заповедую вам исполнять (1) любить Творца, Всесильного вашего, (2) идти всеми путями Его и слиться с Ним»[771].

Т.е. тому, кто будет исполнять все эти три вещи в плане действия, Творец даст слух, как сказано: «Сделаем и услышим»[772]. Т.е. благодаря тому, что он примет на себя в плане «действия», Творец даст слух, как сказано: «Благословение – что вы будете слушать заповеди Творца, Всесильного вашего, какие я заповедую вам сегодня»[773].

463. Отделили маасер? Построили эрув? Зажигайте свечу

21 – 27 августа, 1982 г.[774]

«Отделили маасер ‹асартем›? Построили эрув ‹аравтем›? Зажигайте свечу»[775].

Два свитка Торы были у царя, с одним он уезжал, а второй оставлял у себя в сокровищнице[776].

Известно, что в работе Творца есть две противоположности. 1. Что человек должен радоваться любому состоянию, в котором он находится, пусть даже он будет в самом низком состоянии. И нужно воздавать хвалу и благодарность Творцу за то, что Он дал ему находиться среди сидящих в Доме Учения, как сказали наши мудрецы: «Идущий,

---

766 Еврейская дата: недельная гл. Рээ, 5738 г.
767 Дварим, 11:26. **Смотри, я даю пред вами** сегодня благословение и проклятие.
768 Дварим, 11:27. **Благословение, что вы будете слушать** заповеди Творца, Всесильного вашего, какие я заповедую вам сегодня.
769 «Ор Хаим» – классический комментарий на Пятикнижие, составленный знаменитым каббалистом Хаимом Бен Атаром (1696 – 1743).
770 Р. Хаим Бен Атар, Ор Хаим, Дварим, 11:26. И он [т.е. Моше] говорит «смотри» в единственном числе, потому что в этом видении все равны в его осознании, как один человек, которому раскрыто всё постижение Моше в этом мире и в будущем мире.
771 Дварим, 11:22.
772 Шмот, 24:7.
773 Дварим, 11:27.
774 Еврейская дата: недельная гл. Шофтим, 5742 г.
775 Трактат Шабат, 34:1. Три вещи должен сказать человек в своем доме в канун субботы при наступлении темноты: Отделили маасер? Построили эрув? Зажигайте свечу.
776 См. Тора, Дварим, 17:18. Комментарий Раши.

но не делающий получает вознаграждение за пройденный путь"⁷⁷⁷. Это называется «обогатились» 'ашартем'⁷⁷⁸ от слова «богатство», так как в канун субботы он должен быть подобен богачу, у которого нет ни в чем недостатка.

А потом он должен работать со 2-ой стороны, т.е. пусть посмотрит, что есть у него, сколько трепета перед небесами есть у него, и сколько у него величия Творца, и сколько добрых дел и Торы, и понимания Торы. И тогда он видит, что он в недостатке. И это называется свойство «вечера» ‹эрев›, как сказано: «И был вечер, и было утро»⁷⁷⁹. И это называется «испытали вечер» 'аравтем'.

А после того, как у него есть две эти вещи, – зажигайте субботнюю свечу. Тогда появляется средняя линия, т.е. свет субботы.

И в этом ключе можно объяснить историю с двумя свитками Торы, которые были у царя. Один – с которым он уезжал и приезжал, что означает, что он был для использования, т.е. в тех состояниях, в которых он находился. А другой – для того чтобы верить, что существует Тора, относящаяся к более высокой ступени, которая пока еще скрыта от него, но потом он удостоится постичь ее.

Это означает, что на какой бы ступени он ни находился, когда он уходил и приходил, всегда есть Тора, которая еще скрыта от него, и он должен постичь ее. И благодаря этому он идет от одной ступени к другой. А «царем» называется тот, кто может воцариться над его телом.

467. И увидят все народы земли

Гл. Ки-таво, Тель-Авив

«И увидят все народы земли, что имя Творца наречено над тобою, и убоятся они тебя»⁷⁸⁰. Таннай⁷⁸¹ рабби Элиэзер Великий⁷⁸² говорит, что это головные тфилин⁷⁸³. И объясняют Тосафот⁷⁸⁴: «Поскольку головные тфилин видны больше, чем ручные» «и увидят» относится к ним, но ручные тфилин должны быть покрыты, как объясняют мудрецы: ««знаком на твоей руке»⁷⁸⁵ – знаком для тебя, а не знаком для других»⁷⁸⁶.

---

777 Трактат Авот, мишна, 5:14. Есть четыре вида идущих в Дом Учения: идущий, но не делающий получает вознаграждение за пройденный путь; делающий, но не идущий получает вознаграждение за действие; идущий и делающий – праведник; не идущий и не делающий – грешник.

778 «Отделить маасер» 'асар' и «обогатиться» 'ашар' пишется одинаково.

779 Берешит, 1:4.

780 Дварим, 28:10.

781 Таннай – мудрец периода «таннаев», который длился ок. 250 лет, от Гиллеля (I в. до н.э.– I в. н.э.) и до написания Мишны (прибл. 220 год н.э.).

782 Элиэзер бен Гиркан (I–II вв.), танна 3-го поколения, ученик р. Йоханана бен Закая, один из учителей рабби Акивы.

783 Трактат Менахот, 35:2.

784 Тосафот – букв. «дополнения». Комментарии к Талмуду, составленные в XII – XIII вв. и являющиеся неотъемлемой частью всех изданий Талмуда.

785 Шмот, 13:16. И будет это **знаком на твоей руке** и налобной повязкой меж глазами твоими, ибо силою руки вывел нас Творец из Египта.

786 Трактат Менахот, 37:2.

Еще оттуда же: «Буква «шин» тфилин[787] – это закон, данный Моше на горе Синай»[788]. А в Тосафот говорится: «Сказано в «Шимуша Раба»[789]: «На тфилин должна быть форма буквы «шин», справа – с тремя зубцами, а слева – с четырьмя»»[790].

«Откуда известно, что нужно накладывать [тфилин] на левую [руку]? ...Рав Аши сказал: от слова «твоя рука»[791], которое написано с лишней буквой хэй[792], – т.е. слабая»[793]. И объясняет Раши: «из того что [«твоя рука»] написана с лишней хэй – т.е. слабая, следует, что это женский род. Отсюда он заключает, что [тфилин нужно накладывать] на левую [руку], как сказано: «ведь нет у нее силы, как у женщины», слабая – т.е. без силы».

И следует понять:

Почему головные [тфилин] открыты, а ручные – покрыты.

Почему с правой стороны [тфилин] – три зубца, а с левой – четыре.

Но ведь не заметно, чтобы народы земли «увидели» головные тфилин.

Сказали наши мудрецы: «И сказал рабби Хельбо: Сказал рав Хуна: «В ком есть трепет перед небесами, слова его будут услышаны, как сказано: «В конце всего всё будет услышано: Творца бойся и заповеди Его соблюдай, потому что в этом – весь человек»[794]»[795].

И следует спросить:

Но ведь мы видим, что, несмотря на то что было много великих и праведных, вставших в Исраэле, слова их не были услышаны.

Как из стиха «В конце всего ...» видно, что слова того, в ком есть трепет перед Небесами, будут услышаны.

И следует объяснить это в плане духовной работы, что в этом стихе говорится о самом человеке, – т.е. если человек видит, что органы не слушаются его, а, наоборот, несмотря на то что он занимается Торой и работой, он, тем не менее, всё еще стоит на месте и никак не сдвинулся в сторону обретения духовности, мудрецы дают ему совет, говоря, что главная причина этого в том, что ему недостает трепета перед небесами.

Т.е. ровно в той мере, в которой у него будет трепет перед небесами, его органы будут подчиняться ему. И на это указывает стих «В конце всего ...». Ведь тело называется концом и границей, как сказали наши мудрецы: «Конец человека – смерть»[796], тогда как душа, пребывающая в теле, есть категория вечная, без границы.

И в этом смысл стиха: «В конце всего всё будет услышано» – как бы то ни было тело послушается совета доброго начала: «Творца бойся», т.е. нет у тебя недостатка ни в чем, кроме трепета перед небесами. И тогда удостоишься: «И заповеди Его

---

787 Речь идет о букве «шин», которая должна присутствовать на коробочке головных тфилин.
788 Трактат Менахот, 35:1.
789 Средневековое сочинение, посвященное законам накладывания тфилин.
790 Трактат Менахот, 35:1. Тосафот.
791 Шмот, 13:16. И будет это знаком на **твоей руке** и налобной повязкой меж глазами твоими, ибо силою руки вывел нас Творец из Египта.
792 В этом стихе слово «твоя рука» 'ядха' (йуд-далет-хаф-хэй) написано с лишней буквой хэй, что дает возможность разделить его на два слова: «йуд-далет» (рука 'яд') и «хаф-хэй-[хэй]» (слабая 'кеа').
793 Трактат Менахот, 37:1.
794 Коэлет, 12:13.
795 Трактат Брахот, 6:2.
796 Трактат Брахот, 17:1.

соблюдай», т.е. ты сможешь соблюдать Его заповеди, «потому что в этом – весь человек». «Что значит «потому что в этом – весь человек»? Сказал рабби Элазар: сказал Творец, весь мир создан только ради этого»[797].

Суть творения называется «сущее из ничего». А трепет перед небесами есть вопрос выбора. А выбор может быть только там, где есть тьма, т.е. скрытие, а иначе невозможно говорить о выборе. И суть творения во тьме. Ибо до того, как был создан мир, всё было один лишь свет, ибо «Ты – до того как сотворен мир»[798]. И потому «весь мир [создан только ради этого]», т.е. скрытие произошло только для того, чтобы была возможность выбора, называемая «ради этого».

А о том, почему ручные тфилин покрыты, а головные – открыты, я слышал от моего господина, отца и учителя, что головные тфилин означают Тору, а ручные – веру. Согласно этому можно объяснить, что головные тфилин означают Тору, а Тора должна быть открыта, ибо это связано со «зрением», называемым «глазами общины»[799], а зрение – это хохма.

В то же время вера называется покрытой, ибо именно во время скрытия можно говорить о вере, так как тогда можно сказать, что, несмотря на то что он не понимает и не видит истинности этого, он, тем не менее, верит. И потому ручные тфилин должны быть покрыты.

И поэтому ручные тфилин нужно накладывать на левую руку, и рав Аши приводит доказательство, основанное на том, что слова «рука твоя» ‹ядха› – это «слабая рука» ‹ад кеа›, и это связано с постижением, как сказано: «если достигнет рука»[800]. А постижение – это женское свойство, ибо «ослабли силы его как у женщины»[801], поскольку оно связано с верой, а не со знанием. В то же время Тора – наоборот, как раз свойство знания, иначе это не называется свойством Торы.

А то, что буква «шин» справа должна быть с тремя зубцами, а слева – с четырьмя, это как говорит великий Ари, что мохин, т.е. высшее благо, действует на 4 сфиры, называемые хохма, бина, и даат, которая включает в себя две сфиры, называемые хесед и гвура.

И хохма – это главное в высшем благе, передаваемом нижним, а бина называется силой, [действующей,] когда нижние хотят отдавать наверх. А когда есть пробуждение для притяжения хохмы, это пробуждение называется хесед, и оно является условием притяжения хохмы. Но вместе с этим необходимо построить экран, называемый силами, чтобы намерение было только на наслаждение своего Создателя.

А иногда бывает, что желание притяжения высшего блага уже существует, но сила экрана на высшее благо еще не закончилась. Поэтому это называется, что хесед и гвура не соединены. Поэтому это называется буквой «шин» с четырьмя зубцами. А когда сила экрана соответствует высшему благу, это называется, что хесед и гвура объединились. Поэтому это называется буквой «шин» с тремя зубцами.

---

797 Трактат Брахот, 6:2.
798 Из утренней молитвы.
799 Бемидбар, 15:24.
800 Ваикра, 25:47.
801 Бемидбар, 11:15. Комментарий Раши.

468. «В этот день Господь, Бог твой, заповедует тебе»

«В этот день Господь, Бог твой, заповедует тебе исполнять все эти уставы и законы: соблюдай и исполняй их всем сердцем своим и всею душою своей».

И объяснил РАШИ: каждый день пускай будет в глазах твоих новым, как будто в этот день они были заповеданы тебе.

Следует понять, как человек может сделать так, чтобы каждый день был новым, как будто в этот день было заповедано ему? Ведь он уже поклялся у горы Синай. Чтобы понять это, сперва надо понять правило о том, что всякая вещь оценивается по величине заповеди. То есть какова степень важности Дающего Тору, такова и важность Торы.

поэтому каждый день, когда человек принимает на себя бремя царства небес, согласно вере в Творца, так же растет и важность Торы. Поэтому, насколько человек постигает величие Творца, так и Тора обновляется для него. Таким образом, каждый раз у него новая Тора, то есть каждый раз у него другой Дающий.

И само собой, Тора, происходящая от Творца, оказывается новой. Однако это относится к Торе как именам Творца, то есть к принципу единства Торы, Исраэля и Творца.

Объяснение: когда Исраэль каждый день постигает величие Творца согласно вере в Него, в той же мере растет для него и Тора. И тогда он становится другим Исраэлем. Ибо в духовном всякая вещь, имеющая другую форму, – это нечто новое. Поэтому если человек каждый день обретает бóльшую веру, тогда Тора оказывается новой.

В этом смысл слов «как будто в этот день было заповедано ему». Ведь каждый день у него другая заповедь – и выходит так, словно она была заповедана в этот день. В тот день, когда человек больше принимает на себя царство небес, у него новая заповедь, и новая Тора, и новый Исраэль.

478. Что такое грех Кораха

Надо понять, что такое грех Кораха, ведь наши мудрецы сказали, что Корах был умен.

Корах не грешил, не дай бог, против Творца. Как раз наоборот, он говорил, что «вся община – все они святы»[802]. И всё, что он говорил о Моше, – это, что Моше выдумал всё сам, а не [получил] из уст Творца. Но если бы он был уверен, что это из уст Творца, он бы не спорил.

В таком случае, почему же ему было положено такое суровое наказание, т.е. что нужно было вновь создать специальное наказание для него, до того, что это наказание противно природе, ибо разверзла земля уста свои и спустились они живыми в преисподнюю[803].

Известно, что Творец платит меру за меру. А поскольку грех был совершен против Моше, представляющего собой свойство верного пастыря, а это свойство происходит от нижнего, ведь вера, т.е. скрытие, происходит от нижнего, тогда как от высшего происходит только раскрытие, – поэтому, когда Моше хотел показать, что нужно идти путем веры выше знания, а Корах не согласился, Моше должен был привлечь наказание тоже выше знания, и это новое творение, не находящееся в рамках природы, – чтобы все знали, что наказание, полагающееся им, не было из-за другого греха, а было именно из-за греха, что он не хотел идти выше знания. Выходит, что новое наказание

---

802 Бемидбар, 16:3.
803 Бемидбар, 16:30.

возникает, как мера за меру, как сказано в стихе: «Ибо не сам выдумал я [т.е. Моше] это»[804], а лишь [получил] из уст Творца.

486. Скрытое – Творцу

Сказано: «Скрытое – Творцу, а открытое – нам и сыновьям нашим навечно, чтобы исполнять все слова этой Торы» (Тора, Дварим, 29:28).

И следует сказать, что «открытое» называется действием, а «скрытое» – намерением. Намерение, являющееся причиной, которая обязывает человека к действиям, скрыто от людей, и никто не знает, что происходит на сердце у другого. Даже наедине с самим собой человек может обманываться по поводу своего намерения. Он думает, что причина, обязывающая его к действию, – это намерение ради небес, однако, возможно, что в действительности как раз личная выгода обязывает его к данному действию. А потому понятие «скрытого» указывает на намерение.

Здесь следует различать две категории:
а) категорию общего;
б) категорию частного.

В общности (в массах), главным образом думают о действии, а не о намерении, ибо невозможно обязать общность к подлинному намерению во время действия. В отличие от этого в категории частного речь идёт главным образом о намерении. Поэтому человек может быть праведником с точки зрения общности и в то же время грешником в категории частного. Об этом можно сказать так: «даже если весь мир говорит тебе, что ты праведник, будь грешником в собственных глазах». Человек должен устремить намерение на одного лишь Творца – то есть не на вознаграждение. А пока он всё ещё относится к категории грешников.

Когда человек видит, что в скрытой части совершенно далёк от цели, не следует отчаиваться. Нужно верить, что скрытое – Творцу. Смысл в том, что скрытую часть даст Он, а мы должны выполнить открытую часть, то есть действия. По мере умножения действий возникает необходимость приумножать намерение, то есть необходимость в скрытой части. Существует правило: «нет света без кли». «Кли» – значит желание, а потому умножением действий мы приумножаем потребность, пока она не возрастёт до определённой степени. И тогда «скрытое – Творцу», то есть тогда Он даёт скрытое.

492. Вознаграждение за заповедь

«Вознаграждения за заповедь в этом мире нет»[805]. В этом мире, т.е. в желании получать, его нет, поскольку произошло сокращение и скрытие. Вместе с тем [оно есть] в будущем мире, т.е. в келим бины, которые называются будущим миром и являются отдающими келим.

---

804 Бемидбар, 16:28.
805 Трактат Кидушин, 39:2.

496. Путь истины

По поводу пути истины. Есть путь лжи, и есть путь истины, который определяет причину, заставляющую человека заниматься Торой и заповедями. Есть причина, называемся «польза тела», когда, занимаясь Торой и заповедями он получит вознаграждение в этом мире, и также – в будущем. И в той мере, в которой он верит в вознаграждение и наказание, он способен исполнять их, так как это идет на пользу желанию получать, называемому телом.

И это называется путем лжи, поскольку он не может прийти к цели творения, состоящей в том, чтобы насладить Свои творения, из-за хлеба стыда. Поэтому необходимо уподобление по форме. А если всё его занятие ради собственной выгоды, как же это может привести его к уподоблению по форме?

Поэтому путем истины называется, если вынуждающая его причина – это отдача, т.е. «не для получения вознаграждения». Поэтому только это является путем истины, ведь этим будет исправлен хлеб стыда.

И отсюда поймем слова книги Зоар[806]: «Какой мерой, которой меряет человек, такой мерой меряют и ему»[807]. И комментарий Сулам объясняет, что ему дают [свыше] в той мере, в которой он упоминал [имя Творца], как сказано: «Во всяком месте, в котором Я упомяну имя Свое, Я приду к тебе и благословлю тебя»[808]. И следовало бы сказать: «Ты будешь поминать имя Мое». Однако смысл в том, что «в той мере, в которой Я упоминаю имя Свое, в этой мере Я приду к тебе».

И на первый взгляд нет никакого объяснения тому, как он это обосновывает, но из вышесказанного [это] совершенно ясно: т.е. в той мере, в которой он упоминал, т.е. то, к чему человек стремится, это ему и дают. А те, кто идут путем истины, т.е. желают доставить радость своему Создателю, и видят, что все дела их не ради небес, молятся Творцу, чтобы Он увидел, – чтобы они смогли делать действия ради Творца.

И тогда Творец говорит: «Во всяком месте, в котором Я упомяну имя Свое», – т.е. вы дадите Мне возможность, чтобы Я смог присоединить имя Мое к делам вашим. Т.е. когда будет пробуждение снизу, чтобы Я, – говорит Творец, – присоединял имя Мое к действиям. Откуда же вы будете знать, что Я уже присоединяю имя Мое к вам? Это вы увидите, если «Я приду к тебе и благословлю тебя».

Т.е. вся цель творения, означающая насладить Свои создания, не может раскрыться, пока вы не исправили состояние хлеба стыда, т.е. не изменили дела ваши на отдачу. А тогда исполнится цель творения, т.е. насладить Свои создания.

И это, как сказано: «Во всяком месте, в котором Я упомяну имя Свое»[809], – т.е. Я присоединил имя Мое к вам, т.е. все дела ваши – лишь на отдачу. Тогда узнаете вы – если «Я приду к тебе и благословлю тебя»[810]. Как говорит Рамбам: «Что такое возвращение? Пока не засвидетельствует о нем Знающий Тайны»[811].

---

806   Зоар, Пинхас, п. 506.
807   Трактат Сота, мишна, 1:7.
808   Шмот, 20:21.
809   Шмот, 20:21.
810   Там же.
811   Рамбам, Мишне Тора, Законы возвращения, гл. 2, закон 2.

497. Благословен Ты

«Благословен ты в городе, и благословен ты в поле»[812]. Человек не должен говорить: «Если бы Творец дал мне поле, я бы снимал с него десятину. Сейчас, когда нет у меня поля, я ничего не даю».

Сказал Творец: «Посмотри, что написал Я в Торе: Благословен ты в городе, – для тех, кто живет в городе, – и благословен ты в поле, – для тех, у кого есть поля».

498. И будет, если будете слушать вы

«И будет, если будете слушать вы»[813]. Если слушал ты в этом мире, в будущем мире услышишь из уст Творца. «И будет, если ты будешь слушать голоса Творца, Всесильного твоего, чтобы соблюдать и исполнять все заповеди Его, которые я заповедую тебе ныне, то поставит тебя Творец, Всесильный твой, выше всех народов земли»[814]. «Сказал рабби Леви: Что такое высший? Это подобно большому пальцу[815]. Если ты удостоился, ты – выше четырех пальцев, а если нет – ниже четырех пальцев»[816].

И следует понять, на что указывает выражение «выше четырех пальцев». Сказано: «Одна ложка в десять золотых, наполненная воскурением»[817], – т.е. у человека должна быть ложка (ладонь[818]), или кли, чтобы он мог получить в него высшее благо, называемое золотом (заав) – от слова «зе-ав» («это – дай!»), и, так же как и [для получения] от света Торы, тут нужна ладонь, т.е. пять пальцев должны для этого соединиться.

Книга Зоар говорит: «Чаша благословения должна поддерживаться пятью пальцами»[819]. В Предисловии к книге Зоар сказано: «Как роза среди шипов. Что такое роза?»[820] Ведь «пять жестких листьев окружают розу. Эти пять листьев называются «спасение»... Об этом сказано: «Чашу спасений подниму»[821]. Это чаша благословения»[822], и это смысл пятикратного упоминания света в рассказе о сотворении мира.

И свет этот был создан и скрыт[823], и в этом смысл слов наших мудрецов: «В свете, который создал Творец в первый день, Адам видел от края мира и до края. После того как посмотрел Творец на поколение потопа и поколение раздора и увидел, что деяния их порочны, взял и скрыл [его] от них»[824].

---

812 Дварим, 28:3.
813 Дварим, 28:1.
814 Там же.
815 Слово «высший» (иврит: эльон) звучит так же как слово «большой палец» (арам.: эльон).
816 Мидраш Танхума, Дварим, гл. 28, симан 4.
817 Бемидбар, 7:20.
818 Ивр. «каф» – ложка или ладонь.
819 Зоар, Предисловие, п. 2.
820 Там же, п. 1.
821 Псалмы, 116:13. Чашу спасений подниму и имя Творца призову.
822 Зоар, Предисловие, п. 2.
823 В оригинале эти два слова написаны по-арамейски, что является цитатой из Зоар, Берешит, п. 28, где объясняется стих: «Да будет свет».
824 Трактат Хагига, 12:1.

Пять пальцев – это КАХАБ ЗОН. Если человек придерживается [указания] «соблюдать и исполнять», Творец ставит кетер выше всех их, т.е. Творец дает силу властвовать кетеру или хеседу, которые называются отдающими келим. А если власть отдана нижнему свойству, т.е. свойству малхут, являющейся получением без хасадим, тогда уже есть разделение, и это не называется «одна ладонь».

499. Я – это малхут

«Тот, кто учит Тору перед невеждой, как будто совершает перед ним соитие со своей невестой»[825].

Невеждой называется желание получить. «Совершает соитие» – т.е. единение. «Перед невеждой» – т.е. невежда всё еще господствует в нем. Вместо этого он должен быть принижен, как сказали мудрецы: на невеждах «пребывает страх субботы»[826].

Помолвка и брак – «невеста без благословения запретна для мужа подобно женщине в период нечистоты»[827]. Благословение – т.е. отдача, т.е. «ради отдачи», когда человек совершает единение со святой Шхиной.

Месяц элуль символизирует возвращение: «Я Возлюбленному моему, а Возлюбленный мой – мне»[828]. И это указание на возвращение. В Книге Зоар сказано: «Вернется хэй[829] к вав, чтобы соединить имя Йуд-Хэй с Вав-Хэй в совершенном соединении». «Творец не пребывает в совершенстве, и престол не совершенен, пока не будет уничтожено семя Амалека»[830].

Чтобы понять всё это, нужно вначале [вспомнить] цель – каково наше предназначение в жизни, и зачем нужны Тора и заповеди. Цель творения – насладить Свои создания. Творение есть сущее из ничего, т.е. «я» из «ничто»[831], а «я» – это малхут.

500. Когда будешь возжигать лампады (2)

««Когда будешь возжигать лампады»[832], – сказал Творец Моше: Не потому что мне нужны лампады, предупредил Я тебя о лампадах, а для того чтобы удостоить вас, как сказано: «И свет пребывает с Ним»[833]. И сказано: «И тьма не скроет от Тебя, и ночь, как день, светит; тьма – как свет»[834]. Это учит тебя тому, что Он не нуждается в лампадах смертных»[835].

««Вне завесы свидетельства… будет ставить»[836], – неужели Он нуждается в свете, ведь все сорок лет, которые Исраэль ходили по пустыне, они шли только лишь к Его

---

825 Трактат Псахим, 49:2.
826 Иерусалимский Талмуд, трактат Демай, 16:2.
827 Трактат Кала, 81:1.
828 Название месяца Элуль читается как акроним этого стиха из Песни Песней.
829 Слово «тшува» (возвращение) можно прочесть как «вернется хэй».
830 Шмот, 17:16, комментарий Раши.
831 «Я» и «ничто» состоит на иврите из одних и тех же букв.
832 Бемидбар, 8:2.
833 Даниэль, 2:22.
834 Псалмы, 139:12.
835 Мидраш Раба, Бамидбар, 15:2.
836 Ваикра, 23:2-3. Вели сынам Исраэля, и возьмут тебе масла оливкового чистого, битого, для освещения, чтобы возжигать лампаду постоянно. (3) Вне завесы свидетельства в шатре собрания

свету. Но дело в том, что для пришедших в мир это свидетельство того, что Шхина пребывает в Исраэле. В чем состоит свидетельство? Сказал Рав: Это западная лампада, в которую он заливал масла, столько же, сколько в другие, и от нее зажигал, и на ней заканчивал»[837].

Чтобы объяснить это, нужно понять, что цель творения – насладить Свои создания. И вместе с этим Творец дал нам практические заповеди. Отсюда следует, что без действий нижних у Него нет возможности давать высшее благо.

И он [Талмуд] приводит доказательство, что 40 лет, которые Исраэль ходили по пустыне, они шли только к Его свету, т.е. было только пробуждение свыше, которое называется «хлеб с небес», когда высшее благо приходило к ним без действий со стороны нижних. А «хлеб из земли» называется, когда высшее благо приходит благодаря усилиям нижних. И это называется «негодный хлеб», т.е. без усилий. «И душе нашей опротивел этот негодный хлеб»[838], – поскольку в том, что пришло без усилий, не ощущают такого вкуса, как в том, что пришло с помощью усилий.

501. Мера истины (1)

««Вот потомство Яакова – Йосеф...»[839] Каждый, кто всматривался в образ Йосефа, говорил, что это образ Яакова. Приди и увидь, обо всех сыновьях Яакова не сказано: «Вот потомство Яакова – Реувен», кроме Йосефа, образ которого был подобен образу его отца»[840].

Понимать сказанное выше нужно в том смысле, что образ Яакова был «истина», как сказано: «Ты дашь истину Яакову»[841]. А образ Йосефа – это основа (есод) союза. Ибо он является свойством «праведник – основа»[842]. Как в испытании с женой Потифара.

То же и по поводу стиха: «Идите к Йосефу! Что скажет он вам, делайте!»[843] И объясняется в мидраше, что Йосеф сказал им: «Мой Творец не дает пропитание необрезанным, пойдите и сделайте себе обрезание, и я дам вам [хлеба]»[844].

И следует понять, что такое мера истины и что такое мера союза. «Истина из земли произрастет»[845], – т.е. рост истины происходит через то, что она кладется в землю. А что находится на поверхности земли? Только лишь ложь! И именно это состояние есть истина. Т.е. **истиной называется то, что полезно**.

А если ложь полезна, тогда это истина, т.е. сейчас воистину нужно говорить ложь, и именно благодаря этому раскроется истинная цель, так же как от «ло лишма» приходят к «лишма». Поэтому во время падения человек тоже должен пребывать в радости говорить: «То состояние, которое я ощущаю, есть самое лучшее для меня состояние».

будет ставить ее Аарон от вечера до утра пред Творцом постоянно; закон вечный для поколений ваших.
837   Трактат Шабат, 22:2.
838   Бемидбар, 21:5.
839   Берешит, 37:2.
840   Зоар, Ваешев, п. 23.
841   Миха, 7:20.
842   Притчи, 10:25. Пронесется буря – и нет грешника, праведник же – основа мира.
843   Берешит, 41:55. И голодать стала вся земля Египта, и возопил народ к фараону о хлебе, и сказал фараону всему Египту: Идите к Йосефу! Что скажет он вам, делайте!
844   Мидраш Танхума, Берешит, гл. 42, симан 7.
845   Псалмы, 85:12.

И как приводится в мидраше Шмуэля и повторяется всеми без устали: «Истина тяжела, и потому немногие выдерживают ее». Т.е. трудно сказать, что то, что я ощущаю сейчас, это и есть истинное управление в свойстве «Добрый, Творящий Добро», и что я должен принять это состояние с радостью и любовью.

И это называется: «Истину купи»[846], — т.е. усилиями, «и не продавай», — т.е. ты не сможешь найти кого-нибудь, кто захотел бы купить [ее], ибо это работа, которую человек должен купить самостоятельно, и ничто не может помочь ему и продать ему истину. Ведь у каждого человека истина согласно его уровню, и эта истина («эмет») — от слова «строительная линейка» («амат биньян»), т.е. мерка, а мерка у каждого своя, и одежда одного не соответствует мерке другого.

502. Если человек побеждает, Творец радуется

«Продавец опечален… тогда как Творец радуется»[847]. И спрашивается: разве это подобно продавцу? Ведь проданное не остается у продавца, а с Творцом иначе: несмотря на то, что Он дал Тору народу Исраэля, Тора осталось также и у Него. Ведь Тора, не дай бог, не является чем-то материальным, чтобы можно было сказать, что, если Он дает ее творениям, у него уже не остается этой Торы.

И некоторые хотят объяснить это, что имеется в виду стих, в котором говорится о Торе: «Не на небе она»[848], — т.е. что народу Исраэля предоставлено [право] устанавливать закон.

И следует объяснить, что Тора понимается у нас в двух отношениях:

Свойство Торы, в которой заключен свет, возвращающий к источнику, как говорится: «Я создал Тору в приправу»[849], чтобы сдобрить злое начало.

Свойство Торы, называемое «Глаз не видел»[850].

Намерение Создателя — чтобы творения получили наслаждение. А человек использует Тору наоборот, т.е. человек желает, чтобы Творец получил наслаждение. И эту силу он получает от Торы в качестве приправы, как сказано выше. Отсюда получается, что человек воюет с Творцом, т.е. Творец желает, чтобы человек получил наслаждение, а человек желает, чтобы Творец получил наслаждение.

Получается, что он пользуется Торой в другом направлении, чем продавец. И об этом они сказали, что Творец говорит: «Победили Меня сыновья мои»[851], — т.е. что они воюют против желания получать, которое Творец заложил в их сердце, и если человек побеждает, то Творец радуется.

Получается, что «Торой Творца»[852] она называется согласно цели творения. Но она называется «его Торой», когда человек пользуется Торой, имея в виду «приправу», ибо

---

846   Притчи, 23:23. Истину купи, и не продавай мудрости и учения и разума.

847   Трактат Брахот, 5:1. Сказал рабби Зира, а возможно, рабби Ханина бар Папа: Приди и увидь, что не одинаковы меры Творца и смертного. Мера смертного: человек продает товар другому — продавец опечален, а покупатель рад. Однако у Творца иначе: Он дал Тору Исраэлю и радуется.

848   Дварим, 30:12.

849   Трактат Бава Батра, 16:1.

850   Йешая, 64:3. И никогда не слышали, не внимали, глаз не видел Творца, кроме Тебя, сделавшего [такое] для ожидающего Его.

851   Трактат Бава Меция, 59:1.

852   Псалмы, 1:2. Только к Торе Творца желание его, и о Торе его будет он размышлять день и ночь.

тогда он принимает Тору, чтобы насладить Творца. Поэтому Тора называется по имени человека.

Ведь Тора называется согласно ее использованию. Если человек хочет получить Тору с намерением Творца, которое состоит в том, чтобы насладить Свои создания – чтобы творения насладились – она называется «Торой Творца», т.е. Тора идет согласно линии Творца. А если человек берет Тору, чтобы у него была сила отдавать, что считается намерением человека, ведь человек хочет доставить наслаждение своему Создателю, тогда она называется «его Торой».

503. По поводу партнерства

««В этот день Творец, Всесильный твой, повелевает тебе исполнять»[853]. Писание говорит: «Падем ниц, поклонимся, преклоним колена перед Творцом, Создателем нашим»[854]. Но разве падение ниц не включает в себя поклон, а поклон не включает в себя падение ниц? Что же имеется в виду, когда говорится: «Падем ниц, поклонимся, преклоним колена»?

Дело в том, что Моше, пребывая в духе святости, посмотрел и увидел, что Храм будет разрушен и приношение первых плодов будет прекращено, и установил для Исраэля, чтобы они молились три раза в день, ибо молитва мила Творцу больше всех добрых дел и всех приношений, как сказано: «Пусть молитва моя заменит воскурение перед лицом Твоим; руки простертые – жертву вечернюю!»[855]

«Исполняй их всем сердцем твоим и всею душою твоей»[856]. Этим Писание предупреждает Исраэль, говоря им: когда вы молитесь перед Творцом, у вас не должно быть двух сердец, одно для Творца, а другое – для других вещей»[857].

И спрашивается: если человек занят работой или торговлей, и в таком случае, его голова наполнена множеством мыслей, как же возможно, чтобы он на какое-то время освободился от всех этих мыслей, которыми он преисполнен?

Но дело в том, что весь народ Исраэля подобен одному телу. И как в теле есть голова, руки, ноги – и у каждого своя особая функция, но как бы то ни было, то, что думает голова [отражается на других], – т.е. если в голове хорошие расчеты, все органы пребывают в радости, а если голова в заботах, то же настроение передается всем органам. И это подобно партнерским отношениям: если каждый исполняет свою функцию, все веселы и довольны, как сказано: «Который сотворил Творец, чтобы делать»[858], – т.е. без усилий нет ничего.

Поэтому муж трудится и приносит деньги, а жена берет деньги и труд ее в том, что она покупает продукты и готовит, и заботится о том, чтобы еда была вкусной. И тогда оба веселы и довольны. Если жена вкусно готовит, у мужа есть аппетит, и тогда такой муж может работать и приносить деньги.

Точно так же, если ноги идут на улицу, а руки покупают и дают питание мозгу, у мозга есть силы думать.

---

853   Дварим, 26:16. В этот день Творец, Всесильный твой, повелевает тебе исполнять эти законы и правопорядки; и соблюдай и исполняй их всем сердцем твоим и всею душою твоей.
854   Псалмы, 95:6.
855   Псалмы, 141:2.
856   Дварим, 26:16.
857   Мидраш Танхума, Ки Таво, гл. 26, симан 1.
858   Берешит, 2:3.

Так же и когда народ Исраэля – это одно тело: если те, кто занят торговлей и трудится, поддерживает мудрецов[859], которые называются главами народа, тогда и мудрецы передают наслаждение от того, что они трудились весь день и постигли вкус Торы и заповедей – этот вкус они могут передать тем, кто их поддерживает. То же самое и когда они заняты молитвой – чтобы [остальные] ощутили вкус молитвы. И автоматически, там, где есть наслаждение, тело привыкло освобождаться от других мыслей.

504. Тайна Творца для боящихся Его

Есть сила веры, которую привлекли наши праотцы, когда можно привлечь с помощью веры высшие наслаждения, и тогда также и тело наслаждается ими.

«Тайна Творца для боящихся Его» – до дней Машиаха только боящиеся Творца полностью удостоились познать тайну, т.е. высшее наслаждение, так как не каждому дано слышать и чувствовать. И это называется «тайна». Но в дни Машиаха, во время, предшествующее Гмар Тикун (окончательному исправлению), уже не будет тайн, а, как сказано «все познают Меня от мала до велика». Поэтому сейчас, когда близко уже это время, тот, кто занимается Торой и заповедями, уже может привлечь и почувствовать высшие наслаждения, которые до сих пор были тайной. Поэтому намерение каждой заповеди должно быть в том, чтобы привлечь силу жизни и высшее наслаждение, чтобы также и тело наслаждалось от этого. А потом начинается работа праведников, ради отдачи и без получения для себя.

506 И спас нас от рук пастухов

«И сказал Моше… и скажут мне, как имя его, что скажу я им. И сказал Творец Моше, Экье ашер Экье (Сущий который пребывает вечно). И молвил, так скажи народу Израиля, Экье (Сущий) послал меня к вам. « И истолковал Раши, буду с ними в этой беде так же, как и в остальных изгнаниях.

Сказал перед лицом его, Всевышний, для чего мне напоминать им о другой беде, разве недостаточно им этой. Сказал ему, верно говоришь, так и передай народу Израиля, Экье (Сущий) послал меня к вам. И истолковал Раши, что Творец повторил то, что сказал одному Моше, и сказал два раза Экье, а народу Израиля сказал только один раз Экье. (Брахот 9)

«И сказали они, Египтянин спас нас от рук пастухов» итд. Притча из Мидраша повествует о человеке, укушенного диким ослом, который побежал, чтобы окунуть ноги в воде. Окунувшись в реке, он увидел младенца, погруженного в воду. Протянул он руку и спас его.

Сказал ему младенец, если бы не ты, я бы уже был мертв. Сказал он младенцу, не я спас тебя, а дикий осел, который укусил меня, и я убежал от него, он спас тебя. И поэтому, сказали они отцу своему «Египтянин спас нас от рук пастухов», кто был причиной того, что он пришел к нам, Египтянин, который убил.

О чем нам это говорит, это можно трактовать через намек. Моше, придет ко всему народу Израиля, чтоб сказать им, что Творец выведет их из изгнания. И тогда сказал ему

---

859 Талмидей хахамим.

Экье один раз, то есть только изгнание включено в него, ведь народ Израиля находится в изгнании у народов мира.

Нужно разделять между народом Израиля, находящимся в изгнании и другими народами. Когда человек желает то, что желают народы, то есть материальное, и народы не дают того, что они хотят. И народы мира властвуют над свойством народ Израиля, это называется «материальным изгнанием».

Но суть изгнания в том, что свойству Израиль в человеке, то есть то, что он должен соблюдать Тору и заповеди, народы мира, находящиеся в нем, не позволяют поступать ему в соответствии с его желанием. И тогда, человек ощущает, что находится в изгнании внутри своего тела. И до тех пор, пока он не выйдет из этого изгнания, то есть из материальных похотей, не может он ощутить духовные наслаждения от Торы и заповедей.

Тогда дают понять телу, что ему выгодно отказаться от материальных похотей, что с помощью этого он удостоится настоящих наслаждений. И когда человек начинает отказываться от материальных похотей, тело хочет показать свою власть и противится его действиям. И написано «с тех пор, как я пришел к Фараону говорить от Твоего имени, стало только хуже этому народу, а избавить, не избавил ты его». То есть до того, как начинают говорить с телом, называемым злодей Фараон, « говорить от Твоего имени «, то есть отказаться от всего ради Творца, тогда видят низость тела и начинают ощущать изгнание. И это «один раз Экье», то есть в этой беде. И это относится ко всему народу Израиля.

Но есть работа, называющаяся свойством «Моше», свойством Торы, которая называется второй бедой. Когда человек удостаивается духовных наслаждений, его беда в том, что не может построить намерение ради отдачи, принять решение, что если это не требуется для выполнения заповеди, то он отказывается от духовных наслаждений. Это тяжелее, чем отказаться от материальных наслаждений, так как чем больше наслаждение, тем тяжелее отказаться от него.

И это называется «второе Экье», другая беда. Но это относится лишь к тем, кто занимается Торой, которые называются свойством Моше. И это (не) изучается всем народом Израиля. Только изучающие Тору, которые должны знать, что и духовные наслаждения нельзя получать ради себя, а только ради отдачи, называющейся Масах (экран) и Авиют.

И Творец пообещал Моше, что выведет их из первой беды и из второй. И нужно знать, что основа выхода из первой беды — это выход из материальных похотей, без этого нельзя прийти к духовным наслаждениям.

И сказано в притче из Мидраша "египтянин спас нас от рук пастухов", то есть тот, который убил египтянина, имеется в виду первая причина, но нельзя забывать о том, что даже после того, как приходят к второму состоянию, которое является изгнанием духовных наслаждений, которые должны получать ради отдачи, тело не соглашается, то есть "убил египтянина" имеется в виду материальные похоти, называющиеся "египтянин".

Тогда же как, вторая беда, уже является свойством "Исраэль", то есть когда есть у него духовные наслаждения, и все-таки он находится в беде, так как не может преодолеть и работать ради отдачи, и нуждается в том, чтобы Творец спас его и от второй беды.

777. Молитва о Шхине в изгнании

В чем суть молитвы, которой необходимо молиться о Шхине в изгнании.

Значение ситры ахры, являющейся свойством знания и получения, в том, что она властвует над святой Шхиной, которая является верой и отдачей. А Творец создал мир, чтобы наслаждать творения, и не могут низшие получить наслаждение, кроме как в сосудах (келим) отдачи, которые считаются вечными сосудами, и не может высший свет, будучи вечным, облачиться во временные келим.

А низшие, находящиеся во власти ситры ахры, желающие именно получения и знаний, способствуют отделению от единения с высшим, и это означает, что есть орла (крайняя плоть) на Малхут, и эта орла прерывает связь между Зеир Анпином и Малхут, что является свойством единения Творца и Его Шхины.

И получается, что есть страдания Шхины от того, что не может она соединиться со свойством Творца по причине этой орлы, которую держат низшие и не отпускают её, чтобы она отделилась от Малхут.

Поэтому необходимо молиться, дабы Творец послал свечение свыше, чтобы низшие захотели отменить орлу и исключить её из Малхут. И это действует как в общем, так и в частном.

И возможно, в этом была необходимость создания низших, как написано в предисловии к «Паним Масбирот», что со стороны миров существует 2 состояния: состояние девяти первых (сфирот), относящихся к сосудам отдачи, и Малхут, являющейся сосудом получения, из которой питаются клипот. И в духовном одно не смешивается с другим.

И поэтому называется человек — ведь он подвластен времени, и до 13 лет он находится во власти клипот. А с 13 лет и далее он начинает постигать девять первых (сфирот). И тогда, поскольку он содержит в себе свойство Малхут получения, он может исправлять её, чтобы стала свойством получения ради отдачи, после чего осуществится сказанное «И засветит тьма словно свет». То есть, Малхут называется свойством получения и знания.

И тогда он совершает переворот в своих келим. Тогда как если бы он состоял только из девяти первых (сфирот), то не мог бы ничего исправить. Поэтому необходимы действия низших. И в этом все дело — Творец жаждет молитв праведников, то есть тех, кто молится, хочет быть праведником, т.е. просит Творца, чтобы помог ему превратить Малхут в девяти первых (сфирот).

815. Пойдём

Сказано: «Пойдем к Фараону, ибо Я ожесточил его сердце и сердце рабов его, чтобы совершить Мне эти знамения Мои в его среде» (Шмот 10:1)

И комментаторы затруднялись объяснить написанное: «ибо Я ожесточил», так как если Творец дал ожесточение сердца, т.е. Творец лишил его силы выбора, то в чем он виноват? А также их вводили в затруднение слова: «Пойдем к фараону» — «иди к фараону» следовало бы сказать, потому что слова «пойдем» означают, что мы пойдем вместе, т.е. Творец пойдет вместе с Моше.

И чтобы понять сказанное, прежде объясним фразу: «Всегда человек должен видеть себя наполовину виновным и наполовину оправданным, выполнивший же одну заповедь – счастлив тем, что склонил себя на чашу заслуг» (Кидушин, 40, 72).

И спрашивается:

1) Как может человек сказать, что он наполовину и т.д., в то время, когда он сам знает, что прегрешений у него больше, чем заповедей.

2) Об выполнившем одну заповедь сказано, что склонил себя на чашу заслуг. Но мудрецы говорят «всегда», что означает, что даже после того, как склонил себя на чашу заслуг, он должен также видеть себя как будто он «половина – наполовину». И как можно сказать это, когда он уже выполнил одну заповедь?

3) Если он знает о себе, что заслуги у него в большинстве, а прегрешения в меньшинстве, почему он должен сказать, что он «половина – наполовину». И сказали мудрецы: «Тот, кто больше своего товарища, его злое начало больше « (Сука, 52:71). И возникает вопрос, почему ему положено настолько большое наказание, если он большой, что дают ему большее злое начало, чем дают «маленькому» человеку.

И мудрецы показывают нам, что путь в работе Творца – дать совет человеку, как выйти из-под власти злого начала. Потому они указывают нам, что не должен человек говорить, что поскольку есть у него немного заслуг и много прегрешений, то уже не в его силах склонить себя идти с этого момента и далее хорошим путем, так как он видит, что находится под властью зла, потому, что есть у него множество прегрешений и немного заслуг. И он считает, что все это следствие того, что родился с плохими свойствами, и не имеет совета, как вытащить себя из-под власти зла. Потому что выбор, который дается человеку, чтобы склонить себя на чашу заслуг, есть именно у того, у кого силы добра и зла равны, и тогда есть у него возможность склониться к добру. Но тот, в ком зла больше, чем добра, не в силах сделать это.

И об этом сказали мудрецы: «Всегда человек должен видеть себя наполовину грешником», поскольку «тот, кто больше своего товарища, у того злое начало больше «. Ведь если человек сделался большим и остался в зле, имевшемся прежде, чем он стал большим, тогда есть у него много добра и немного зла, и таким образом невозможно сделать выбор. Ведь как не может быть выбора, если зло больше, чем добра, так и нет выбора, если добро больше зла. Поэтому тому, кто больше, т.е. добрые свойства его велики, должны с небес увеличить его зло, чтобы оно было точно в той же мере, что и добро. И тогда, когда оба они равны – имеет место выбор.

Выходит в соответствии с этим, что если человек сам видит, что его добрые качества крайне малы, то он должен знать, что и его зло крайне мало. И несмотря на то, что сам знает, что уже совершил множество прегрешений, все-таки должен знать, что с небес уменьшили у него зло до малых размеров, потому что добро уменьшилось у него. И это для того, чтобы была у него возможность выбора. И то, что совершил множество дурных поступков – есть для этого исправления с помощью ада, или с помощью раскаяния из страха, или из любви.

Но относительно поступков – с этого момента и далее есть исправления, которые уменьшают зло, чтобы оно не было больше добра, для того, чтобы у человек была возможность выбора.

Выходит, что всегда человек может выбирать, потому что прежде, чем выполнил одну заповедь, власть силы зла не больше, чем власть добра, несмотря на то, что есть у него много дурных поступков. А после того, как выполнил одну заповедь и склонил себя на чашу заслуг, увеличивают в нем зло, т.е. дают силу злу властвовать в той же мере, что и добру. Получается, что тогда он снова «половина-наполовину».

И здесь поймем сказанное: «Пойдём к фараону, ибо Я ожесточил сердце его», – ведь после того, как фараон склонил себя на чашу заслуг, сказав: «Творец – праведник», т.е. уже стал «большим», уже не было у него места для выбора, и потому была необходимость, чтобы Творец ожесточил сердце его, т.е. увеличил зло в нем, потому, что только в таком случае будет место для выбора. Выходит, что с помощью ожесточения сердца он не был лишен выбора, а, напротив, здесь было дано ему место сделать выбор.

845. Нет святого, как Творец

В Книге Зоар[860] сказано: «Нет святого, как Творец»[861]. И [Зоар] спрашивает: но святой хуже, чем Творец, существует? «Нет твердыни, подобной Всесильному нашему»[862]. Получается, что есть другая твердыня, но она несколько хуже, чем Творец. Но дело в том, что есть святые, ангелы и души, и все они получают святость от Творца. В то же время «ибо нет никого, кроме Тебя»[863] – но дело в том, что Ты будешь давать им святость.

И следует спросить, на что это указывает нам в духовной работе. Но дело в том, что человек должен верить в то, как [действуют] все преодоления в работе, и приложил ли он усилия, чтобы удостоиться Святого, как сказано: «Святы будьте, ибо свят Я»[864]. И тогда человек должен узнать, что вся его работа ни в чем не поможет [ему], а всё – только от Творца.

Другими словами, вся святость, которая, как чувствует человек, есть у него, появляется у него от Творца. И это означает, что нет никакой святости, т.е. никакой святости в мире, которой бы человек мог достичь самостоятельно, а всё исходит от Творца. Как сказано: «Нет святого, как Творец, и нет твердыни... подобной Всесильному нашему».

Как известно, келим называются именем «Всесильный» ‹Элоким›, а света называются именем Авая. Как сказано: «Нет твердыни» – это, когда человек видит, что у него есть отдающие келим, т.е. у него возникло нечто новое, называемое «твердыней». Т.е. там, где у него были получающие келим, у него образовались отдающие келим. И не дай Бог человеку придет в голову, что он чем-то помог Творцу и этим достиг отдающих келим. Ибо всё исходит свыше.

И известно высказывание моего господина, отца и учителя, что до работы человек должен сказать: «Если не я себе, то кто мне?», а после работы он должен верить в личное управление, т.е. что всё делает Творец. Как сказано там [в Зоаре][865], что «Творец создает форму внутри формы». И следует объяснить, что внутри формы келим, работающих на получение, Он создает форму отдачи.

---

860 Зоар, Тазрия, 37.
861 Шмуэль 1, 2:2. Нет святого, как Творец; ибо нет никого, кроме Тебя, и нет твердыни, подобной Всесильному нашему.
862 Там же.
863 Там же.
864 Ваикра, 19:2.
865 Зоар, Тазрию, 39.

914. Два противоречия

Есть два противоречия: первое – вера выше знания, как в разуме (моха), так и в сердце (либа), и это свойство «хафец хесед» (желание быть только в свойстве отдачи и ничего не получать). И если приходят чуждые мысли, человек должен выбросить их [из головы] и не слушать их вообще. И это большая работа, ведь Фараон, царь египетский, создает их и посылает им эти чуждые мысли – в разум (моха) и в сердце (либа), как сказано «И возопили сыны Исраэля от работы... и вознесся вопль их к Творцу». И это одна сторона, с помощью которой удостаиваются свойства веры, т.е. выхода из Египта, и это свойство «нефеш» в святой душе.

Но с другой стороны «нефеш» без знания это тоже нехорошо, ведь необходимо знание в святости, называемое обогащением, ведь нет иного богатства – только в знании. И когда Творец хотел обогатить их, а у них не было подходящих келим, ведь всё было у них выше знания, тогда Творец посоветовал им позаимствовать келим у египтян. И это взятие взаймы келим было лишь для того, чтобы они смогли получить наполнение в эти келим, то есть оправдания, отвечающие на их вопросы. Но после того, как приняли эти оправдания, тотчас же вернули келим египтянам, ведь шли путем выше знания. Таким образом, нет у них никаких затруднений, ведь одолжили вопросы у египтян только на время и затем вернули их им.

Международная академия каббалы
http://www.kabacademy.com/

Учебно-образовательный интернет-ресурс - неограниченный источник получения достоверной информации о науке каббала.

Миллионы учеников во всем мире изучают науку каббала.

Выберите удобный для вас способ обучения на сайте.

Контакты в Израиле:
тел.: 035419411
email: campuskabbalahrus@gmail.com
Facebook: https://www.facebook.com/campuskabbalah

Углубленное изучение каббалы

http://www.zoar.tv/

Каждое утро на сайте ведется прямая трансляция уроков каббалиста Михаэля Лайтмана для всех, кто занимается углубленным, ежедневным изучением науки каббала и исследованием каббалистических первоисточников. Видеопортал Зоар.ТВ располагает уникальным контентом: фильмы, телевизионные и радиопередачи, статьи.

Интернет-магазин каббалистической книги

Все учебные материалы Международной академией каббалы основаны на оригинальных текстах каббалистов.

Израиль:
http://66books.co.il/ru/

Россия, страны СНГ и Балтии:
http://kbooks.ru

Америка, Австралия, Азия
http://www.kabbalahbooks.info

Европа, Африка, Ближний Восток
http://www.kab.co.il/books/rus

РАБАШ

Даргот Сулам
Часть 2

Учебное пособие Международной академии каббалы

Над книгой работал коллектив переводчиков Международной академии каббалы:
Михаил Палатник, Борис Канзберг, Дмитрий Перкин, Миха Кор, Олег Ицексон.

Технический директор: *М. Бруштейн.*
Корректор: *С. Добродуб.*
Верстка: *С. Добродуб.*

www.ingramcontent.com/pod-product-compliance
Lightning Source LLC
Chambersburg PA
CBHW082208070526
44585CB00020B/2338